中国科幻产业知识产权
保护实务

崔　莉　主　编

崔灵珺　何明瀚　副主编

中国原子能出版社

图书在版编目（CIP）数据

中国科幻产业知识产权保护实务 / 崔莉主编；崔灵珺，何明瀚副主编. --北京：中国原子能出版社，2023.9（2025.3 重印）

ISBN 978-7-5221-2964-8

Ⅰ. ①中⋯　Ⅱ. ①崔⋯ ②崔⋯ ③何⋯　Ⅲ. ①科学幻想–文化产业–知识产权保护–研究–中国　Ⅳ. ①D923.404

中国国家版本馆 CIP 数据核字（2023）第 171399 号

中国科幻产业知识产权保护实务

出版发行	中国原子能出版社（北京市海淀区阜成路 43 号　 100048）
责任编辑	徐　明
装帧设计	邢　锐
责任校对	冯莲凤
责任印制	赵　明
印　　刷	北京天恒嘉业印刷有限公司
经　　销	全国新华书店
开　　本	787 mm×1092 mm　1/16
印　　张	14.25
字　　数	230 千字
版　　次	2023 年 9 月第 1 版　2025 年 3 月第 2 次印刷
书　　号	ISBN 978-7-5221-2964-8　　　　**定　价　68.00 元**

发行电话：010-68452845　　　　　　　　版权所有　侵权必究

加强科幻产业知识产权顶层设计，在更高的起点上推动科幻产业的高质量发展。依托知识产权的强大力量，才能保护好科幻内容和产业，才能使科幻人更加自信，并绽放持续创造力。崔莉老师的这本实务性很强的专业书，给科幻人和科幻企业布局好科幻知识产权保护这盘重要棋局提供了指引和力量。

作为我国第一本专门针对科幻产业的普法及实操的方法论书籍，其核心目的是通过对大量真实诉讼案例的数据分析和科学研究，帮助我国科幻从业者提高知识产权保护意识和维权能力，以知识产权之盾，护科幻产业腾飞，借科幻 IP 之力，助科学精神传播。

韩　松，世界华人科幻协会主席，中国著名科幻作家：

这是我国第一部比较全面系统的关于科幻产业知识产权保护的著述，有着开拓的意义，它使人认识到想象力具有的更大价值。

姚海军，科幻世界杂志社副总编辑、著名科幻出版人：

科幻不止是文学，还包含诸多产业维度，它们都离不开知识产权的保护，崔老师的这本书全面阐述了知识产权战略和运营的重要性，规划了实现科幻产业价值最大化的路径。

吴　岩，南方科技大学教授、中国作协科幻委员会副主任、中国科普作协副理事长：

本书针对我国科幻领域知识产权的保护现状，通过对真实诉讼案例的分析研究和对国外侵权案件审理的借鉴提出了六大举措。全书内容丰富，资料详实，可供科幻产业从业者、科幻作家作者和相关法律方面的从业者学习和探讨。

王卫英，中国科学技术出版社科幻分社负责人，北京元宇科幻未来技术研究院理事长：

这无疑是我国第一部专门针对科幻产业知识产权保护实务的书籍，本书不但集中阐述人民法院审理科幻知识产权案件的原则和思路，针对人工智能技术迅猛发展的现状，为科幻从业者指明新赛道上的机遇与相关法律风险，还结合主编从事专职律师 28 年的实践经验，整理了著作权许可合同和著作权转让合同样本，并附上了重点条款的解读。崔莉老师的这本著述弱化了对法律概念的理论讲解，对案例中涉及的基本概念做了通俗的普及，使其具备了良好的可读性与普及性。值得大力推荐！

苗鸣宇，中国社会科学院大学法学院副院长：

科幻产业的繁荣，是中国科技腾飞的最佳催化剂。而科幻产业的发展，需要知识产权先行，一方面是法律法规的完善，另一方面也要科幻从业者对知识产权实务有着自己的深刻认识和理解。崔莉老师这本书，无疑对此作出了极大的贡献。

王　雷，中国人民大学法学院教授，中国人民大学"杰出学者"青年学者：

知识产权法律制度有利于切实保护科幻作品、助推科幻产业。崔莉老师这本书给科幻人法律自信，使科幻产业知识产权保护有了清晰的法律思路和解决方案。

本书编委会

主　　编　崔　莉

副 主 编　崔灵珺　何明瀚

专家顾问　姚利芬

编 委 会　付庆刚　孟卫宾　张　健　高　凡

　　　　　高奕晨　张　楠　左博文　叶金云

内容简介

随着我国综合国力腾飞、科技蓬勃发展，科幻题材已逐渐走入主流文化圈。与此同时，科幻作品在提高国民科学素养方面的独特作用和价值，也逐渐得到了全社会的广泛认可。而值得注意的是，科幻作品因其强烈的艺术性和现实中的可延展性，在资本化和产业化方面有着天然的巨大优势，并会衍生出无与伦比的社会影响力。因此，想要充分挖掘其科教价值，提升其科教效果，就需要对其资本化和产业化的过程给予高度关注，既要重视其科教意义，还要确保其健康发展。

本书从一切文化产业的核心价值——知识产权的角度，对科幻产业的知识产权保护现状及产业发展实务进行了全方位的综合分析和应用讲解。

本书独到之处表现在以下几个方面：

（1）结合图、表与文字，从"数据分析""案例解读""律师点评""律师提示"，集中阐述司法审判环节中人民法院审理科幻知识产权案件的原则和审理思路；

（2）针对科幻领域知识产权保护薄弱的现状，借鉴国外大型文化企业的经验，参照国外法院对知识产权侵权案件的判罚，率先提出中国科幻知识产权保护的六大举措；

（3）基于人工智能技术迅猛发展的现状，为科幻从业者指明新赛道上的机遇与相关法律风险；

（4）根据中国科幻产业及相关法律法规，拟出最契合从业者需求的著作权许可合同样本、著作权转让合同样本，另附相关重点条款解读；

（5）此外，书中弱化对法律概念的理论讲解，而是对案例中涉及的基本概念做了普及，使其具备良好的可读性与普及性。

作为我国第一本专门针对科幻产业的普法及实操的方法论书籍，本书的核心目的是通过对大量真实诉讼案例的数据分析和科学研究，增强我国科幻从业者的知识产权保护意识和维权能力，以知识产权之盾，护科幻产业腾飞，借科幻 IP 之力，助科学精神传播。

引　言

2023 年，对科幻从业者来说无疑是激动人心的一年。随着刘慈欣的雨果奖获奖作品《三体》改编的动画、电视剧等衍生产品的制作与发行，以及《三体》电影的拍摄，终于使这部中国科幻的里程碑作品以更多元化的形式走入大众视野。无数人从仅有耳闻到亲眼目睹，既加深了对作品的理解和喜爱，也大大提高了对中国科幻的认可程度。5 月 29 日至 6 月 4 日中国科幻大会在北京市石景山区首钢园举办，盛况空前。10 月 18 日世界科幻大会将在中国成都召开，届时世界科幻人士云集中国，预示着中国科幻作品和科幻产业在世界科幻界的影响力会大大增强。更重要的是，国家对知识产权越发重视，再加上业内人士的不懈努力，科幻产业将再次迎来一波高速发展。

新修订后的《中华人民共和国著作权法》已于 2021 年 6 月 1 日开始实施。新法条不但对"作品"做了扩大解释，同时在侵权赔偿上引入的 1 至 5 倍惩罚条款，提升了法院自由裁量权的适用范围，赔偿金额确定为 500 元至 500 万元。这说明，法律对知识产权的保护力度正在加强。本书也关注到了依据上述新规定的新判例。

2021 年 9 月 22 日，中共中央国务院颁布《知识产权强国建设纲要（2021—2035 年）》[①]。《纲要》指出：中国进入新发展阶段，知识产权作为国家发展战略性资源和国际竞争力核心要素的作用更加凸显，全社会知识产权意识、知识产权保护效果，大幅提高；运用效益显著提升；国际影响力显著提升。涌现出一批知识产权竞争力较强的市场主体。在司法领域，国家继续加强知识产权民事、刑事、行政案件"三合一"审判机制改革；加强技术调查官队伍建设，确保案件审判质效；统一知识产权司法裁判标准和法律适用，完善裁判规则；加

---

① https://www.gov.cn/zhengce/2021-09/22/content_5638714.htm

大知识产权的刑事打击力度。

尽管形势越来越好，国家法律和政策持续发力，但是我们也应该看到，中国科幻产业并没有形成一批知识产权竞争力较强的市场主体，知名品牌、精品版权的数量和质量仍严重不足。科幻领域从业人员和企业等知识产权保护意识淡薄、科幻产业知识产权保护的战略匮乏，具体的知识产权保护方案设计和合同签订以及相关举措还不到位，对科幻版权的运营水平不高，比起发达国家尚有极大的差距。这都是科幻人未来急需努力和加强的方面。

在科幻产业腾飞与科技变革的十字路口上，科幻人应未雨绸缪，将知识产权保护的理念牢记于心、付诸于行；科幻人须手执法律之剑，身披法律之甲，披荆斩棘，无惧前行，从追随者变为时代的引领者！

本书通过对比较全面的、代表中国科幻知识产权纠纷的 243 起民事、行政、刑事案件的裁判文书中法院的审理思路进行汇总和分析，帮助科幻人掌握法律风险防控和维权的应诉准备和技能，进而结合司法实践和笔者从事法律工作的经验和体会，阐明科幻人建立知识产权保护战略和实施举措。

目 录

第一章 中国科幻产业知识产权保护现状

第一节 中国科幻产业的核心特点

科幻产业的独特性决定着科幻产业必将迎来蓬勃的发展，并产生巨大的社会和商业价值。其表现在以下两方面。

一、科幻产业是综合性文化产业

文字、漫画、游戏、电影、音乐、文旅——由于科幻题材极强的延展性，任何文化产业都能与之嫁接，并催生出独特的商业价值。这也就使得以"科幻"为核心建立一个综合性文化产业成为可能。

2017年11月11日，中国科幻大会和第四届中国（成都）国际科幻大会开幕式现场，四川省科协与成都市空港新区管委会举行"中国科幻城"战略合作签约仪式[①]。项目拟建设中国科幻影视拍摄研发基地、科普科幻传媒基地、中国科幻博物馆、科幻文创孵化园、科幻创意教育园区、四川自然科学博物馆、科幻世界乐园、科幻城商业配套共九大区域，涵盖科幻产业各个环节，吸引全国乃至全球科幻产业项目聚集四川，形成品牌、人才、技术、产品等方面的竞争优势[②]。

2023年5月29日至6月4日，北京市石景山区首钢园举行第六届中国科幻大会。中国科幻大会由中国科学技术协会发起，自2016年以来已经连续举办

[①] https://news.sina.com.cn/o/2017-11-13/doc-ifynsait7356836.shtml

[②] https://www.thepaper.cn/newsDetail_forward_1860672?ad=1

了六届。本届大会以石景山区首钢园为中心，共举办专题论坛、科幻展、科幻活动、科幻嘉年华四个方面的共 40 场活动。大会广泛邀请了国内外科幻创作、影视、技术等领域重要专家，其中王晋康、刘慈欣两位科幻大师工作室的成立成为打造科幻发展风向标、提升大会影响力的一大亮点。科幻产业的综合性使作品得以触及更多维度的受众群体，全方位地提高影响力和商业价值①。

二、科幻产业是文化与科技之间的桥梁

因为科幻作品的应用场景往往需要用最前沿的科技手段来展现，所以科幻产业也向来与高科技产业密不可分。

2022 年 8 月，"中关村科幻产业创新中心"在首钢园正式亮相，通过市区两级支持、企业联合共建的方式，打造一站式公共服务和技术服务平台，完善"类研究院＋孵化器＋加速器＋产业集群"科技服务链条，重点孵化和加速科幻产业核心技术。目前，已有 55 家企业完成注册，30 家企业入驻实地办公。2022 年 9 月以来，瞰瞰智域、凌云光、威睛光学、元旭半导体、环宇蓝博等一批优质科幻企业集中落户首钢园②。

科技兴国，文化强国。通过"科幻"这一桥梁，文化与科技得以高度融合、相互助力。因此，科幻产业必将成为中国综合国力提升下的代表性产业之一。

第二节　中国科幻知识产权纠纷案件概述

2021 年 10 月 21 日最高人民法院关于人民法院知识产权审判工作情况的报告中显示：全国法院受理各类知识产权一审案件从 2013 年的 10.1 万件增长到 2020 年的 46.7 万件，年均增长 24.5%，比全国法院受理案件总量年均增幅高出 12.8 个百分点，反映出经济社会高质量发展对知识产权保护的需求明显增长③。

2023 年 3 月 7 日"最高人民法院工作报告"中指出：应加强知识产权司法保护，激发创新动力；一审知识产权案件审结 219.4 万件，同比增长 221.1%；

---

① https://news.cctv.com/2023/05/29/ARTIESokDZI5FS6iF5M5EVRB230529.shtml
② https://baijiahao.baidu.com/s?id=1754096711462862945&wfr=spider&for=pc
③ https://www.court.gov.cn/zixun-xiangqing-327841.html

须加大对关键核心技术及新兴产业、重点领域等知识产权保护力度；进一步加大惩罚性赔偿力度，2022 年侵犯知识产权案件判赔额较 2018 年增长 153%；我国知识产权专业化审判体系基本形成[①]。

然而，将目光聚焦在科幻领域时，结果却并不乐观。本书在下文中将重点予以阐述。

值得高兴的是，2022 年 8 月 31 日，有关《三体》著作权侵权案的判决着实令科幻人看到希望，上海知识产权法院终审维持了一审判决：广州某网络技术有限公司赔偿深圳市腾讯计算机系统有限公司经济损失和为制止侵权行为所支付的合理开支共计 517 万余元。[②]这更好地体现了科幻知识产权的价值。

在本书汇总分析的 243 个中国科幻领域的知识产权纠纷案件中，著作权侵权 96 起案件、发明专利纠纷 15 起案件，商标侵权 52 起案件；行政诉讼 34 起案件，刑事案件 20 起。

这 243 起案件虽无法确定已囊括科幻知识产权有关的全部案件，但可以说是比较全面地汇总了中国科幻领域特别是侵犯著作权、商标权、不正当竞争等民事、行政和刑事案件。

以中国裁判文书网公开的数据进行查询，截至 2023 年 5 月 15 日，科幻领域的知识产权纠纷案件呈现出以下特点。

一、相关案件数量极少，且大多数为国外科幻作品

截至 2023 年 5 月 15 日，通过中国裁判文书网查询资料，案由为"知识产权与竞争纠纷"时，检索到 1 746 401 篇文书。正文含关键词"科幻"时，共检索到 952 篇文书。案由为"知识产权与竞争纠纷"且正文中含关键词"科幻"时，共检索到 366 篇文书。逐一阅览，其中 243 起案例属于科幻作品等引发的知识产权纠纷。

本书汇总分析的 243 起案件中，国外科幻 IP 纠纷的案件 182 起，国内科幻 IP 纠纷案件 70 起，国内科幻作品案件数量约占 243 起案件的 27.7%。也就是说，绝大多数是由外国科幻作品引发的纠纷。

---

① https://www.chinacourt.org/article/detail/2023/03/id/7178584.shtml

② 案号：（2021）沪 73 民终 818 号

二、案件标的额及实际赔偿金额过小

从 243 起案件均属于科幻纠纷的相关法院裁判文书中清晰地看出，科幻知识产权纠纷案件的诉讼标的额普遍过小。不但原告提起的诉讼请求数额普遍低于 50 万元，最终获得法院判决支持的多数是千元、万元、几万元、十几万元赔偿金和合理损失。极个别案件中，法院的判决只要求被告停止侵权的判决，并未判决赔偿损失。

由于标的额过小，上述案件中没有一起案件由最高人民法院审理。

243 起案件中，原告的诉讼请求最高是要求被告赔偿 1 100 万元，最低诉讼请求是 3 670 元。法院最高的判决赔偿金额是 5 171 418.79（含合理支出 171 418.79 元）；最低判决赔偿为 1 200 元。超过 80% 的案件法院判决的赔偿金额不超过 10 万元。

三、科幻知识产权案件的司法审判难点集中

（一）原告权属证据认定难

科幻知识产权纠纷案件的原告方首先需要证实自身的主体资格完全适格，是与案件有利害关系的当事人。即使被告未提出质疑，人民法院也会依职权对原告的主体身份进行审查，发现主体不适格，则要么驳回起诉，要么驳回原告的诉讼请求。

对本书关注的 243 个案例的统计表明，法院驳回原告的起诉或驳回原告的诉讼请求的案件共有 33 件，占 243 起案件的 13%。这样的一个比例说明一些原告虽有维权的勇气，但并没有做好应诉的准备，特别是原告权属证据的准备。这一点，须引起科幻人的高度重视。作为权利人，其知识产权被侵权已很沮丧，如请求人民法院保护的诉权再得不到保障，甚至据此失去获得赔偿的胜诉机会，岂不更加悲酸。

（二）被告侵权认定难、证据比对也难

本书将详述法院审理被告侵权行为的审查内容和审查方式。对权利人来说，

获得法院对侵权的认定，最困难的是权利人既要提交自身的著作权作品的证据，也要提交被告侵权作品或产品的证据等，以便于法院予以比对或鉴定。除此之外，还要向法院提供被告侵权的程度、持续时间、侵权手段等，以证明其侵权情节的恶劣性，据此力争获得法院更高的赔偿判决。

但是，这样的工作量不但很大，对专业程度要求高，而且时间成本和费用成本都显著提高。同时，不管案件标的额低甚至超低，也不意味着法院审理案件的工作量有所减少。相反，有时标的额小，但案件很复杂，涉及的侵权行为跨地域多，手段花样翻新等，法院审理案件的时间和精力更大。因此，如果原告的证据准备不好或者诉讼请求过低，就意味着不能有效地对侵权人进行依法惩处，显然也辜负了法院的审理工作所做的辛勤努力。

（三）原告的损失（原告的实际经济损失或被告的违法所得）认定难

从相关科幻知识产权纠纷案件的实际情况看，权利人的具体损失数额在实际举证证明中确实存在很大难度。当然，这在一定程度上是由于知识产权的无形性及其价值难以简单评定的特点导致的。因为在不同时期、不同市场、不同使用方式或不同使用主体的情况下，即使是同一部作品，其市场价值也可能具有很大的差异。例如，同样一部漫画作品，被用于某杂志或小说做插图，与被用在高铁站等大型户外广告之上，即使同为未经许可的侵权使用，所对应的赔偿数额差别很有可能为数十倍、上百倍，甚至更大。

243 个本书关注的案例中，有一起案件是根据被告的违法所得和法院酌定作出的判决，仅有一起案件是法院完全支持了原告的所有诉讼请求。这反映了知识产权案件存在一个普遍特点：原告的经济损失量化十分困难。被告的违法所得证据调取难以实现，因侵权行为所一一对应的原告损失或是被告因此的获利难以区分、界定，更不好证明侵权与结果之间的一一对应关系，因此，其获得损害赔偿也变成了空中楼阁。然而，知识产权侵权的法律后果最终就是要体现在赔偿上。由于法定赔偿数额过低，加之知识产权侵权、权利人的实际损失或侵权人的获利等证据很难收集和界定，即使法院酌情作出判决后，原告所获的赔偿金额往往并不足以弥补其实际损失。

具体表现为：一方面，如前所述，原告因被侵犯知识产权而导致的经济损失量化困难，法院也就无法据此做出判决。243 起案件中，只有一起标的额较高的案件的判决是法院完全支持了原告的诉讼请求，这足以说明证据量化困难的确真实存在。

另一方面，在司法实践中，有关被告违法所得的认定几乎也是一座不可逾越的高山。原告因为被告是其对立面，调取被告违法行为的证据已十分困难，还要全面掌握被告的违法所得的情况并获取证据，其可能性微乎其微。获取被告的违法所得就更难以实现了。此外，还要将被告的其他经营活动所得与违法所得相区别，因为更多的情况是，被告不只生产侵权产品，还可能生产其他的产品，所以，因侵权行为直接带来的违法所得如何区分，对原告来说没有统一的标准，原告也只能按照自身的理解发挥想象力了。故很难得到法院的支持。

笔者曾代理过一起原告为世界 500 强荷兰某公司的商业秘密维权案。立案后，法院尚未送达起诉文书和开庭传票前，原告便向法院递交了诉讼前的财产保全申请，请求查封被告使用原告技术秘密生产的侵权产品。正因为在立案后未开庭前就实现了诉前的财产保全，故案件开庭后进展很顺利。尽管也是经过了侵权产品与权利人产品等证据比对，但诉讼保全为案件的最后胜利立下了汗马功劳。但并不是每个案件的原告都有这样的运气，该案原告获得侵权产品和证据的主要原因是原被告都在同一个领域，有曾共过事的熟人互相传递信息，加之市场上同类产品的出现被发现并不太难，原告才掌握了被告的侵权证据，并及时申请人民法院予以诉讼保全。因此，获取被告侵权证据特别是侵权作品或产品的证据实属不易。

原告难以获得高额赔偿或者是获得与原告损失接近的赔偿，不单是科幻知识产权纠纷案件的难点，也是整个知识产权纠纷案件审判的难点，也是全社会呼声最高的话题。事实上，由于法律规定的侵权证据门槛高、计算损失的证据门槛高，导致原告的诉求没有办法提高，惩罚性条款的规定虽好，但目前法院还缺乏足够的勇气和胆量进行就高不就低的酌定，说明对知识产权保护的审判力度仍需加大。

（四）1～5 倍惩罚赔偿难，大概率难以实现

在司法实践中，2020 年《著作权法》确定的 1～5 倍的惩罚条款因基数难以证实而不得不束之高阁。1～5 倍的惩罚是基于原告的实际损失，或者基于被告的违法所得，而这两项的基数如前所述都难以证实，也就等于无法得到人民法院的判决支持。如不能判处违法者付出高额的赔偿，就意味着无法有力地打击违法和犯罪行为，甚至助长了侵权者的歪风邪气，使违法者心存侥幸心理，

导致一些观望者变成实施者，铤而走险，走上犯罪的道路。

（五）法院酌定赔偿判决就高难

法院酌定判决赔偿的情况几乎占据了相关案件的90%以上。本书关注的243起案件，酌定判决赔偿的金额都大大低于原告的诉讼请求，法院依职权作出的高赔偿判决甚至没有一例。因此，法院酌定判决的原则：金额（500元～500万元之间）是就高、就低还是居中，确定就事关重大，直接关系到权利人的损失能否得到真正的赔偿，关系到是否能有效地制止不正当竞争和侵权行为的猖狂和泛滥，关系到科幻领域的市场经济秩序的稳定和水平提升。

四、科幻产业知识产权案件审理周期长，成本高

鉴于知识产权案件的复杂性，不论权利人的诉讼请求高还是低，知识产权侵权案件均涉及很多的专业知识，对审理法官的法律专业水平和审理经验都有很高的要求。在权属的证据方面，很多科幻IP初始的权利人都是外国的知识产权权利人或外国的科幻公司，还涉及对在外国形成的原始证据的审查。对侵权证据的全方位审查中，需要法院逐一比对证据，必要的时候还要进行相同或实质相似的鉴定。因此，不但审理此类案件周期长，成本也高。即使原告的诉讼请求很低，但由于知识产权案件的上述特殊性和专业性的更高要求，使得聘请律师和其他维权成本的费用都有所增加。

第三节　ChatGPT 出现后的知识产权保护新变局

ChatGPT 的横空出世，是一场划时代的人工智能技术革命，甚至可能在不远的将来使整个人类文明发生颠覆性的改变。ChatGPT 出现后，知识产权保护亦将面临全新挑战。

一、AI 创作的版权困境

2017 年，微软公司的 AI 作者"小冰"创作的诗集《阳光失了玻璃窗》，就

已经提出了 AI 创作引发的版权问题，但迄今一直争论不休。

2022 年 8 月，一名游戏设计师使用 AI 绘图工具 Midjourney 生成，再经 Photoshop 润色而得的数字画作《太空歌剧院》获奖，又引发了类似的版权争议。①

2023 年初以来，科幻杂志《Clarke's World》被大量 AI 生成类投稿"淹没"。考虑到此类作品的版权问题，以及大量过度加工的"灌水"作品的识别压力，杂志方不得不暂时关闭了投稿入口②。

2023 年 1 月，两大科学期刊分别更新了投稿规则：《科学》（Science）禁止在投稿论文中使用 Chat GPT 生成的文本，而《自然》（Nature）则在更新的投稿规则中表示，只能将 Chat GPT 在内的大语言模型作为一种工具，并在论文的方法部分适当介绍，不能将 Chat GPT 列为作者③。

可以预见，随着 AI 技术的持续进步，其作品的版权争议只会愈演愈烈。这些争议目前主要集中在以下三个方面。

（1）现行的 AI 创作技术，本质上是 AI 算法使用其数据库中的大批人类作品进行训练后，根据所总结出的规律进行"合理推演"而生成的内容。很显然，对于其数据库里的海量"训练素材"，外界很难一一确定是否都拥有合法的版权等使用许可。

2023 年 1 月，图库老大哥盖蒂图片社（Getty Images）以侵犯版权的名义，在伦敦高等法院起诉了 Stability AI。盖蒂图片社认为，Stability AI "非法复制和处理了数百万受版权保护的图像"，以此训练名下的 Stable Difussion。经过分析和查验水印发现，包括盖蒂在内的许多图片社都在不知不觉间为 Stable Difussion 的训练提供了大量素材。但从始至终，Stability AI 都没有与图片社对接过④。

（2）在数据库的版权问题之外，AI 算法的训练素材还包括无数用户在使用时提供的反馈数据。某种程度来说，其生产的一切作品其实都是所有用户共同训练的结果，版权的归属因而也很难界定。

或许是为了规避这一争议，OpenAI（ChatGPT 的研发者）在用户协议中约定，该公司"将输出的所有权利、所有权和利益转让给您"，即转让给用户，并

---

① https://www.01caijing.com/blog/337414.htm

② https://baijiahao.baidu.com/s?id=1758508405089386490&wfr=spider&for=pc

③ https://sghexport.shobserver.com/html/baijiahao/2023/02/01/953174.html

④ https://baijiahao.baidu.com/s?id=1756606509607199174&wfr=spider&for=pc

强调用户"对内容负责，确保其不违反任何法律"。我国百度文心智能生成图片模型的服务协议中则约定"无水印图像的知识产权及其上的相关权益（包括但不限于知识产权等）将永久归用户所有"，亦明确"一切法律风险，将由用户自行承担"[①]。

（3）AI 创作的基本逻辑仍然是 AI 算法对人类喜好的概率性猜测，这种"瞎蒙"的本质使得很多人认为其并不属于真正的创作。确切来说，由于人类在使用 AI 生成作品的过程中，对得到的结果并不具备充分的控制或预测能力，这些作品或许更接近于"无意识的概率事件"，而非"有意识的创作结果"。

2022 年 9 月，数字艺术家 Kris Kashtanova 向美国版权局提交了漫画书《黎明的查莉娅》（Zarya of the Dawn）的注册申请并获得批准，该作品包含通过 Midjourney 的 AI 技术生成的漫画图像，但随后就遭到美国版权局的审查，并于 2023 年 2 月底取消了其中由 AI 生成的图像的版权，只保留文字部分的版权。美国版权局给出的理由正是：这不能视为用户使用工具来创作图像，而是以一种不可预测的方式生成图像，用户输入的文本对 Midjourney 最终生成的图像缺乏足够的控制[②]。

以上事例充分说明，2022 年 AI 技术的飞跃式发展固然降低了大众的创作门槛，却也向现有的知识产权保护制度提出了重大挑战。而对于以创造性作品为内核的科幻产业来说，在可预见的未来，文字、绘画、漫画、影像、音乐……这些作品无疑都会遭遇 AI 技术引发的版权问题。从业者如何规避风险，并善加利用，或许将是决定整个产业成败的关键。

二、新赛道上的机遇与挑战

2022 年 12 月 7 日疫情政策放开，预示着我国正式结束二年蛰伏，即将振翅腾飞。恰在此时，以 ChatGPT 为代表的 AI 技术横空出世，为全世界划出了一条崭新的赛道。

站在时代的交叉路口上，我们既看到了弯道超车的机遇，也面临着机遇背后的挑战。除了技术领域的全力追赶之外，国内的有识之士纷纷开始为下一轮

[①] https://www.sohu.com/a/659701511_195414

[②] https://mp.weixin.qq.com/s/JhiMdC8yVIYxzxURMJHQdA

的全球性产业升级做准备。

ChatGPT 面世后，科技部高新技术司司长陈家昌在新闻发布会上表示，科技部将把人工智能作为战略性新兴产业，作为新增长引擎，继续给予大力支持。将推动人工智能与经济社会深度融合，在重大应用场景中锤炼技术，升级迭代，培育市场①。

"人工智能与经济社会深度融合"，如今已是很多人心目中未来生活的新图景。随着融合程度的加深，每个行业都不可避免地会使用到 AI 技术及其衍生品，每个岗位也都要顺应时代发展，掌握新技能和新方法。这一过程必然会伴随着阵痛，但谁能率先适应这种阵痛，谁就能在下个时代占据先机。而"适应"的一大标志，就是相关法律法规的完善。

令人振奋的是，我国始终坚持依法治国，用法律法规为技术发展保驾护航：

2017 年，国务院制定了《新一代人工智能发展规划》。在规划指引下，科技部成立了人工智能规划推进办公室、战略咨询委员会和人工智能治理专业委员会，这两年也制定了《新一代人工智能治理原则》和《伦理规范》。科技部部长王志刚表示，在推动人工智能发展的同时，要兼顾科技成果的两面性，加强伦理规范。"我国对于任何一个新的技术，包括 AI 技术，在伦理方面都采取了相应的措施。"②

2021 年 6 月 1 日开始实施的新《著作权法》中，也已做出了能够适应新时代特征的条例规定：

2020 年《著作权法》第三条中，以不完全列举的方式列举了作品的类型。值得注意的是，其中的最后一项从此前的"法律、行政法规规定的其他作品"修改为"符合作品特征的其他智力成果"。

《著作权法实施条例》第二条中则明确规定，"独创性"是作品的三个构成要件之一。

以上法律法规规定说明，我国立法者早就未雨绸缪，一方面扩大了"作品"的适用范围，给 AI 创作出的真正有价值的内容充分的法律保护，另一方面也能将 AI 创作中那些低门槛、大批量生产出的劣质内容排除在"作品"之外。在知识产权法律法规建设方面，中国无疑已经迈出了坚实的一步。

---

① https://baijiahao.baidu.com/s?id=1758687523652638273&wfr=spider&for=pc
② https://baijiahao.baidu.com/s?id=1758687523652638273&wfr=spider&for=pc

我们坚信，在这场时代变革的新赛道中，无论个人还是企业，只要手执法律之剑，身披法律之甲，就能披荆斩棘，无惧前行，从追随者一举变为时代的引领者。

第四节　科幻人知识产权保护之路任重道远

科幻产业的独特性和文化与科技大发展的契机，充分说明科幻产业也将迎来大发展，因为科幻作品依靠着丰富又独特的想象力和创造力，对科幻作品的艺术呈现，还要依靠真正的高科技手段来完成。同时，科幻作品包括影视作品成功打造出的科幻角色或形象，其对文旅地产及相关产业发展的带动等，更使其产业链巨大，商业利益巨大。中国的科幻人应向国外成功的科幻作家和科幻企业学习，拥有更多优质的科幻 IP，成功地实施知识产权保护战略，才能助力科幻产业做大做强，稳步发展，最终创造出科幻商业帝国。

但是，中国的科幻产业知识产权保护无论意识层面还是依法保护的实际运营层面，均不尽如人意。

意识薄弱：产权人没有在作品形成之初设计好知识产权保护的战略或方案，执行措施不当，没有强有力的维权组织，更多的维权是依靠作者个人或某个公司的力量。

惩处力度小：违法成本低，维权之路艰难，惩治违法甚至犯罪的措施不力，打击力度不大，特别是从法律等的规定上还趋于保守，审判环节也是如此。

一、忽视科幻知识产权保护的危害

（一）极大地破坏了正常的科幻产业发展秩序

科幻作品创作、产业化开发，必然会投入大量的人力、物力和财力，如不对知识产权进行有效保护，侵权人或竞争对手便会不劳而获，通过盗版、复制、反向工程、商业间谍等不正当手段低成本地获得科幻知识产权，挤占市场份额，攫取高额利润，通过各式各样的愈演愈烈的不正当竞争行为获取高额的非法利益。科幻产业正常的市场秩序受到极大破坏。

（二）严重冲击知识产权人的创造积极性，致使利益贬损或无法实现最大化

不法分子因不断实施盗用科幻知识产权人的智力成果而获取了巨大利益。对不法分子打击不力，就意味着：（1）科幻市场李逵、李鬼难辨；（2）名牌、品牌、作品形象、作家等知识产权权利人的名誉受损；（3）权利人的维权耗时耗力；（4）科幻知识产权所有者利益受损，无法实现利益最大化。对侵权蔓延听之任之或对违法犯罪行为处置不当，不法分子就会得意忘形纷纷效仿，假冒、抄袭、复制等行为便会充斥市场。长此以往，将使得科幻人和科幻产业逐渐失去创新活力。

（三）引发许多治安问题和刑事案件，对社会的稳定十分不利

需要指出的是，法院受理的侵犯科幻知识产权纠纷案件并非是该领域纠纷的全部，相当数量的当事人并没有选择到人民法院提起诉讼或仲裁来解决侵权问题。一部分人未采取法律的维权手段，而是采用忍让或放任的态度，还有个别权利人采取不正当途径解决，则易引发治安案件。侵犯知识产权的不法分子在侵权中获得大量经济利益，为了追求不劳而获的利益铤而走险，无视法律和道德的约束，恶性循环，甚至跌入犯罪的深渊。这些都大大破坏了正常的社会主义市场经济秩序，影响了社会的稳定。

（四）损害国家的国际形象，影响国际合作

2001 年我国加入 WTO 时，世贸组织非常重视知识产权问题并将其作为我国加入时的一项重要谈判。我国的知识产权法律法规的不够完善，在二十余年间产生了一些我国与国外的纷争，对我国的国际交流与合作造成了一定的影响。

因此，科幻文学作者和科幻产业从业者必须有清晰明确的和强烈的知识产权保护意识和先行的知识产权保护措施，只有这样才能确保科幻产业走出国门走向世界，不断发展壮大。

二、科幻人应以知识产权之盾护科幻产业腾飞

（一）认真学习《知识产权强国建设纲要》并深入指导科幻产业发展

党的十八大以来，党中央把知识产权保护工作摆在突出位置。知识产权作

为国家发展战略性资源和国际竞争力核心要素的作用更加凸显。知识产权保护关系到国家治理体系和治理能力现代化，关系到我国高质量发展。

《知识产权强国建设纲要（2021—2035年）》是我国面向知识产权事业未来15年发展作出的重大顶层设计，是新时代建设知识产权强国的宏伟蓝图，在我国知识产权事业发展史上具有里程碑意义。

（二）知识产权保护意识及相关措施急需大幅改善

国内知识产权权利人在行使自身权利过程中，通常会遇到以下四个难点：

（1）忽略了版权登记、商标注册等权属证明工作的必要性，因而很容易遭遇侵权行为；

（2）忽略了日常证据收集的必要性，因而在侵权行为发生后，难以为知识产权及权利被侵害的行为及后果充分举证；

（3）由于全社会对知识产权的价值认识不足，法律规定的对知识产权的保护力度不够，致使权利人所获赔偿往往不足以弥补其损失，个别情况甚至连维权成本也难保障；

（4）知识产权维权涉及专利、商标、著作权、商业秘密等多维度的对比及鉴定，拉高了审理的时间成本。

从本书所列的案例中已能看出大部分难点给权利人所造成的实际困扰。为此，我们一方面需要包括科幻产业从业者在内的所有知识产权权利人提高知识产权保护意识，另一方面也需要司法审判机关在审理案件时多加考虑知识产权维权的上述难点，在实际判决中加大对知识产权侵权行为的打击力度。

（三）科幻产业须未雨绸缪

即使科幻作品的社会影响力和经济价值在近两年间又得到了一定的提高，但与那些动辄几十亿标的额的产业相比，其相关案件的数量及标的额仍然少得可怜。可以想象，科幻产业在未来的一段时间里仍将处于繁荣发展的初始阶段。

值得注意的是，虽然科幻产业尚显稚嫩，但业内头部品牌（例如《三体》《流浪地球》等）的影响力已经得到社会的高度认可。如果科幻从业者不能及时加强自身对侵权行为的警惕性和敏锐度，产业的发展速度必将受到严重影响。有鉴于此，全体科幻人都应未雨绸缪，将知识产权保护的理念牢记于心、付诸于行。

第二章　科幻著作权侵权案例数据与审判思路分析

　　截至 2023 年 5 月 26 日，在中国裁判文书网上搜索下列关键词：科幻、科幻电影、科幻作品、吴京、刘慈欣、三体、流浪地球、蜘蛛侠、奥特曼、变形金刚、阿凡达、银河护卫队、失控玩家、复仇者联盟、毒液、侏罗纪世界、亚当计划、钢铁侠、环太平洋、蚁人、蝙蝠侠、X 战警、星际穿越、奇异博士、疯狂外星人高达系列、球状闪电、科幻世界、上海堡垒、灵笼、纳米核心、雄兵连、明日方舟、外星人（人工筛选科幻影视作品）等，共检索到与科幻领域有关的诉讼案件 243 起，包括：民事诉讼案件 189 起、行政诉讼案件 34 起、刑事诉讼案件 20 起[①]，如图 2-1 所示。

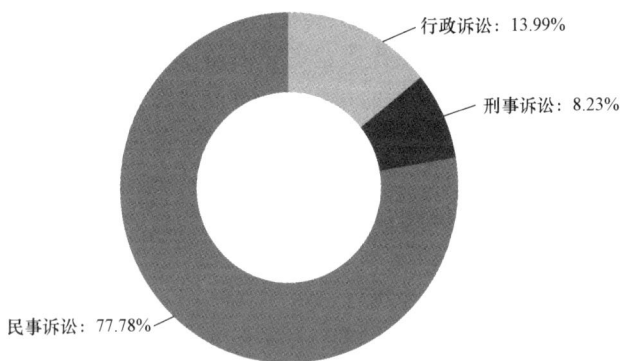

行政诉讼：13.99%

刑事诉讼：8.23%

民事诉讼：77.78%

图 2-1　科幻诉讼案件类型比例图

　　其中，科幻领域的民事诉讼中，法院裁判文书中显示的案由主要包括（见图2-2）：

　　（1）著作权权属、侵权纠纷（43 件）；

　　（2）侵害作品信息网络传播权纠纷（30 件）；

---

① 中国裁判文书网网址：https://wenshu.court.gov.cn/

（3）侵害作品发行权纠纷（15件）；

（4）侵害发明专利权纠纷（15件）；

（5）知识产权与竞争纠纷（9件）；

（6）出版者权纠纷（2件）；

（7）著作权许可使用合同纠纷（2件）；

（8）侵害作品复制权纠纷（2件）；

（9）作品署名权纠纷（1件）；

（10）侵害其他著作财产权纠纷（1件）；

（11）侵害商标权纠纷（52件）；

（12）其他案由（17件）。

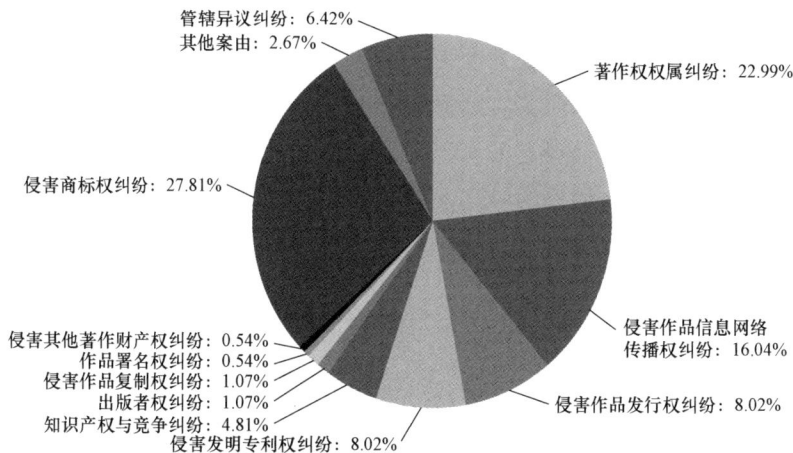

图 2-2　科幻民事纠纷案件具体案由数量比例图

通过对 243 个案例的汇总数据进行分析发现，人民法院审理侵害著作权案件，一般审查如下内容：原告起诉的案由、受理法院是否具有管辖权、主体是否适格、原告的权利基础及范围、侵权行为、被告抗辩事由是否成立、被告承担民事责任的形式等。

在下文中，本书重点向读者展示以下内容：

（1）原告的诉讼请求（要求赔偿的损失与合理支出）与法院判决的对比分析；

（2）原告诉讼主体的权属认定、主体适格的证明；

（3）侵权行为的认定及证据比对；

（4）法院损害赔偿判决的依据。

第一节 原告诉讼请求和法院判决结果对比

一、案由：著作权权属、侵权纠纷

（一）数据分析

按照上文介绍的检索方法的检索结果显示，案由为著作权权属、侵权纠纷的案件共有 43 起（见图 2-3），其中：

（1）原告诉讼请求的最低金额为 21 559.9 元，最高金额为 1 100 万元。

（2）原告主张要求按照其实际损失＋合理支出予以赔偿的案件有 35 起；大部分原告主张了维权的合理支出，一部分原告未主张合理支出。

（3）法院判决被告赔偿的最高金额是 5 171 481.79 元（其中包括合理支出 171 481.79 元）；最低金额是 5 000 元。

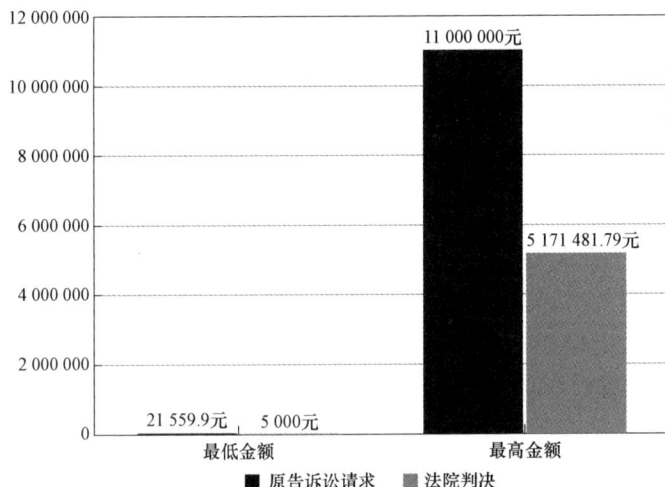

图 2-3 著作权权属、侵权纠纷诉讼请求与判决金额对比图

（4）仅有 2 起案件（案例 33 和案例 39）人民法院是按照原告的实际损失作出的赔偿判决（判决赔偿原告实际损失 150 万元、500 万元）；有 1 起案件（案

例 6）是按照被告的违法所得结合法院的酌定金额作出的赔偿判决；31 起案件的判决完全是人民法院酌定作出的；有 9 起案件，法院驳回了原告起诉、诉讼请求或被撤销（见图 2-4 至图 2-7，见表 2-1、表 2-2）。

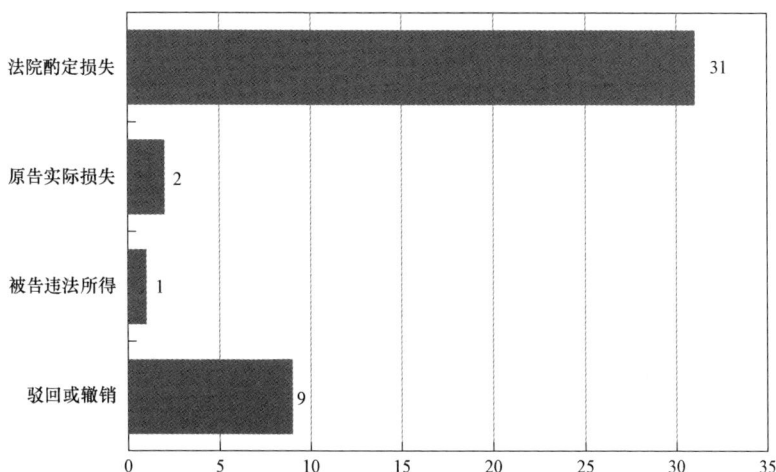

图 2-4　判决结果对比图

表 2-1　诉讼请求与赔偿判决对比表

案号	原告全部/部分诉求	法院判决（赔偿部分）
【案例 1】浙江省玉环县人民法院民事裁定书（2013）台玉知民初字第 5 号	被告潘某赔偿因侵权给原告广州市某文化传播有限公司造成的经济损失计 28 500 元及原告制止侵权行为和维权所产生的合理费用计 5 000 元（律师费 2 500 元、公证费 800 元、维权必要费用 200 元）	驳回原告对被告的起诉
【案例 2】浙江省玉环县人民法院民事裁定书（2013）台玉知民初字第 4 号	被告杨某赔偿因侵权给原告广州市某文化传播有限公司造成的经济损失计 28 500 元及原告制止侵权行为和维权所产生的合理费用计 5 000 元（律师费 2 500 元、公证费 800 元、维权必要费用 200 元）	驳回原告对被告的起诉
【案例 3】浙江省玉环县人民法院民事裁定书（2013）台玉知民初字第 3 号	被告某超市有限公司楚门分公司赔偿因侵权给原告广州市某文化传播有限公司造成的经济损失计 28 500 元及原告制止侵权行为和维权所产生的合理费用计 5 000 元（律师费 2 500 元、公证费 800 元、维权必要费用 200 元）	驳回原告对被告的起诉
【案例 4】浙江省玉环县人民法院民事裁定书（2013）台玉知民初字第 2 号	被告某超市有限公司龙溪分公司赔偿因侵权给原告广州市某文化传播有限公司造成的经济损失计 28 500 元及原告制止侵权行为和维权所产生的合理费用计 5 000 元（律师费 2 500 元、公证费 800 元、维权必要费用 200 元）	驳回原告对被告的起诉

17

续表

案号	原告全部/部分诉求	法院判决（赔偿部分）
【案例 5】 浙江省玉环县人民法院民事裁定书（2013）台玉知民初字第 6 号	被告狄某某赔偿因侵权给原告广州市某文化传播有限公司造成的经济损失计 28 500 元及原告制止侵权行为和维权所产生的合理费用计 5 000 元（律师费 2 500 元、公证费 800 元、维权必要费用 200 元）	驳回原告对被告的起诉
【案例 6】 最高人民法院民事裁定书（2011）民申字第 259 号	1. 某购书中心停止销售 ultama（中文名奥特曼，又称咸蛋超人）音像制品；某音像出版社停止出版、销售奥特曼音像制品并销毁相关母带、生产工具等；上海某公司、某株式会社停止在中国许可任何人出版、发行涉案作品； 2. 四名被告不得侵害辛某某在中国享有的《巨人对詹伯 a》《哈卢曼和 7 个奥特曼》《奥特曼 1》《奥特曼 2》《奥特曼赛文》《奥特曼归来》《奥特曼艾斯》《奥特曼泰罗》《詹伯格艾斯》九部作品以及延伸制作的作品的著作权； 3. 四名被告在《中国知识产权报》《中国版权》杂志上公开赔礼道歉； 4. 某购书中心、某音像出版社各自向辛某某、某公司赔偿损失人民币 10 万元、30 万元，上海某公司、某株式会社共同向辛某某、某公司赔偿损失人民币 100 万元	一审判决：判决驳回原告的诉讼请求 二审判决： 一、撤销一审判决； 二、被告分别停止销售侵权产品、停止生产和销售侵权产品，并销毁相关的母带、生产工具等； 三、两被告赔偿原告人民币 30 万元及合理费用人民币 101 930 元，另一被告向原告返还其侵权所得利润人民币 10 万元。 再审法院作出裁定：二审判决认定事实清楚，适用法律正确，应予维持
【案例 7】 广东省广州市天河区人民法院民事判决书（2012）穗天法知民初字第 1160 号	1. 停止销售侵权商品； 2. 在《中国消费者报》上公开赔礼道歉； 3. 向原告赔偿损失 50 000 元； 4. 向原告支付维权费用 8 400 元（其中公证费 200 元、律师费 8 000 元、音像制品费 200 元）	一、被告广州某购物中心有限公司于本判决发生法律效力之日立即停止销售侵权音像制品《奥特曼兄弟》； 二、驳回原告广州市某文化传播有限公司的其他诉讼请求
【案例 8】 广东省广州市天河区人民法院民事判决书（2012）穗天法知民初字第 1159 号	1. 停止销售侵权商品； 2. 在《中国消费者报》上公开赔礼道歉； 3. 向原告广州市某文化传播有限公司赔偿损失 50 000 元； 4. 向原告支付维权费用 8 265 元（其中公证费 200 元、律师费 8 000 元、音像制品费 65 元）	一、被告广州某购物中心有限公司于本判决发生法律效力之日立即停止销售侵权音像制品《奥特曼终极传说 II》； 二、驳回原告的其他诉讼请求
【案例 9】 杭州市余杭区人民法院民事判决书（2013）杭余知初字第 152 号	1. 天某公司立即停止侵权行为，下架未经授权的人物形象"戴拿奥特曼""迪迦奥特曼""盖亚奥特曼"的玩具形象； 2. 天某公司、汕头市某玩具有限公司赔偿世某公司经济损失及制止侵权行为所支付的合理费用 15 万元	被告汕头市某玩具有限公司于本判决生效之日起十日内赔偿原告上海某文化形象管理有限公司损失（含合理费用）80 000 元
【案例 10】 广州市海珠区人民法院民事判决书（2013）穗海法知民初字第 581 号	1. 停止销售版权登记号为 NO.00000997，合同备案为 2004-0997 名称为《超人泰罗》（ULTRAMANTARO）的侵权产品； 2. 向原告广州市某文化传播有限公司承担赔偿责任，赔偿损失人民币 20 040 元整； 3. 向原告支付维权费用 2 053.6 元（其中公证费 2 000 元、购买侵权产品费用 53.6 元）	被告在本判决生效之日起十日内向原告广州市某文化传播有限公司支付经济损失赔偿金（包括维权合理开支）10 000 元；如被告广州某超市有限公司金沙店财产不足以清偿该债务的，不足部分由被告广州某超市有限公司（总公司）承担补充清偿责任

续表

案号	原告全部/部分诉求	法院判决（赔偿部分）
【案例 11】 中华人民共和国 北京市高级人民法院民事 判决书（2014）高民终字 第 1150 号	判决书中未写明	一审判决：被告某公司自本判决生效之日起十日内赔偿原告经济损失人民币 20 万元及因诉讼支出的合理费用人民币 1 万元； 二审判决：驳回上诉，维持原判
【案例 12】 广州市海珠区人民法院民事判决书（2014）穗海法知民初字第 333 号	1. 停止销售版权的侵权产品； 2. 向原告承担赔偿责任，赔偿损失人民币 20 000 元整； 3. 向原告支付维权费用 1 559.9 元（其中公证费 1 500 元，调查取证费 30 元，购买侵权产品费用 29.9 元）； 4. 本案诉讼费由两被告承担	一、被告广州某超市有限公司金沙店、广州某超市有限公司在本判决生效之日起立即停止销售侵犯原告广州市某文化传播有限公司享有著作权的玩具产品； 二、被告广州某超市有限公司金沙店在本判决生效之日起十日内向原告广州市某文化传播有限公司支付经济损失赔偿金（包括维权合理开支）18 000 元；如被告广州某超市有限公司金沙店财产不足以清偿该债务的，不足部分由被告广州某超市有限公司承担补充清偿责任
【案例 13】 广东省广州市越秀区人民法院民事判决书（2014）穗越法知民初字第 108 号	1. 被告立即停止销售侵犯动画片《激战奇轮》中"烈焰""金角"动漫形象著作权的产品，销毁未售出的侵权产品； 2. 被告自判决生效之日起 10 日内在《广州日报》上公开赔礼道歉； 3. 被告赔偿原告经济损失及为制止被告侵权行为所支付的合理费用 8 万元	一、被告谢某某立即停止销售涉案侵害原告广东某漫文化娱乐有限公司对动画片《激战奇轮》中"烈焰""金角"动漫形象享有著作权的商品； 二、本判决发生法律效力之日起十日内，被告谢某某向原告赔偿经济损失 8 000 元（该款含原告为制止侵权行为所产生的合理费用）
【案例 14】 东莞市第二人民法院民事判决书（2014）东二法知民初字第 321 号	1. 被告立即停止销售带有《咸蛋超人》系列人物形象的童装； 2. 被告赔偿原告经济损失 100 000 元； 3. 本案的诉讼费用由被告承担	一、被告袁某某立即停止销售侵害《超人杰克》系列人物形象的童装； 二、限被告袁某某于本判决生效之日起五日内赔偿原告广州市某文化传播有限公司经济损失（含合理费用）8 000 元； 三、驳回原告广州市某文化传播有限公司的其他诉讼请求
【案例 15】 广东省东莞市第二人民法院民事判决书（2014）东二法知民初字第 321 号	1. 被告立即停止销售带有《咸蛋超人》系列人物形象的童装； 2. 被告赔偿原告经济损失 100 000 元； 3. 本案的诉讼费用由被告承担	一、被告袁某某立即停止销售侵害《超人杰克》系列人物形象的童装； 二、限被告于本判决生效之日起五日内赔偿原告经济损失（含合理费用）8 000 元
【案例 16】 深圳市罗湖区人民法院民事判决书（2014）深罗法知民初字第 679 号	1. 被告方某某立即停止销售侵犯《激战奇轮》著作权产品，销毁未售出的侵权产品； 2. 两被告赔偿原告广东某动漫文化娱乐有限公司经济损失及为制止被告侵权行为所支付的合理费用人民币 8 万元	一、被告应立即停止销售涉案商品； 二、被告应于本判决生效后十日内赔偿原告损失及合理支出共计人民币 5 000 元
【案例 17】 深圳市罗湖区人民法院民事判决书（2014）深罗法知民初字第 682 号	1. 被告陈某某立即停止销售侵犯《激战奇轮》著作权产品，销毁未售出的侵权产品； 2. 两被告赔偿原告经济损失及为制止被告侵权行为所支付的合理费用人民币 8 万元； 3. 两被告共同承担本案全部受理费	一、被告应立即停止销售涉案商品； 二、被告应于本判决生效后十日内赔偿原告广东某动漫文化娱乐有限公司损失及合理支出共计人民币 5 000 元

续表

案号	原告全部/部分诉求	法院判决（赔偿部分）
【案例 18】 杭州市余杭区人民法院民事判决书（2014）杭余知初字第 770 号	1. 被告立即停止侵犯某株式会社著作权的行为，包括停止销售侵权产品； 2. 被告袁某某、包某某、张某某支付某株式会社经济赔偿金人民币 58 万元； 3. 被告支付某株式会社为本案支出的合理费用 145 300 元	一、三名被告于本判决生效之日起十日内共同赔偿原告某株式会社经济损失（含合理费用）150 000 元； 二、驳回原告其他的诉讼请求
【案例 19】 广东省广州市越秀区人民法院民事判决书（2015）知民初 399 号	1. 被告刘某某立即停止销售带有《咸蛋超人》系列人物形象的玩具； 2. 被告赔偿原告广州市某传播公司经济损失及维权合理开支共计 5 万元	一、被告刘某某立即停止销售涉案侵犯原告广州市某文化传播有限公司享有著作财产权利的超人艾斯、超人之父、宇宙超人、超人赛文、超人杰克、超人之母、超人泰罗动画人物形象的商品； 二、被告刘某某应于本判决发生法律效力之日起十日内，赔偿经济损失 12 000 元（该款名原告为制止侵权行为所产生的合理费用）给原告广州市某文化传播有限公司； 三、驳回原告广州市某文化传播有限公司的其他诉讼请求
【案例 20】 广东省汕头市中级人民法院民事判决书（2015）汕中法知民初字第 11 号	1. 判令两被告立即停止生产、销售带有《超人杰克》人物形象的玩具； 2. 判令两被告赔偿广州市某文化传播有限公司经济损失及维权合理开支共计人民币 10 万元整； 3. 本案的诉讼费用由两被告承担	一、被告深圳市某照明电器厂于本判决生效之日起十五日内赔偿原告经济损失（含合理费用）5 000 元； 二、被告汕头市某电器厂于本判决生效之日起十五日内赔偿原告广州市某文化传播有限公司经济损失（含合理费用）25 000 元
【案例 21】 广东省中山市第二人民法院民事判决书（2016）粤 2072 民初 3325 号	1. 被告某公司立即停止生产、销售带有《咸蛋超人》系列宇宙超人人物形象的灯具； 2. 被告某公司赔偿原告广州市某文化传播有限公司经济损失及合理费用 100 000 元	该判决已被二审法院撤销（见本表序号 27）
【案例 22】 广州市南沙区人民法院民事判决书（2016）粤 0115 民初 1213 号	1. 判令两被告立即停止生产、销售带有《咸蛋超人》系列宇宙超人人物形象的手表； 2. 判令两被告连带赔偿原告广州市某文化传播有限公司经济损失及维权支付的合理费用合计人民币 10 万元整	一、被告广州某饰品有限公司立即停止生产、销售带有《咸蛋超人》系列人物形象的产品； 二、被告广州某饰品有限公司、林某某于本判决生效之日起十日内赔偿原告广州市某文化传播有限公司经济损失 10 000 元（包括为制止侵权行为支出的合理开支）
【案例 23】 广东省汕头市中级人民法院民事判决书（2016）粤 05 民初 30 号	1. 被告汕头市某玩具厂立即停止生产、销售带有《咸蛋超人》系列超人之父人物形象的玩具； 2. 被告赔偿原告广州市某文化传播有限公司经济损失及维权支付的合理费用 10 万元	一、被告汕头市某玩具厂应立即停止生产、销售侵害《咸蛋超人》系列作品中超人之父形象的上链摇摆打鼓奥特曼玩具； 二、被告汕头市某玩具厂应在本判决发生法律效力之日起 10 日内赔偿原告广州市某文化传播有限公司经济损失 25 000 元

续表

案号	原告全部/部分诉求	法院判决（赔偿部分）
【案例 24】 广东省汕头市中级人民法院民事判决书（2016）粤 05 民初 17 号	1. 被告汕头市某玩具厂立即停止生产、销售带有《咸蛋超人》系列超人泰罗和超人之父人物形象的玩具； 2. 被告赔偿原告广州市某文化传播有限公司经济损失及维权支付的合理费用 10 万元	一、被告汕头市某玩具厂应立即停止生产、销售侵害《咸蛋超人》系列作品中"超人泰罗"和"超人之父"形象的儿童玩具； 二、被告汕头市某玩具厂应在本判决发生法律效力之日起 10 日内向原告广州市某文化传播有限公司支付赔偿金 25 000 元
【案例 25】 广东省深圳市宝安区人民法院民事判决书（2016）粤 0306 民初 7247 号	1. 判令被告深圳市某照明电器厂立即停止生产、销售带有《咸蛋超人》系列宇宙超人人物形象的吸顶灯； 2. 判令被告赔偿原告广州市某文化传播有限公司经济损失及维权支付的合理费用合计人民币 10 万元整	一、被告深圳市某照明电器厂立即停止侵权行为； 二、被告深圳市某照明电器厂于本判决生效之日起十日内赔偿原告广州市某文化传播有限公司经济损失人民币 50 000 元
【案例 26】 广东省中山市第一人民法院民事判决书（2016）粤 2071 民初 4271 号	1. 立即停止生产、销售带有《咸蛋超人》系列人物形象的服装； 2. 赔偿原告广州市某文化传播有限公司经济损失 20 万元。在本案审理过程中，原告明确被告某公司立即停止生产、销售原告享有著作权的《咸蛋超人》系列人物形象之"宇宙超人"人物形象的服装	一、被告中山市某服饰有限公司于本判决发生法律效力之日起立即停止销售侵犯原告广州市某文化传播有限公司"宇宙超人"人物形象的服装； 二、被告中山市某服饰有限公司于本判决发生法律效力之日起七日内向原告广州市某文化传播有限公司赔偿经济损失（含制止侵权的合理费用）6 万元； 三、驳回原告广州市某文化传播有限公司的其他诉讼请求
【案例 27】 广东省中山市中级人民法院民事判决书（2016）粤 20 民终 3730 号	撤销一审判决，依法改判（一审见本表序号 21）	一、撤销广东省中山市第二人民法院（2016）粤 2072 民初 3325 号民事判决； 二、自本判决生效之日中山市某照明科技有限公司立即停止销售带有《咸蛋超人》系列之"宇宙超人"人物形象的灯具； 三、自本判决生效之日中山市某照明科技有限公司立即向广州某文化传播有限公司赔偿经济损失及合理费用 10 000 元
【案例 28】 河南省郑州市中级人民法院民事判决书（2016）豫 01 民初 1439 号	1. 判令被告郑州某电子科技有限公司、天某公司立即停止生产、销售带有《咸蛋超人》系列人物形象的服装； 2. 判令被告郑州某电子有限公司赔偿原告广州市某文化传播有限公司经济损失 5 万元	一、被告郑州某电子科技有限公司立即停止生产、销售使用奥特卡通形象的服装商品； 二、被告郑州某电子科技有限公司于本判决生效之日起十日内赔偿原告广州市某文化传播有限公司经济损失 6 000 元
【案例 29】 广东省广州市越秀区人民法院民事判决书（2016）粤 0104 民初 41749 号	1. 判令被告陈某某停止销售带有《咸蛋超人》系列人物形象的文具； 2. 判令被告赔偿原告广州市某文化传播有限公司经济损失及维权支付的合理费用合计 30 000 元整	一、被告陈某某停止销售涉案带有《咸蛋超人》系列作品人物"ULTRAMANTARO（泰罗）""ULTRAMANJACK（杰克）""ULTRASEVEN（赛文）"形象的商品； 二、本判决发生法律效力之日起十日内，被告陈某某赔偿原告广州市某文化传播有限公司经济损失 12 000 元（该款包含原告为制止侵权行为支出的合理费用）

案号	原告全部/部分诉求	法院判决（赔偿部分）
【案例30】 东莞市第二人民法院民事判决书（2017）粤1972民初3438号	1. 三被告停止侵犯两原告万某株式会社和日某株式会社告享有著作权的涉案作品的复制权、发行权的行为，即停止制造、销售、预约销售侵权商品的行为，销毁用于制造侵权商品的模具； 2. 三被告连带赔偿两原告因著作权侵权行为受到的损失人民币1260000元； 3. 三被告连带赔偿原告株式会社万某为本案支出的合理费用人民币492000元； 4. 三被告负担本案全部诉讼费用	一、两名被告立即停止侵犯原告AILESTRIKEGUNDAM美术作品著作权的侵权行为，并销毁侵权产品； 二、限被告东莞市某动漫模型有限公司于本判决生效之日起五日内赔偿原告经济损失（含合理费用）180 000元； 三、限被告杭州某模型有限公司于本判决生效之日起五日内赔偿原告经济损失（含合理费用）100 000元
【案例31】 广东省深圳市南山区人民法院民事判决书（2017）粤0305民初10430号	1. 被告深圳市某科技有限公司立即停止生产、销售带有《咸蛋超人》系列宇宙超人人物形象的手表； 2. 被告赔偿原告广州市某文化传播有限公司经济损失及维权支付的合理费用合计人民币5万元整	被告深圳市某科技有限公司应于本判决生效之日起十日内赔偿原告经济损失及维权的合理支出共计人民币40 000元
【案例32】 江苏省苏州市中级人民法院民事判决书（2019）苏05民初211号	1. 立即停止侵犯原告某玩具公司涉案拼装积木及人仔美术造型的著作权； 2. 赔偿原告经济损失及维权合理费用共计人民币100万元	被告吴江某纺织有限公司于本判决发生法律效力之日起十日内向原告某公司支付经济赔偿及维权合理开支共计人民币30 000元
【案例33】 上海知识产权法院民事判决书（2020）沪73民终267号	1. 判令三名被告共同赔偿因侵权行为给原告造成的经济损失人民币600万元（三个平台各200万元）； 2. 判令三名被告共同赔偿原告为制止相关侵权行为所发生的合理费用298 011元（包括律师费273 000元、公证费20 440元、翻译费4 571元）	一审判决： 一、三名被告于判决生效之日起十日内共同赔偿原告经济损失150万元； 二、三名被告于判决生效之日起十日内共同赔偿原告合理开支298 011元。 二审判决： 驳回上诉，维持原判
【案例34】 广东省深圳市福田区人民法院民事判决书（2020）粤0304民初25914号	1. 判令被告某加工场、某公司立即停止侵害原告奥特曼形象著作权的行为，并销毁库存的侵权产品； 2. 判令被告某加工场、某公司赔偿原告经济损失以及公证费、律师费等合理维权费用共计10万元； 3. 判令被告某加工场、某公司在《法制日报》《中国知识产权报》《深圳特区报》及其经营的网店显著位置刊登声明消除影响、赔礼道歉； 4. 判令被告黄某某对被告某公司的上述义务承担连带责任	一、被告斗门区某加工场应立即停止侵害原告上海某文化发展有限公司对美术作品"赛罗奥特曼""赛罗奥特曼无限形态""极恶贝利亚""捷德奥特曼原始形态""贝利亚"享有的复制权、发行权的行为，即停止生产、销售使用上述美术作品的侵权商品； 二、被告深圳市某电子商务有限公司应立即停止侵害原告上海某文化发展有限公司对美术作品"赛罗奥特曼""赛罗奥特曼无限形态""极恶贝利亚""捷德奥特曼原始形态""贝利亚"享有的发行权的行为，即停止销售使用上述美术作品的侵权商品； 三、被告斗门区某加工场应于本判决发生法律效力之日起十日内赔偿原告上海某文化发展有限公司经济损失及为制止侵权行为支出的合理费用共计4万元； 四、被告深圳市某电子商务有限公司应于本判决发生法律效力之日起十日内赔偿原告上海某文化发展有限公司经济损失及为制止侵权行为支出的合理费用共计2万元

案号	原告全部/部分诉求	法院判决（赔偿部分）
【案例 35】 上海市浦东新区人民法院民事判决书(2020)沪 0115 民初 3819 号	1. 判令两被告停止侵害原告著作权的行为及不正当竞争行为，删除涉案侵权内容，停止销售并销毁侵犯原告著作权的产品； 2. 判令两被告赔偿原告上海某文化发展有限公司经济损失人民币 100 万元，并承担原告为制止被告侵权行为而支出的合理费用 2 万元（其中公证费 3 000 元，购买被诉侵权产品费用 476.9 元，其余为律师费）	一、被告杜某某于本判决生效之日起十日内赔偿原告经济损失及合理开支 80 万元； 二、驳回原告上海某文化发展有限公司其他诉讼请求
【案例 36】 深圳市宝安区人民法院民事判决书（2020）粤 0306 民初 25635 号	1. 请求法院判令被告深圳市某饮食有限公司立即停止在其运营的深圳市某休闲酒店提供热播电影《我的个神啊》的在线播放； 2. 请求法院判令被告赔偿原告经济损失 20 万元； 3. 请求法院判令被告承担本案的诉讼费	一、被告深圳市某饮食有限公司自本判决生效之日起立即停止在其运营的深圳市某休闲酒店提供热播电影《我的个神啊》的在线播放； 二、被告在本判决生效之日起十日内赔偿原告经济损失及制止侵权行为的合理开支共计 5 000 元
【案例 37】 上海知识产权法院民事判决书（2020）沪 73 民终 544 号	一审诉讼请求判决书中未写明 改判一审判决第三项为蓝某动画公司、乐某公司、蓝某文化公司、某奇文化公司共同赔偿某株式会社经济损失人民币 1 000 万元及为制止侵权行为所支付的合理开支 100 万元	一审判决： 一、五被告于判决生效之日起立即停止涉案著作权侵权行为； 二、五名被告于判决生效之日起十日内共同赔偿原告经济损失 200 万元及为制止侵权行为所支付的合理开支 50 万元。 二审判决：驳回上诉，维持原判
【案例 38】 上海市浦东新区人民法院民事判决书(2021)沪 0115 民初 64457 号	1. 判令三被告停止侵害原告某文化发展公司著作权的行为及不正当竞争行为，被告余某某和被告某公司删除涉案网店侵权内容，被告余某某和被告某玩具厂停止生产、销售并销毁侵犯原告某公司著作权的产品； 2. 判令被告余某某和被告某玩具厂提供其各自掌握的与侵权行为相关的账簿、资料，被告某公司提供涉案侵权销售链接（含子链接）的销售记录及被告余乐芝注册和备案的与侵权产品、侵权人相关的信息； 3. 判令三名被告连带赔偿原告某公司经济损失人民币（以下币种同）10 万元及原告某公司为制止三被告侵权行为而支山的合理费用 2 万元	被告余某某应于本判决生效之日起十日内赔偿原告经济损失以及为制止侵权行为而支付的律师费、公证费、公证购买费等合理开支共计人民币 30 000 元
【案例 39】 上海知识产权法院民事判决书（2021）沪 73 民终 818 号 后附该典型案例分析	一审： 1. 被告立即停止提供《三体》（又称《地球往事》）视听节目的在线播放和下载服务，断开涉案侵权音频链接，将涉案侵权音频下架并删除涉案侵权音频； 2. 被告向原告赔偿经济损失人民币 500 万元赔偿合理费用 171 481.79 元(包含律师费 30 000 元、鉴定费 21 000 元、公证费 133 000 元、音频转换文字稿软件费用 4 081.79 元，共计 188 081.79 元，在本案中只主张 171 481.79 元）共计 5 171 481.79 元	一审判决： 一、被告于本判决生效之日起十日内赔偿原告深圳市某计算机系统有限公司经济损失人民币 500 万元； 二、被告于本判决生效之日起十日内赔偿原告为制止侵权行为所支付的合理开支人民币 171 481.79 元； 二审判决：驳回上诉，维持原判

案号	原告全部/部分诉求	法院判决（赔偿部分）
【案例 40】 上海市浦东新区人民法院民事判决书(2021)沪 0115 民初 74874 号	1. 判令三被告立即停止将"奥特曼"系列形象的美术作品用作涉案商铺售卖商品页面的包装、装潢，及商业广告宣传，停止生产、销售使用了原告上海某文化发展有限公司享有著作权的"奥特曼"系列美术作品的玩具并销毁侵权产品库存； 2. 判令被告邵某某和某玩具厂提供其各自掌握的与侵权行为相关的账簿、资料，被告某公司提供涉案侵权销售链接（含子链接）的销售记录及被告邵某某注册和备案的与侵权产品、侵权人相关的信息； 3. 判令三名被告赔偿原告上海某文化发展有限公司经济损失以及合理费用共计人民币（以下币种同）100 万元（包括律师费 10 000 元，公证费 3 000 元，其余为经济损失）	一、被告邵某某于本判决生效之日起十日内赔偿原告上海某文化发展有限公司经济损失人民币 60 000 元以及为制止侵权行为而支付的律师费、公证费等合理开支共计人民币 7 000 元； 二、驳回原告上海某文化发展有限公司的其余诉讼请求
【案例 41】 上海市浦东新区人民法院民事判决书(2021)沪 0115 民初 74875 号	1. 判令两被告立即停止将"奥特曼"系列形象的美术作品用作涉案商铺售卖商品页面的包装、装潢，及商业广告宣传，停止生产、销售使用了原告新创华公司享有著作权的"奥特曼"系列美术作品的玩具并销毁侵权产品库存； 2. 判令被告邵某某提供其掌握的与侵权行为相关的账簿、资料，被告某公司提供涉案侵权销售链接（含子链接）的销售记录及被告邵某某注册和备案的与侵权产品、侵权人相关的信息； 3.判令两被告赔偿原告某公司经济损失以及合理费用共计人民币（以下币种同）10 万元（包括合理费用 10 000 元，公证费 3 000 元，其余为经济损失）	一、被告邵某某于本判决生效之日起十日内赔偿原告上海某文化发展有限公司经济损失人民币 3 000 元以及为制止侵权行为而支付的律师费、公证费等合理开支共计人民币 5 000 元； 二、驳回原告上海某文化发展有限公司的其余诉讼请求
【案例 42】 东莞市第一人民法院民事判决书（2022）粤 1971 民初 38420 号	1. 判令某服饰公司、某智公司、某鲨公司立即停止侵害原告上海某网络科技有限公司著作权的行为，停止出售使用《明日方舟》元素的侵权产品，并删除案涉网店中与《明日方舟》及《明日方舟》元素相关的图片等侵权信息； 2. 判令某服饰公司、某智公司、罗某某、某鲨公司连带赔偿原告方经济损失以及合理费用共计人民币 5 万元	一、被告东莞市某服饰有限公司于本判决发生法律效力之日起三日内赔偿原告上海某网络科技有限公司包含合理维权费用在内的经济损失 6 000 元； 二、被告东莞市某智互联网科技有限公司、东莞市某鲨数码印花有限公司于本判决发生法律效力之日起连带赔偿原告上海某网络科技有限公司包含合理维权费用在内的经济损失 18 000 元； 三、被告罗某某对上述第二判项中被告东莞市某智互联网科技有限公司的债务承担连带清偿责任

案号	原告全部/部分诉求	法院判决（赔偿部分）
【案例43】 湖北省高级人民法院民事判决书（2012）鄂民三终字第23号	一审： 1. 判令某超市立即停止销售侵犯上海某公司对迪迦奥特曼形象享有著作权的百变超人玩具； 2. 判令某超市立即销毁涉案尚未售出的侵权样品、半成品、产成品及相关标识等； 3. 判令某超市赔偿上海某公司直接经济损失30 000元（人民币，下同）； 二审： 1. 判令某超市立即停止销售侵犯上海某公司对迪迦奥特曼形象享有著作权的百变超人玩具； 2. 判令某超市立即销毁涉案尚未售出的侵权样品、半成品、产成品及相关标识等； 3. 判令某超市赔偿上海某公司直接经济损失30 000元（人民币，下同）	一审判决： 驳回上海某公司的诉讼请求。 二审判决： 驳回上诉，维持原判

（二）案例解读

【案例37】①

该案是一份终审判决书，一名原告，五名被告，裁判文书共76页，一审、二审审理时间横跨2018年至2021年。从二审判决书中可以知悉，原告起诉的诉讼请求金额是要求其中的四名被告赔偿原告经济损失人民币1 000万元及为制止侵权行为所支付的合理开支100万元。一审、二审法院虽判决被告构成侵权，但并未全部支持原告的诉讼请求。法院判决五被告共同赔偿原告的经济损失200万元及为制止侵权行为所支付的合理开支50万元。也就是说，原告诉求赔偿金额是1 000万，法院支持了200万，原告诉求合理开支是100万，法院支持了50万。从科幻知识产权纠纷案件的总体判决情况看，该案的判决赔偿金额还是比较有力度的。

本案中，诉讼焦点问题是：（1）诉争的初代奥特曼形象权属的认定；（2）原告指控的五被告侵权行为是否成立；（3）若被诉行为构成侵权，五被告应承担何种民事责任。

对于争议焦点一，初代奥特曼形象权属如何认定的问题。

---

① 案号：（2020）沪73民终544号

因原告系日本登记成立的企业，人民法院首先确认的问题是本案应当适用哪个国家的法律规定。其次，法院审查了初代奥特曼形象的权利归属，在此基础上，查清了原告是否对初代奥特曼形象享有著作权。

对于争议焦点二，五名被告的行为是否侵害了原告的著作权。

人民法院首先对被诉奥特曼形象是否构成对初代奥特曼形象、杰克奥特曼形象的复制或改编进行认定，即被诉奥特曼形象侵犯了作者哪些具体的著作权权利，以及各方当事人使用被诉奥特曼形象制作电影的行为是否在合法的授权范围内。

对于争议焦点三，五名被告应当承担何种民事责任。

其中对于赔偿的金额，法院是根据案件情况酌情确定赔偿数额，理由是原告因侵权行为而遭受的实际损失及四名被告的获利均不能确定。法院的酌情确定赔偿数额综合考虑的主要因素就是奥特曼形象在我国的知名度、被诉奥特曼形象对涉案电影的利润贡献率、涉案电影的票房收入、被告的主观过错等因素。

【律师点评】

在对原告诉讼请求与法院判决的对比后，本书进行审判思路的分析。需要强调的是为什么原告提出的诉讼请求数额普遍很低，而法院的判决更低。其根本原因在于原告的实际损失量化起来非常困难，不好证明，这无疑也是知识产权侵权案件最大的难题。

无论是原告的经济损失还是被告的违法所得要么难以量化，要么无法获取，因此，我国著作权法规定的赔偿损失的条款落实太难，变成现实的赔偿实属不易。

目前，我国的审判实践中，法律对权利人遭遇侵权后能够获得赔偿的保护力度太弱，法律条款存在落实难的问题，因此很难起到有效打击违法或犯罪的目的。不止一个当事人向笔者反映，当他们的著作权被剽窃后，侵权者竟扬言大不了"赔点钱"，反正赚的比赔的多。这样的现象屡见不鲜，是因为违法的成本"太低"导致恶性循环。因此，著作权法应加大对知识产权侵权等违法案件的打击力度，细化惩罚性条款，保证有法可依并能切实落地。而1～5倍的惩罚条款不应以几乎难以量化的原告实际损失和难以获取的被告违法获利的证据来计算，至少应该赋予法院更大的自由裁量权，并提升从重惩处的力度。比如提倡法院行使自由裁量权酌情判决惩罚时，应根据案件具体情况惩罚被告就高不就低。酌定的区间应带有极大的惩罚性，可以设最低线，上不封顶或者将最高限 500 万元提升至更高。

【案例 39】[①]

该案是上海知识产权法院的一份终审判决书,一审、二审审理时间横跨 2019 年至 2022 年。原告起诉的诉讼请求为:(1)被告立即停止提供《三体》(又称《地球往事》)视听节目的在线播放和下载服务,断开涉案侵权音频链接,将涉案侵权音频下架并删除涉案侵权音频;(2)被告向原告赔偿经济损失人民币 500 万元,赔偿合理费用 171 481.79 元(包含律师费 30 000 元、鉴定费 21 000 元、公证费 133 000 元、音频转换文字稿软件费用 4 081.79 元,共计 188 081.79 元,在本案中只主张 171 481.79 元),共计 5 171 481.79 元。

一审法院认为,虽然权利人的实际损失、侵权人的违法所得、权利使用费难以计算,但有证据证明前述数额明显超过 50 万元的法定赔偿最高限额(根据 2010 年修正的著作权法规定的最高限额),综合全案证据情况,可在法定赔偿最高限额之上酌情确定赔偿数额。故一审法院做出了下列判决:被告于判决生效之日起十日内赔偿原告经济损失 500 万元;赔偿原告为制止侵权行为所支付的合理开支 171 481.79 元;就著作权侵权行为在其官网首页连续十五日刊登声明,消除影响(声明内容须经法院审核);如不履行,法院将在相关媒体上公布判决的主要内容,费用由被告承担。

二审法院认为:刘慈欣是文字作品《三体》的作者,其有权将该作品的著作权全部或部分许可给他人使用。刘慈欣签订的《独家合作协议》合法有效,原告依据该协议享有相关著作权,其有权提起本案诉讼。被告明知或者应知其平台主播传播侵权音频,其未采取制止侵权的必要措施,构成帮助侵权,应承担相应的民事责任。虽 2010 年著作权法规定的法定赔偿最高限额为 50 万元,但一审法院在法定赔偿最高限额之上确定本案赔偿金额并无不当。首先,长篇科幻小说《三体》多次获得各类奖项,具有极高的社会关注度,是我国最具商业价值的作品之一。其次,被告是知名的网络音频平台,有众多的受众。其平台有大量侵权音频,虽然被告与网络主播的分成获利有限,但《三体》音频会给被告带来流量,提高被告的商业估值,也可带来更多广告的收益,不能仅以被告与主播的分成认定被告的侵权获益。最后,经原告发送侵权通知函后,被告仍有大量侵权音频,且持续较长时间,其主观过错明显。故作出驳回上诉、

---

① 案号:(2021)沪 73 民终 818 号

维持原判的判决。

【律师点评】

这是一起很有影响力的案例。

其一在于该案是与中国头部科幻品牌刘慈欣先生的作品《三体》有关的著作权侵权案，这对于我们研究科幻产业知识产权侵权案件有着指导性作用。

其二在于酌定赔偿金额突破当时适用的 2010 年修正的著作权法规定的法定赔偿上限。

可见，如果著作权人提起高额赔偿之诉，必须要有充分的侵权证据，特别是实际损失的证据。本案原告之所以能获得较高的赔偿，也是向法院提交了大量的证据，证明无论是原告的损失还是被告的违法所得、权利使用费等，均明显高出了 50 万元。因此，审理法院采取在法定赔偿最高限额之上酌情确定赔偿数额。该案判决时，新《著作权法》已经修改颁布，法定赔偿上限已调整为 500万元。

其三在于原告的诉讼请求与法院的判决结果完全一致，这在中国科幻知识产权审判实践乃至全国知识产权案件审理中都是罕见的。还充分说明原告的应诉准备与水平一流，其证据的提交以及损失的计算精准而有说服力，可见原告拥有强大的专业度很高的法务团队。

【案例 43】①

该案是湖北省高院作出的终审判决，一审的起诉时间是 2011 年，时间较早。

原告的诉讼请求是判令被告立即停止销售侵犯原告对迪迦奥特曼形象享有著作权的百变超人玩具；立即销毁涉案尚未售出的侵权样品、半成品、产成品及相关标识等；赔偿原告直接经济损失 30 000 元；向原告公开赔礼道歉。

一审法院认为，迪迦奥特曼影视角色形象作为可以脱离影片独立行使著作权的作品，其著作权的归属必须予以证明。原告对迪迦奥特曼角色形象设计者身份及权利归属未提交证据证实，应承担举证不能的不利后果。据此判决：驳回原告的诉讼请求。

原告不服一审判决提起上诉，二审法院认为，具有独创性的影视角色形象构成一个独立于影视作品的单独作品，其著作权由作者单独行使。在无证据证明的情况下，不能简单地或当然地推定影视作品的著作权人享有影视角色形象

---

① 案号：（2012）鄂民三终字第 23 号

的著作权。迪迦奥特曼角色形象本质上属于利用线条、图案、色彩等表现方法形成的具有人物造型艺术的美术作品。美术作品的著作权由美术作品的作者享有。原告必须举证证明自己取得迪迦奥特曼美术作品的著作权人的授权，而非依据影视作品著作权人的授权即来主张权利。据此判决：驳回上诉，维持原判。

【律师点评】

该案件的典型之处在于，对影视作品角色形象权利归属及行使规则有着指导意义。

这是少数几个因无法证明权属而败诉的案件。值得提示的是，著作权权属认定是审理著作权案件的基础要件之一，随着科技的发展、人们娱乐方式的多样化、全球化，著作权权属的版权链是否真实、合法、完整，已经成为了经营和维权过程中最重要的环节。对此，笔者将在本章第二节进行进一步解读。

（三）律师提示

民事诉讼中，须由原告提出诉讼请求，法院才能受理，且审理范围限于原告提出的诉讼请求范围内。通过上述案例统计可知，一部分当事人在起诉时，主张的诉讼请求并不完整，因此，当事人正确把握著作权案件的诉讼请求，才可能充分地行使诉权、保障自身权利。

《著作权法》第五十二条和五十三条对侵权行为应承担的法律责任作了明确的规定，科幻人应学习掌握，并据此确定维权时的诉讼请求。

起诉时，根据侵犯权利人科幻著作权纠纷案件的具体情况，原告的诉讼请求一般包括：

（1）要求被告立即停止侵权（可以明确具体措施，如停止使用、卸载、下架等）；

（2）要求被告消除影响；

（3）要求被告赔礼道歉（这类诉讼请求通常只在涉及侵害著作人身权的情况下会被法庭支持）；

（4）要求被告赔偿损失（要明确损失的项目、来源，金额应当具体、明确，特别是要有损失的完备充分的证据，并能说明其计算方法）；

（5）要求被告对侵权复制品进行销毁；对主要用于制造侵权复制品的材

料、工具、设备等，责令销毁；责令禁止侵权材料、工具、设备等进入商业渠道等；

（6）要求被告赔偿原告维权的合理支出（应列明具体金额、计算方法和依据，如律师费、诉讼费、翻译费、公证费、鉴定费、购买侵权物品费、打印费、维权产生的差旅费等费用。如果还有其他费用，要向法院阐述清楚该费用为维权必要支出）；

（7）要求被告承担诉讼费、保全费等。

二、案由：侵害作品信息网络传播权纠纷

（一）数据分析

案由为侵害作品信息网络传播权纠纷共有 30 起案件，其中：

（1）原告诉讼请求最低金额为 3 670 元（含合理支出 700 元），最高金额为 5 412 500 元；

（2）原告主张要求按照其实际损失＋合理支出予以赔偿的案件有 20 起，8 起案件未要求赔偿合理支出。

（3）30 起案件中，法院判决被告赔偿的最高金额是 25 万元，包括了合理支出；最低判决赔偿的金额是 1 400 元。

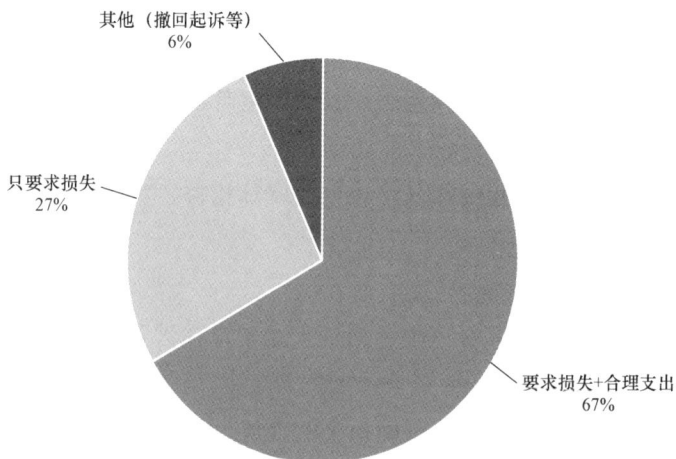

图 2-5　赔偿损失诉讼请求

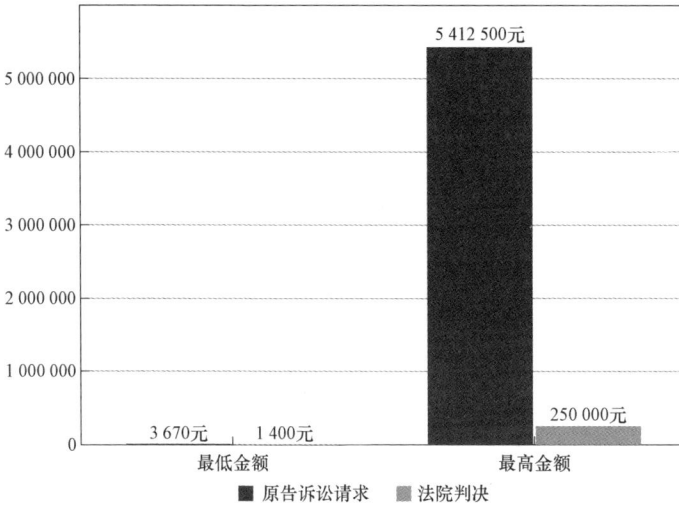

图 2-6　侵害作品信息网络传播权纠纷诉讼请求与判决金额对比（二）

（4）仅有 1 起案件（案例 7）是按照原告的实际损失做出的赔偿判决，判决赔偿原告实际损失 3 670 元（包合理支出 700 元）；按照被告违法所得判决的案件数量为 0；有 27 起案件的判决均不同程度地或胜诉，但胜诉金额完全是法院的酌定；1 件案件撤回起诉，1 件案件被驳回诉讼请求。

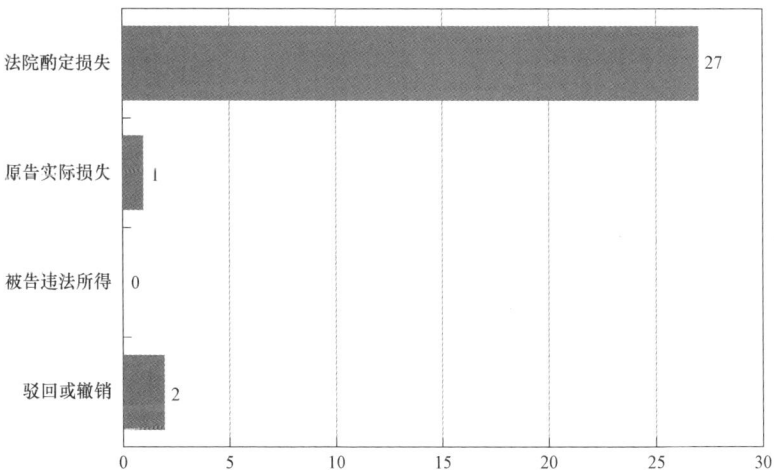

图 2-7　判决结果对比图二

表 2-2 诉讼请求与赔偿判决对比表

案号	原告全部/部分诉求	法院判决（赔偿部分）
【案例 1】 深圳市南山区人民法院民事判决书（2015）深南法知民初字第 157 号	1. 立即停止使用电影作品《TRANSFORMERS: AGEOFEXTINCTION》（变形金刚：绝迹重生）； 2. 向原告支付侵权赔偿金人民币 1 800 000 元； 3. 负担原告为制止侵权行为的合理支出人民币 50 000 元； 4. 负担本案的诉讼费用	一、被告深圳市某计算机系统有限公司应自本判决生效之日起十日内赔偿原告某（北京）网络科技有限公司经济损失共计人民币 50 000 元； 二、被告深圳市某计算机系统有限公司应自本判决生效之日起十日内赔偿原告某（北京）网络科技有限公司合理支出共计人民币 10 000 元
【案例 2】 上海知识产权法院民事判决书（2016）沪 73 民终 212 号	一审请求判决书中未写明 上诉请求： 将本案发回重审或依法改判驳回被上诉人某华公司在一审中的全部诉讼请求	一审判决：某公司于判决生效之日起十日内赔偿某华公司 30 000 元（含合理费用 2 000 元）。 二审判决：驳回上诉，维持原判
【案例 3】 北京知识产权法院民事判决书（2016）京 73 民终 559 号	一审请求： 判令被告公司支付侵权赔偿金 180 万元及为制止侵权行为产生的合理支出 5 万元，包括公证费 6 320 元、翻译费 545 元、律师费 1 万元。 二审请求： 请求法院撤销一审判决，改判驳回某（北京）网络科技有限公司的全部诉讼请求，并由某（北京）网络科技有限公司承担本案诉讼费用	一审判决： 一、北京某信息服务有限公司赔偿某（北京）网络科技有限公司经济损失及合理支出共计三万元； 二、驳回某（北京）网络科技有限公司其他诉讼请求。 二审判决： 驳回上诉，维持原判
【案例 4】 北京市朝阳区人民法院民事判决书（2017）京 0105 民初 77964 号	判令被告向原告赔偿经济损失 174 150 元及合理费用（即公证费）1 400 元，共计 175 550 元	一、被告重庆某科技有限公司于本判决生效之日起十日内赔偿原告北京某文化传播有限公司经济损失 30 000 元； 二、被告重庆某科技有限公司于本判决生效之日起十日内赔偿原告北京某文化传播有限公司合理费用 1 400 元
【案例 5】 上海知识产权法院民事判决书（2018）沪 73 民终 120 号	一审请求： 某豆公司就其在某网和某视频软件（安卓系统手机客户端）上向公众提供电影《星际征服者》在线播放服务的侵权行为，赔偿某视公司经济损失人民币 47 000 元（以下币种均为人民币）、律师费 3 000 元。 二审请求： 撤销一审判决，改判驳回被上诉人某视公司的一审全部诉讼请求	一审判决： 某豆公司于判决生效之日起十日内赔偿某视公司经济损失及律师费合计 45 000 元。 二审判决： 驳回上诉，维持原判
【案例 6】 上海知识产权法院民事判决书（2018）沪 73 民终 156 号	一审请求： 某豆公司就其在某网和某视频软件（iPhone 手机客户端、iPad 客户端）上向公众提供电影《机器人战争：人类末日》在线播放服务的侵权行为，赔偿某视公司经济损失及合理支出人民币 50 000 元。 二审请求： 撤销一审判决，改判驳回被上诉人某视公司的一审全部诉讼请求	一审判决： 某豆公司于判决生效之日起十日内赔偿某视公司经济损失及合理费用共计 15 000 元。 二审判决： 驳回上诉，维持原判

案号	原告全部/部分诉求	法院判决（赔偿部分）
【案例7】 北京知识产权法院 民事判决书（2018）京73 民终605号	一审请求： 1. 判令某实业公司停止侵权行为，删除侵权网站上的涉案作品； 2. 判令某实业公司向某公司赔偿经济损失2 970元及合理费用（即公证费）700元，共计3 670元。 二审请求： 依法撤销一审判决并改判驳回某文化传播公司一审的全部诉讼请求	一审判决： 一、云南省某实业总公司于判决生效之日起十日内赔偿北京某文化传播有限公司经济损失2 970元； 二、云南省某实业总公司于判决生效之日起十日内赔偿北京某文化传播有限公司合理费用700元。 二审判决：驳回上诉，维持原判
【案例8】 北京互联网法院民事判决书（2020）京0491民初3376号	判令被告赔偿原告经济损失100 000元，维权合理支出费用5 200元（公证费200元，律师费5 000元）	一、被告上海某广播电视网络有限公司于本判决生效之日起十日内赔偿原告某信息技术（北京）有限公司经济损失50 000元及合理费用2 000元； 二、驳回原告某信息技术（北京）有限公司其他诉讼请求
【案例9】 北京互联网法院民事判决书（2020）京0491民初10895号	1. 依法判令被告立即停止侵权，下架涉案作品； 2. 依法判令被告承担原告经济损失300万元人民币	驳回原告某（天津）文化投资有限公司的诉讼请求
【案例10】 北京互联网法院民事判决书（2020）京0491民初10902号	1. 判令被告以书面的形式向原告提供微博×××篮球的运营者真实身份信息，包括姓名、性别、公民身份证号码、联系方式、通讯地址（若为公司，披露营业执照信息、联系方式、通讯地址）； 2. 判令被告赔偿原告经济损失人民币47 000元及合理开支律师费人民币30 000元，公证费2 000元，共计人民币502 000元整。庭审中，原告撤回第一项诉讼请求	一、被告庞某于本判决生效后七日内赔偿原告某（天津）文化投资有限公司经济损失30 000元及律师费10 000元、公证费2 000元； 二、驳回原告某（天津）文化投资有限公司其他诉讼请求
【案例11】 北京互联网法院民事判决书（2020）京0491民初27826号	请求被告赔偿原告经济损失57 000元及律师费3 000元，合计60 000元	一、本判决生效之日起七日内，被告北京某科技有限公司赔偿原告西藏某信息技术有限公司经济损失10 000元； 二、驳回原告西藏某信息技术有限公司的其他诉讼请求
【案例12】 北京互联网法院民事判决书（2020）京0491民初30325号	1. 请求法院依法判令被告停止侵权； 2. 请求法院依法判令被告赔偿57 000元及合理支出律师费3 000元，共计6万元。因被告已将侵权链接断开，庭审中原告请求撤回第一项诉讼请求	一、自本判决生效之日起十日内，被告某信息技术（北京）有限公司赔偿原告西藏某信息技术有限公司经济损失4万元； 二、驳回原告西藏某信息技术有限公司的其他诉讼请求
【案例13】 北京互联网法院民事判决书（2020）京0491民初22611号	判令被告赔偿原告经济损失人民币290 000元及合理开支10 000元（包括律师费5 000元、公证费1 400元、其他费用3 600元），共计300 000元整	一、被告北京某假日酒店有限公司、深圳市某科技股份有限公司于本判决生效之日起十日内赔偿原告某（天津）文化投资有限公司经济损失30 000元； 二、被告北京某假日酒店有限公司、深圳市某科技股份有限公司于本判决生效之日起十日内赔偿原告某（天津）文化投资有限公司公证费1 400元和差旅费370元； 三、驳回原告某（天津）文化投资有限公司的其他诉讼请求

案号	原告全部/部分诉求	法院判决（赔偿部分）
【案例14】 广州互联网法院民事判决书（2020）粤0192民初16599号	1. 判令被告立即停止在"动漫之家"网站播放动画片《太空历险记》（发行证号：（苏）动审字【2010】第001号）； 2. 判令被告向原告赔偿经济损失人民币104000元； 3. 判令被告向原告赔偿合理维权费用共计34250元（包括合理费用支出公证费3050元、律师费31200元）	一、被告某（北京）网络科技有限公司于本判决生效之日起十日内赔偿原告广州某文化传播有限公司30000元（含合理费用）； 二、驳回原告广州某文化传播有限公司的其他诉讼请求
【案例15】 北京互联网法院民事判决书（2020）京0491民初29333号	1. 判令被告立即停止侵权； 2. 判令被告赔偿原告经济损失280000元、维权合理费用律师费17000元、公证费3000元，共计30万元整； 3. 判令被告承担本案诉讼费。庭审中，原告确认侵权行为已经停止，请求撤回第一项诉讼请求	一、被告北京某科技有限公司于本判决生效之日起十日内赔偿原告某（天津）文化投资有限公司经济损失4万元； 二、驳回原告某（天津）文化投资有限公司的其他诉讼请求
【案例16】 北京互联网法院民事判决书（2019）京0491民初33346号	1. 判令北京某网络科技有限公司删除AcFun平台（电脑端、手机端）中涉案作品全部内容； 2. 判令某网络科技有限公司公司赔偿某国际传媒有限公司经济损失15万元	一、北京某网络科技有限公司于本判决生效后十日内赔偿某国际传媒有限公司经济损失30000元； 二、驳回某国际传媒有限公司的其他诉讼请求
【案例17】 北京知识产权法院民事判决书（2021）京73民终67号	1. 请求撤销一审判决； 2. 改判驳回某公司的全部诉讼请求（一审见该表序号11）	驳回上诉，维持原判。 二审案件受理费50元，由北京某科技有限公司负担（已交纳）
【案例18】 北京知识产权法院民事判决书（2021）京73民终91号（一审是12.案例115）	西藏某信息技术有限公司以双方已和解为由向本院申请撤回起诉	一、撤销北京互联网法院作出的（2020）京0491民初30325号民事判决； 二、准许西藏某信息技术有限公司撤回起诉
【案例19】 北京知识产权法院民事判决书（2021）京73民终580号	1. 北京某假日酒店公司上诉请求：撤销一审判决，驳回某文化投资有限公司的全部诉讼请求； 2. 本案一审、二审诉讼费用由某公司承担。（一审见该表序号13）	一审判决： 一、北京某假日酒店有限公司、深圳市某技股份有限公司于判决生效之日起十日内赔偿某文化投资有限公司经济损失30000元； 二、北京某假日酒店有限公司、深圳市某技股份有限公司于判决生效之日起十日内赔偿某文化投资有限公司公证费1400元和差旅费370元； 三、驳回某文化投资有限公司的其他诉讼请求； 二审判决：驳回上诉，维持原判
【案例20】 北京互联网法院民事判决书（2021）京0491民初3429号	1. 立即停止对影视作品《疯狂的外星人》"百姓影视（完整电影）、影视大全完整电影"等13个涉案用户提供网络传播服务； 2. 赔偿原告经济损失925514元及合理支出（律师费45000元，公证费29486元），共计人民币1000000元	一、自本判决生效之日起七日内，被告北京某科技有限公司、北京某网络科技有限公司赔偿原告北京某网络技术有限公司经济损失104000元、律师费20000元及公证费29486元，共计153486元； 二、驳回原告北京某网络技术有限公司其他诉讼请求

案号	原告全部/部分诉求	法院判决（赔偿部分）
【案例 21】 上海知识产权法院民事判决书（2021）沪 73 民终 451 号	一审请求： 1. 判令阿某赔偿玄某公司经济损失 480 万元； 2. 判令阿某公司赔偿玄某公司为制止侵权支出的合理费用 612 500 元（包括律师费 60 万元、公证费 12 500 元）。 二审请求： 撤销一审判决，发回重审或依法改判驳回玄某公司全部诉讼请求	一审判决： 一、阿某公司于判决生效之日起十日内赔偿玄某公司经济损失 85 万元； 二、阿某公司于判决生效之日起十日内赔偿玄某公司为制止侵权行为支付的合理费用 25 万元； 三、驳回玄某公司的其余诉讼请求 二审判决： 驳回上诉，维持原判
【案例 22】 北京互联网法院民事判决书（2020）京 0491 民初 13878 号	1. 请求判令被告赔偿原告经济损失 200 000 元及合理费用 12 170 元（合理费用包括公证费 2 170 元、律师费 10 000 元），共计 212 170 元； 2. 请求判令被告在微博×××以及微博官方网站（weibo.com）显著位置刊登声明，消除侵权行为为原告所造成的负面影响	一、被告北京某科网络技术有限公司于本判决生效之日起十日内赔偿原告北京某动网络技术有限公司经济损失 30 000 元及公证费 2 170 元； 二、驳回原告北京某动网络技术有限公司的其他诉讼请求
【案例 23】 上海市浦东新区人民法院民事判决书（2021）沪 0115 民初 17069 号	1. 判令两被告停止针对原告《星际盗墓》小说作品著作权侵权行为，立即在各种网络渠道（含 APP）删除涉案全部侵权作品，并停止任何形式的传播； 2. 判令两被告赔偿原告经济损失人民币 100 000 元； 3. 判令两被告赔偿原告律师费、差旅费、公证费等维权费用 9 704 元	一、被告北京某科技有限公司于本判决生效之日起十日内赔偿原告上海玄某娱乐信息科技有限公司经济损失 3 000 元及合理费用 5 000 元，合计 8 000 元； 二、驳回原告上海玄某娱乐信息科技有限公司其余诉讼请求
【案例 24】 广州互联网法院民事判决书（2021）粤 0192 民初 14893 号	1. 判令被告广州某网络科技有限公司、深圳市某科技有限公司停止对原告某文化公司享有信息网络传播权的文字作品《三体》（三部曲）的侵权行为； 2. 判令三被告赔偿原告某文化公司经济损失共计 60 万元； 3. 判令三被告赔偿合理开支 3 万元并承担本案诉讼费用	一、被告广州某网络科技有限公司、深圳市某科技有限公司于本判决生效之日起立即停止侵害原告读客文化股份有限公司享有文字作品《三体》《三体Ⅱ·黑暗森林》《三体Ⅲ·死神永生》信息网络传播权的行为； 二、被告广州某伟网络科技有限公司、深圳市某康科技有限公司、段某于本判决生效之日起十日内向原告某文化股份有限公司赔偿经济损失 60 000 元（含合理费用）； 三、驳回原告某文化股份有限公司的其他诉讼请求
【案例 25】 北京互联网法院民事判决书（2021）京 0491 民初 41340 号	1. 判令被告立即停止提供涉案作品（被告已停止侵权，原告撤回停止侵权的诉讼请求）； 2. 判令被告赔偿原告经济损失及合理支出合计 200 000 元，其中原告经济损失 180 000 元，合理费用 20 000 元（含律师费 10 000 元，公证费 10 000 元）； 3. 判令被告承担本案诉讼费用	一、被告某（北京）生物科技有限公司于本判决生效之日起十日内赔偿原告北京某科技有限公司经济损失 45 000 元、公证费 100 元，合计 45 100 元。 二、驳回原告北京某科技有限公司的其他诉讼请求

续表

案号	原告全部/部分诉求	法院判决（赔偿部分）
【案例26】北京互联网法院民事判决书（2021）京0491民初43451号	1. 要求两被告立即停止提供涉案电影的播放服务； 2. 要求被告赔偿原告经济损失18万元，合理费用包括公证费10 000元、律师费10 000元	一、被告上海某建筑装饰设计工程有限公司于本判决生效之日起十日内停止在涉案网站中提供涉案作品的在线播放服务； 二、被告上海某建筑装饰设计工程有限公司于本判决生效之日起十日内赔偿原告北京某科技有限公司经济损失40 000元和合理支出100元
【案例27】北京互联网法院民事判决书（2021）京0491民初43545号	1. 要求两被告立即停止提供涉案电影的播放服务； 2. 要求被告赔偿原告经济损失18万元，合理费用包括公证费10 000元、律师费10 000元	一、被告广州某信息科技有限公司于本判决生效之日起十日内停止通过涉案微信公众号和小程序提供涉案作品的在线播放服务； 二、被告广州某信息科技有限公司于本判决生效之日起十日内赔偿原告北京某科技有限公司经济损失50 000元和合理支出50元
【案例28】北京互联网法院民事判决书（2021）京0491民初43542号	1. 要求被告立即停止提供涉案电影的播放服务； 2. 要求被告赔偿原告经济损失18万元，合理费用包括公证费10 000元、律师费10 000元	一、被告南充市某鱼科技有限公司于本判决生效之日起十日内停止在涉案APP中提供涉案作品的在线播放服务； 二、被告南充市某鱼科技有限公司于本判决生效之日起十日内赔偿原告北京某酷科技有限公司经济损失40 000元和合理支出100元
【案例29】北京互联网法院民事判决书（2021）京0491民初43530号	1. 要求两被告立即停止提供涉案电影的播放服务； 2. 要求被告赔偿原告经济损失18万元，合理费用包括公证费10 000元、律师费10 000元	一、被告安徽省某广告传媒有限公司于本判决生效之日起十日内停止在涉案网站中提供涉案作品的在线播放服务； 二、被告安徽省某广告传媒有限公司于本判决生效之日起十日内赔偿原告北京某科技有限公司经济损失40 000元和合理支出100元
【案例30】上海市普陀区人民法院民事判决书（2021）沪0107民初23020号	1. 判令两被告赔偿原告经济损失及合理开支500 000元，两被告承担连带责任； 2. 两被告承担本案诉讼费用	被告上海某度网络科技有限公司、被告上海某干网络科技有限公司于本判决生效之日起十日内共同赔偿原告某（天津）文化投资有限公司经济损失及合理开支50 000元

（二）案例解读

【案例9】①

本案是北京互联网法院审理的案件，涉及的科幻作品为中国科幻电影《疯狂的外星人》。原告请求法院依法判令被告立即停止侵权、下架涉案作品；请求

---

① 案号：（2020）京0491民初10895号

判令被告在某网站和多家报纸首页显著位置发布赔礼道歉及消除影响的声明持续 120 日；依法判令被告承担原告经济损失 300 万元人民币。庭审中，原告撤回第一、二项诉讼请求。审理后，法院却作出了驳回原告诉讼请求的判决。

从裁判文书中知悉，法院驳回原告诉讼请求的理由主要是：虽原告提供的公证书、授权声明、当事人陈述及庭审记录等能够证明其享有案涉作品的著作权，有权提起本案的诉讼，但被告关于合法授权的抗辩成立。根据查明的事实，案涉授权协议显示，原告已将著作权相关权利授权给被告及被告关联公司、有合作关系的其他平台，因此，原告根据涉案行为主张被告侵权，缺乏事实和法律依据，法院不予支持，驳回了原告的诉讼请求。

【律师点评】

此案的启示是：

原告不但要有充分的证据证明其拥有著作权，还要证明被告的行为是否得到著作权人的授权许可，其对著作权作品的信息传播是否超越了授权的范围。签署授权书或著作权许可使用合同时，作为著作权人应重点审查的条款之一便是许可的主体和范围。随着当代 IP 运营模式的多样化，许可主体往往在合同中列明了包含其关联公司、合作公司、运营平台等字样，因此，合同双方应根据实际情况重点审查；此外，还应审查许可使用的地域范围，而这个地域范围不仅限于地理意义上的行政区划，还应包含网络平台的范围等。

【案例 21】[①]

本案是上海知识产权法院审理的案件，原告的诉讼请求是 30 起案件中金额最高的一起：（1）判令被告赔偿原告经济损失 480 万元；（2）判令被告赔偿原告为制止侵权支出的合理费用 612 500 元（包括律师费 60 万元、公证费 12 500 元）。一审和二审法院判决支持了原告经济损失 85 万元和合理费用 25 万元，也是侵害科幻作品信息网络传播权的 30 起案件中判决赔偿最高的案件。

【律师点评】

值得关注的理由是，看似案件获得的法院判决赔偿金额达到了 110 万元，但是仔细阅读法院的判决书发现，原告是一家原创文学门户网站，及某读书 APP 的运营商，原告之所以能够获得法院较高的赔偿判决，源于依靠其与作者签订的《文学作品转让协议》《委托创作协议》《授权协议》《作者作品协议》，并在

---

① 案号：（2021）沪 73 民终 451 号

某中文网、"某读书"APP 等平台发表作者作品，网络用户付费阅读为主要模式盈利。因此，法院认定其通过签署相关协议、拥有案涉小说 60 部作品的信息网络传播权等著作权，因此，案件涉及 60 部作品，其中包括有科幻作品。如果将赔偿分解到每部作品上，所获得的赔偿尚不足 2 万元。

（三）律师提示

侵害信息网络传播权纠纷案件较其他案件诉讼请求特殊之处有以下几点。

1. 如有证据，网络服务提供者应列为被告

网络服务提供者分为内容服务提供者和技术服务提供者。无论是内容服务提供者还是技术服务提供者，如果实施了向用户提供信息、商品等内容服务，或为用户提供接入、缓存、存储、搜索及链接等技术支持的，应将其列为被告，诉讼请求中应注意列明该内容服务提供者承担连带责任。

网络服务提供者在下列情况下免责：

（1）内容提供者有证据证明对推送、传播的信息真实、合法，不侵害他人合法权益，才可能免责。

（2）技术服务提供者如证明仅提供传输通道或展示平台，相关内容由网络用户提供，一般不对权利人单独承担责任。技术服务提供者在接到权利人的通知书后，根据《信息网络传播权保护条例》等法律、法规的规定，及时断开与侵权的作品、表演、录音录像制品的链接的，不承担赔偿责任；但是，明知或者应知所链接的作品、表演、录音录像制品侵权的，应当承担共同侵权责任。

2. 要求网络服务提供者提供侵权人的真实身份信息，可写入原告的诉讼请求

网络侵权，平台好找，但是侵权者的真实身份信息很难确定，因此导致立案难、索赔难。因此，既然可以找到与侵权行为有关联的平台，原告可以诉请要求网络服务提供者以书面的形式向原告和法院提供侵权人的姓名或名称、身份证号、联系方式、通讯地址、IP 地址等，网络平台也可找到为自己洗脱赔偿责任的机会。

3. 原告诉请的合理支出应包含公证费用

该案的相关证据多数来源于网络，因此，对证据进行公证是一个好的方法，因此，在诉讼请求的合理支出部分中应将公证费列入。

三、案由：侵害作品发行权纠纷

（一）数据分析

（1）本节 15 起案件中，原告诉讼请求：最低金额为 3 万元，最高金额为 200 万元；案件的全部原告都主张按照其实际损失予以赔偿的同时要求赔偿合理支出。

15 起案件中，法院判决被告赔偿的最高金额是 38 万元，包括了合理支出；最低判决赔偿的金额仅为 1 200 元。

（2）全部案件的赔偿判决都是由人民法院酌定作出的。

（3）在 15 个案例中，没有一个案件涉及中国的科幻 IP。有 14 起案件涉及在中国家喻户晓的外国科幻大 IP《奥特曼》。如图 2-8、表 2-3 所示。

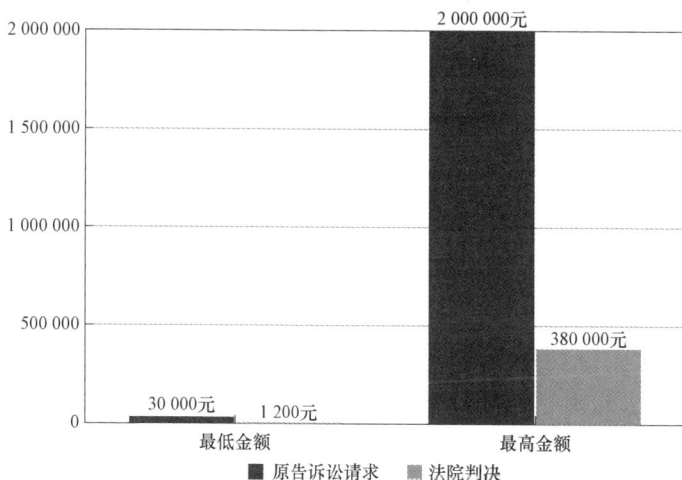

图 2-8　侵害作品发行权纠纷诉讼请求与判决金额对比（三）

表 2-3　诉讼请求与赔偿判决对比表

案号	原告全部/部分诉讼请求	法院判决（赔偿部分）
【案例 1】上海市徐汇区人民法院民事判决书（2021）沪 0104 民初 16922 号	1. 立即停止侵权，立即停止销售涉案盗版图书；2. 支付侵权赔偿金及合理维权费用 30 000 元（含律师费 3 000 元，公证费 1 000 元）	被告于判决生效之日起十日内赔偿原告某文化股份有限公司经济损失及合理费用共计 3 700 元

案号	原告全部/部分诉讼请求	法院判决（赔偿部分）
【案例 2】 广东省广州市白云区人民法院民事判决书（2021）粤 0111 民初 31450 号	1. 被告立即停止销售侵犯原告奥特曼系列作品著作权的玩具产品； 2. 被告赔偿原告经济损失 50 000 元； 3. 被告赔偿原告公证费 1 200 元	一、被告广州市白云区某照相馆立即停止销售侵害原告珠海某文化发展有限公司涉案作品《奥特曼泰罗》发行权的侵权商品； 二、被告广州市白云区某照相馆于本判决生效之日起十日内向原告珠海某文化发展有限公司赔偿公证费 1 200 元
【案例 3】 广东省广州市白云区人民法院民事判决书（2021）粤 0111 民初 31451 号	1. 被告立即停止销售侵犯原告奥特曼系列作品著作权的玩具产品； 2. 被告赔偿原告经济损失 50 000 元； 3. 被告赔偿原告公证费 1 200 元	一、被告广州市白云区某玩具百货店立即停止销售侵害原告珠海某文化发展有限公司涉案作品《奥特曼泰罗》发行权的侵权商品； 二、被告广州市白云区某玩具百货店于本判决生效之日起十日内向原告珠海某文化发展有限公司给付赔偿款 10 000 元； 三、被告广州市白云区某玩具百货店于本判决生效之日起十日内向原告珠海某尊文化发展有限公司给付公证费 1 200 元
【案例 4】 广东省广州市白云区人民法院民事判决书（2021）粤 0111 民初 31452 号	1. 被告立即停止销售侵犯原告奥特曼系列作品著作权的玩具产品； 2. 被告赔偿原告经济损失 50 000 元； 3. 被告赔偿原告公证费 1 200 元	一、被告广州市某玩具店立即停止销售侵害原告珠海某文化发展有限公司涉案作品《奥特曼泰罗》发行权的侵权商品； 二、被告广州市某玩具店于本判决生效之日起十日内向原告珠海某文化发展有限公司给付赔偿款 10 000 元； 三、被告广州市某玩具店于本判决生效之日起十日内向原告珠海某文化发展有限公司赔偿公证费 1 200 元
【案例 5】 广东省东莞市第一人民法院民事判决书（2022）粤 1971 民初 1523 号	1. 判令被告立即停止销售侵犯原告所有的奥特曼系列版权的玩具产品； 2. 判令被告就其侵犯奥特曼系列版权的侵权行为赔偿原告经济损失人民币 5 万元； 3. 判令被告赔偿原告公证费用 1 200 元	一、被告东莞市某日用品商店应于本判决发生法律效力之日立即停止销售侵犯原告珠海某文化发展有限公司享有著作权的《奥特曼泰罗》《奥特曼艾斯》形象作品贴纸； 二、被告东莞市某日用品商店应于本判决发生法律效力之日起五日内赔偿原告珠海某文化发展有限公司经济损失（包括维权公证费用在内）4 000 元
【案例 6】 广东省东莞市第一人民法院民事判决书（2022）粤 1971 民初 1524 号	1. 判令被告立即停止销售侵犯原告所有的奥特曼系列版权的玩具产品； 2. 判令被告就其侵犯奥特曼系列版权的侵权行为赔偿原告经济损失人民币 5 万元； 3. 判令被告赔偿原告公证费用 1 200 元	一、被告东莞市某文具店应于本判决发生法律效力之日立即停止销售侵犯原告珠海某文化发展有限公司享有著作权的《奥特曼泰罗》《奥特曼艾斯》《奥特曼杰克》形象作品贴纸； 二、被告东莞市某文具店应于本判决发生法律效力之日起五日内赔偿原告珠海某文化发展有限公司经济损失（包括维权公证费用在内）4 000 元

案号	原告全部/部分诉讼请求	法院判决（赔偿部分）
【案例7】 广东省中山市第一人民法院民事判决书（2021）粤2071民初40210号	1. 被告立即停止销售侵犯原告所有奥特曼系列著作权的玩具产品； 2. 被告就其侵犯奥特曼系列版权的侵权行为赔偿原告经济损失50 000元； 3. 被告赔偿原告公证费用1 200元	一、被告东莞市某文具店应于本判决发生法律效力之日立即停止销售侵犯原告珠海某文化发展有限公司享有著作权的《奥特曼泰罗》《奥特曼艾斯》《奥特杰克》形象作品贴纸； 二、被告东莞市某文具店应于本判决发生法律效力之日起五日内赔偿原告珠海某文化发展有限公司经济损失（包括维权公证费用在内）4 000元
【案例8】 广东省东莞市第一人民法院民事判决书（2022）粤1971民初8724号	1. 判令被告立即停止销售侵犯原告所有的奥特曼系列版权的玩具产品； 2. 判令被告就其侵犯奥特曼系列版权的侵权行为赔偿原告经济损失50 000元； 3. 判令被告赔偿原告公证费用1 200元	一、被告东莞市某玩具店应于本判决发生法律效力之日立即停止销售侵犯原告珠海某文化发展有限公司享有著作权的《奥特曼艾斯、超人艾斯》《奥特曼泰罗、超人泰罗》形象作品的贴纸、玩具； 二、被告东莞市某玩具店应于本判决发生法律效力之日起五日内赔偿原告珠海某文化发展有限公司经济损失（包括维权公证费用在内）5 000元
【案例9】 广东省东莞市第一人民法院民事判决书（2022）粤1971民初8728号	1. 判令被告立即停止销售侵犯原告所有的奥特曼系列版权的玩具产品； 2. 判令被告就其侵犯奥特曼系列版权的侵权行为赔偿原告经济损失50 000元； 3. 判令被告赔偿原告公证费用1 200元	一、被告东莞市某玩具店应于本判决发生法律效力之日立即停止销售侵犯原告珠海某文化发展有限公司享有著作权的《奥特曼艾斯、超人艾斯》《奥特曼泰罗、超人泰罗》形象作品的贴纸、玩具； 二、被告东莞市某玩具店应于本判决发生法律效力之日起五日内赔偿原告珠海某文化发展有限公司经济损失（包括维权公证费用在内）6 000元
【案例10】 广东省东莞市第一人民法院民事判决书（2022）粤1971民初8725号	1. 请求被告停止侵犯原告《奥特曼·泰罗》《奥特曼艾斯》形象作品的销售行为； 2. 判令被告就其侵犯奥特曼系列版权的侵权行为赔偿原告经济损失50 000元； 3. 判令被告赔偿原告公证费用1 200元	一、被告东莞市某文具店应于本判决发生法律效力之日立即停止销售侵犯原告珠海某文化发展有限公司享有著作权的《奥特曼艾斯、超人艾斯》《奥特曼泰罗、超人泰罗》形象作品的贴纸； 二、被告东莞市某文具店应于本判决发生法律效力之日起五日内赔偿原告珠海某文化发展有限公司经济损失（包括维权公证费用在内）5 000元
【案例11】 广东省东莞市第一人民法院民事判决书（2022）粤1971民初8726号	1. 判令被告立即停止销售侵犯原告所有的奥特曼系列版权的玩具产品； 2. 判令被告就其侵犯奥特曼系列版权的侵权行为赔偿原告经济损失50 000元； 3. 判令被告赔偿原告公证费用1 200元	一、被告东莞市某玩具店应于本判决发生法律效力之日立即停止销售侵犯原告珠海某文化发展有限公司享有著作权的《奥特曼艾斯、超人艾斯》《奥特曼泰罗、超人泰罗》形象作品的贴纸； 二、被告东莞市某玩具店（经营者：梁某某）应于本判决发生法律效力之日起五日内赔偿原告珠海某文化发展有限公司经济损失（包括维权公证费用在内）3 500元

案号	原告全部/部分诉讼请求	法院判决（赔偿部分）
【案例12】上海市浦东新区人民法院民事判决书(2021)沪0115民初66732号	1. 判令两被告立即停止生产、销售使用原告享有著作权的"奥特曼"系列美术作品的玩具的行为，销毁侵权产品库存； 2. 判令两被告连带赔偿原告经济损及合理费用共计200万元（合理费用包括律师费2万元、公证费4 680元）	被告王某某于本判决生效之日起十日内赔偿原告上海某文化发展有限公司经济损失及合理费用共计38万元
【案例13】广东省广州市白云区人民法院民事判决书（2022）粤0111民初14587号	1. 判令被告立即停止销售侵犯原告所有的奥特曼系列作品著作权的玩具产品； 2. 判令被告就其侵犯奥特曼系列作品著作权的侵权行为赔偿原告经济损失50 000元； 3. 判令被告赔偿原告公证费用1 200元	一、被告广州某百货有限公司立即停止销售侵害原告珠海某文化发展有限公司涉案作品《奥特曼泰罗》发行权的产品； 二、被告广州某百货有限公司于本判决生效之日起十日内赔偿原告珠海某文化发展有限公司经济损失6 000元； 三、被告广州某百货有限公司于本判决生效之日起十日内赔偿原告珠海某文化发展有限公司公证费1 200元
【案例14】广东省广州市白云区人民法院民事判决书（2022）粤0111民初14590号	1. 判令被告立即停止销售侵犯原告所有的奥特曼系列作品著作权的玩具产品； 2. 判令被告就其侵犯奥特曼系列作品著作权的侵权行为赔偿原告经济损失50 000元； 3. 判令被告赔偿原告公证费用1 200元；	一、被告广州市白云区某文具商行立即停止销售侵害原告珠海某文化发展有限公司涉案作品《奥特曼泰罗》发行权的产品； 二、被告广州市白云区某文具商行于本判决生效之日起十日内赔偿原告珠海某文化发展有限公司经济损失6 000元； 三、被告广州市白云区某文具商行于本判决生效之日起十日内赔偿原告珠海某文化发展有限公司公证费1 200元
【案例15】广东省广州市黄埔区人民法院民事判决书（2022）粤0112民初13493号	1. 判令被告立即停止销售侵犯原告所有的奥特曼系列版权的玩具产品； 2. 判令被告就其侵犯奥特曼系列版权的侵权行为赔偿原告经济损失50 000元； 3. 判令被告赔偿原告公证费用1 200元；	一、被告广州市某玩具店于本判决发生法律效力之日起立即停止销售侵害原告珠海某文化发展有限公司涉案美术作品《奥特曼泰罗》著作权商品的行为； 二、被告广州市某玩具店于本判决发生法律效力之日起十日内赔偿原告珠海某文化发展有限公司经济损失及合理开支共计6 000元

（二）案例解读

上述15个案件中，除案例1、案例12之外均为同一原告提起的诉讼。虽然每个案件的标的额过小，但是，原告执着的维权精神值得赞赏。虽然这样的维权态度和做法不免成本较高，但是从长期的利益角度看，有助于旗下品牌的形象力和竞争力的稳定提升，确保公司商业价值的稳步增长。笔者在第七章知识产权保护举措中，其中有一项主张就是权利人应对侵权者零容忍并予以坚决打击。

其中一个案例很有代表性，法院一方面认为被告作为一般经营者已经尽到了合理审查义务，对被告主张合理来源的抗辩意见予以采纳，故未支持原告的索赔主张。另一方面，法院又认为被告销售的被诉产品构成侵权，对原告产生的合理费用被告应当予以承担，因此支持了原告合理支出部分的请求。

【案例 12】^①

该案是新《著作权法》实施后上海法院审理的案件，值得关注。

新《著作权法》增加了损害赔偿的处罚力度，但法院判决的赔偿金额并不高，有些遗憾。

原告提起的诉讼请求是要求被告赔偿 200 万元，法院支持了 38 万余元。法院未支持的理由与其他案件几乎雷同，就是原告主张的实际损失没有证据佐证，也没有被告违法所得的证据。这集中反映了我国知识产权纠纷案件损害赔偿诉讼请求所面临的一致问题。司法实践中，原告诉讼请求数额低，很多纠纷案件未以诉讼的方式维权，其原因并非都要归咎于原告的维权意识淡薄，其中还有维权证据获取太难、成本太高等原因，最大的原因是法律规定的惩罚条款过于保守。《著作权法》规定的赔偿条件是权利人往往无法量化或取得的。这几乎成为中国知识产权保护领域最大的硬伤。

该案原告的诉讼请求是：（1）判令两被告立即停止生产、销售使用原告享有著作权的"奥特曼"系列美术作品的玩具的行为，销毁侵权产品库存；（2）判令两被告连带赔偿原告经济损失及合理费用共计 200 万元（合理费用包括律师费 2 万元、公证费 4 680 元）。

根据《著作权法》第五十四条及《最高人民法院关于审理著作权民事纠纷案件适用法律若干问题的解释》第二十五条的规定，侵权人应当按照权利人的实际损失给予赔偿；实际损失难以计算的，可以按照侵权人的违法所得给予赔偿。赔偿数额还应当包括权利人为制止侵权行为所支付的合理开支。权利人的实际损失、侵权人的违法所得、权利使用费难以计算的，由人民法院根据侵权行为的情节，判决给予五百元以上五百万元以下的赔偿。法院认为，鉴于原告未提供证据证明原告因被告的侵权行为所遭受的损失和被告因侵权所获得的利

---

① 案号：（2021）沪 0115 民初 66732 号

益，法院综合考虑权利作品的类型、知名度，被告提供的销售数据，被诉网店的规模、被告方侵权行为的主观过错程度、侵权行为的持续时间、同一商品链接项下有多款商品可选择等因素，酌情确定赔偿金额。

关于合理费用：公证费，原告提交了部分公证书发票原件，部分公证书虽未提交相关费用支付凭证，但确实针对本案提交了相关公证书作为证据材料，法院综合考虑涉案公证书所涉公证对象及公证内容，对原告主张的公证费酌情予以支持。律师费，原告虽未提交相关证据，但确实委托律师出庭参加诉讼，法院根据律师实际工作量、案件难易程度、相关律师收费标准等因素，酌情予以支持。可见，法院并没有加大惩罚的力度。

笔者认为，既然法院综合考虑了权利作品的类型、知名度，被告提供的销售数据，被诉网店的规模、被告方侵权行为的主观过错程度、侵权行为的持续时间、同一商品链接项下有多款商品可选择等因素，酌情确定赔偿金额，就应该根据新《著作权法》的增加损害赔偿的新规定，体现出对被告的惩罚处理。但是，法院对案件事实的认定和说理，特别是酌定赔偿的金额所依据的几种情况等与其他案件并无很大的不同。由于该案判决书下达前新修改的《著作权法》已经生效，在 500 元至 500 万元之间确定赔偿金额，就高酌定判决显然有了明确的法律基础，但法院的判决最终还是过于保守。

期盼法院今后的酌定赔偿判决能加大对违法者特别是故意侵权和恶意侵权者的惩罚力度。

（三）律师提示

在起诉发行权纠纷时，应该准备以下材料：

（1）知识产权登记证书：如果拥有相关的知识产权（如版权、专利等），请确保已经完成了相应的登记和注册程序，并准备好相关的证书作为权益证明。

（2）发行授权证明：准备可以证明享有或授予他人发行权的合同、许可证或授权文件。这些文件应明确规定谁有权发行作品或产品，并描述了授权范围、时限、地域等具体要求。

（3）侵权证据：收集能够证明对方侵犯发行权的证据，例如未经许可的复制、发行、播放或销售行为、侵权商品或作品的例证、通信记录、交易记录等。这些证据将用于支持诉讼请求并证明对方的侵权行为。

（4）损失证明：如果因对方的侵权行为造成了损失，例如经济损失、商誉损害等，准备能够证明损失的相关证据，如财务报表、销售记录、市场调研报告等。

四、案由：出版者权纠纷案件

（一）数据分析

本节案例只有 2 个，诉讼标的额都非常小。两起案件分别是请求被告赔偿原告经济损失 6 万元，均涉及中国科幻头部品牌作者刘慈欣的科幻漫画系列：《刘慈欣科幻漫画系列：流浪地球》《刘慈欣科幻漫画系列：圆圆的肥皂泡》《刘慈欣科幻漫画系列：乡村教师》《刘慈欣科幻漫画系列：梦之海》图书。如此明显的对著作权出版权的侵害案件，法院判决仅支持了 12 000 元，没有作出惩罚性的高额赔偿的判决。如表 2-4、表 2-5 所示。

表 2-4 诉讼请求与赔偿判决对比表

案号	原告全部/部分诉求	法院判决（赔偿）
【案例 1】山东省滨州经济技术开发区人民法院民事判决书（2021）鲁 1691 民初 1576 号	1. 判令被告某书店立即停止销售侵犯原告著作权的《刘慈欣科幻漫画系列：流浪地球》《刘慈欣科幻漫画系列：圆圆的肥皂泡》《刘慈欣科幻漫画系列：乡村教师》《刘慈欣科幻漫画系列：梦之海》图书（以下简称《刘慈欣科幻漫画》系列图书）；2. 判令被告某公司停止为被告某图书店销售上述盗版图书提供网络交易平台服务；3. 判令被告某图书店赔偿原告经济损失及合理费用共计 60 000 元，被告某公司在 30 000 元范围内承担连带责任	一、被告某书店于本判决生效之日起十日内赔偿原告经济损失及维权合理费用共计 12 000 元；二、驳回原告的其他诉讼请求
【案例 2】山东省滨州经济技术开发区人民法院民事判决书（2021）鲁 1691 民初 1229 号	1. 判令被告某书店立即停止销售侵犯原告著作权的《刘慈欣科幻漫画系列：流浪地球》《刘慈欣科幻漫画系列：圆圆的肥皂泡》《刘慈欣科幻漫画系列：乡村教师》《刘慈欣科幻漫画系列：梦之海》图书；2. 判令被告某公司停止为被告某书店销售上述盗版图书提供网络交易平台服务；3. 判令被告某书店赔偿原告经济损失及合理费用共计 60 000 元，被告某公司在 30 000 元范围内承担连带责任	一、被告某书店于本判决生效之日起十日内赔偿原告经济损失及维权合理费用共计 12 000 元；二、驳回原告的其他诉讼请求

表 2-5　侵害出版者权纠纷（5 起案件涉及管辖异议）

案例	裁定结果
【案例 1】 成都市武侯区人民法院民事一审民事裁定书 （2021）川 0107 民初 30966 号（管辖案例）	本案为侵害出版者权纠纷，因此在管辖问题上，除了适用一般侵权纠纷的规定外，还应优先适用知识产权侵权纠纷的特别规定。裁定如下：本案移送四川省成都市中级人民法院处理
【案例 2】 成都市武侯区人民法院民事一审民事裁定书 （2021）川 0107 民初 30961 号（管辖案例）	本案为侵害出版者权纠纷，因此在管辖问题上，除了适用一般侵权纠纷的规定外，还应优先适用知识产权侵权纠纷的特别规定。裁定如下：本案移送山东省济南市历下区人民法院处理
【案例 3】 成都市武侯区人民法院民事一审民事裁定书 （2021）川 0107 民初 30993 号	本案为侵害出版者权纠纷，因此在管辖问题上，除了适用一般侵权纠纷的规定外，还应优先适用知识产权侵权纠纷的特别规定。本案中，科幻世界杂志社并无证据证实涉案侵权行为实施地、侵权复制品储藏地或者查封扣押地在四川省成都市武侯区辖区范围内，而被告住所地在四川省成都市青白江区，裁定移送四川省成都市中级人民法院处理
【案例 4】 成都市武侯区人民法院民事一审民事裁定书 （2021）川 0107 民初 30969 号（管辖案例）	本案中，科幻世界杂志社并无证据证实涉案侵权行为实施地、侵权复制品储藏地或者查封扣押地在四川省成都市武侯区辖区范围内，而被告住所地在山东省滨州市，故本院对本案并无管辖权，裁定移送山东省滨州经济技术开发区人民法院处理
【案例 5】 成都市武侯区人民法院民事一审民事裁定书 （2021）川 0107 民初 30967 号（管辖案例）	本案为侵害出版者权纠纷，因此在管辖问题上，除了适用一般侵权纠纷的规定外，还应优先适用知识产权侵权纠纷的特别规定。因侵害著作权行为提起的民事诉讼，由侵权行为的实施地、侵权复制品储藏地或者查封扣押地、被告住所地人民法院管辖。裁定如下：本案移送山东省滨州经济技术开发区人民法院处理

（二）案例解读

管辖作为民事诉讼程序的开始环节十分重要。管辖法院历来是双方当事人的必争之地。司法实践中，原告滥用管辖权的例子较多，为自身诉讼提供便利条件是主要的出发点。而被告方当事人滥用管辖权异议、利用管辖权异议这些程序上的权利，拖延案件审理的时间，也十分常见。对于极个别的当事人并无正当理由提起管辖异议的滥用管辖权异议的行为，不仅浪费了有限的诉讼资源，也不利于原告方权利的保护。加强对滥用管辖权异议的整治制度和不断地完善管辖权异议制度，已经变得非常必要。

纵观本书关注的 243 起案件，提起管辖异议的案件有 10 件左右，占据全部案件的 4%。随着科幻产业的迅猛发展，法律纠纷也会持续增多，管辖异议也是科幻人要学习和掌握的一个基本常识，并为其权利保护助力。

本节的 5 起案件，原告均在成都市某区人民法院提起了诉讼，案件涉及地域管辖的法律问题。区人民法院经审理后认为，该案被诉侵权产品虽通过互联网平台进行销售，但原告主张侵害的是出版者权，而原告并无证据证实涉案侵权行为实施地、侵权复制品储藏地或者查封扣押地在四川省成都市武侯区辖区范围内，法院认为该案应由被告住所地具有管辖权的人民法院审理，故作出了移送的裁定。

（三）律师提示

在起诉出版者权纠纷案件时，下列相关材料是需要特别重视的：

（1）相关合同或协议：如有与被告之间签订的出版合同或其他相关协议，准备相关合同文件作为证据。

（2）出版物证据：收集与纠纷有关的出版物的印刷件、电子版等，以证明原告享有相关的出版权。

（3）权属证据：提供证据显示原告是涉及作品的合法著作权人，例如版权登记证书、出版许可证等。

（4）侵权行为证据：收集能够证明被告侵犯了原告的出版者权利的相关证据，如复制出版物、未经授权的发行行为等。

（5）在处理知识产权纠纷时，要了解管辖权异议的概念。如是原告，起诉的案件涉及管辖问题，在起诉立案时选定好管辖法院。如是被告，发现原告故意在无管辖权的法院提起诉讼，应在答辩期内提出管辖权异议，要求将案件移送有管辖权的法院审理。

对管辖权提出异议的几种情况分别是：立案的法院如果既不是被告所在地，也非侵权行为地的，可以提出管辖异议；如果双方在相关合同中明确约定了管辖地，可以根据约定提出管辖异议；对于特定的知识产权案件，如专利、商标等纠纷，根据法律规定，如需提交给知识产权法院或者特定级别的法院审理，也可据此提出管辖异议。对应适用特殊的管辖法院的情况，当事人还可以请求将案件移交到相应的法院。

司法实践中，还有一种情况就是案件属于行政管理部门管辖，也需要提出应由行政机关处理而非法院处理的异议。

五、案由：著作权许可使用合同纠纷

（一）数据分析

虽然本节收集到的案例只有两个，从数据分析的角度看显得样本过少，所做的分析说服力也不强，但并不等于说著作权许可合同的纠纷就少。本书中关注的案例有多起是与著作权许可有关的，只不过书中所称的案由是按照人民法院裁判文书中界定的案由进行的汇总和分析，或许与最高人民法院有关案由规定中的案由划分不完全一致。

本节搜索到的下列案例，是裁判文书网上显示的著作权许可合同产生的纠纷，故在此单独进行分析和阐述。

还有一个情况就是在司法实践中，著作权领域产生纠纷最多的是著作权侵权纠纷，而著作权许可合同是著作权变现的主要途径，故在全国的知识产权纠纷案件中所占的比例并不低，只是涉及科幻领域的纠纷少而已。

目前，我国有些高级人民法院出台了著作权审理指南，如北京市高级人民法院就出台的《北京市高级人民法院侵害著作权案件审理指南》。该指南明确了侵害著作权案件的审理原则是"在行使裁量权时，应当加大对著作权的保护力度，鼓励作品的创作，促进作品的传播，平衡各方的利益。"这对于中国的科幻人无疑是利好的指南。因为只有从司法环节加大知识产权保护的力度，加大对知识产权领域违法犯罪者进行强有力的打击，才可能净化科幻领域的市场竞争秩序，确保科幻知识产权为科幻产业发展保驾护航（见表2-6）。

表2-6　诉讼请求与赔偿判决对比表

案号	原告全部/部分诉讼请求	法院判决（赔偿部分）
【案例1】 广东省珠海横琴新区人民法院民事判决书（2018）粤0491民初33号	1. 被告赔偿原告研发费用损失人民币792 687.64元； 2. 被告承担本案的诉讼费用	驳回原告的诉讼请求
【案例2】 广东省珠海市中级人民法院民事判决书（2019）粤04民终354号	一审： 1. 解除双方签订的《游戏授权许可及文化创意设计服务合同》； 2. 被告退还原告已交付的授权权益金额125万元； 3. 被告支付原告违反合同的违约金50万元； 4. 被告赔偿原告各项损失费用共计753 000元； 5. 被告承担本案的所有诉讼费用（包括律师费5万元、诉讼费、保全费等）	一审判决： 驳回原告的诉讼请求。 二审判决： 驳回上诉，维持原判

（二）案例解读

本节两起案件中原告的诉讼请求均未得到法院的支持。原告分别是南京的两家公司，被告为同一公司。两起案例的诉讼请求虽然不同，但都与被告是否拥有完整的著作权许可权利有关。

【案例 1】①

原告称被告提供的授权证明不完整，故起诉并要求其赔偿研发费等损失。但法院在查明原被告分别提交的证据后认为，被告的著作权来源的授权链条完整，向原告授权的期限包含在被告获得权利的期限范围内。故作出了驳回原告诉讼请求的判决。

法院根据原告提交的两份授权书、广州某公司出具的声明、（2016）粤 0106 民初 6365 号民事判决书，梳理出了广州某公司获得著作权的授权链条为：圆某公司授权给辛某某→辛某某授权给采某公司（授权期限自 2005 年 5 月 28 日至 2018 年 12 月 31 日，商标和版权的独家使用和许可）→采某公司授权给广州某公司（授权期限自 2007 年 12 月 31 日至 2017 年 12 月 31 日，独占性播映权、音像权及商品化权及出版权以及上述权利的转处分权）。据此认定广州某公司与被告获得著作权授权的途径并不相同。法院因此认为，在现有的证据情况下，原告以广州某公司享有著作权来反向证明被告对原告的授权存在瑕疵，依据不充分。

【案例 2】②

二审法院明确该案为著作权许可使用合同纠纷，对一审法院查明的事实予以确认涉案合同系原被告双方真实意思表示，内容未违反法律法规规定，应认定合法有效，双方均应严格依约履行合同义务。双方签订《游戏授权许可及文化创意设计服务合同》后，原告在履行该合同开发相关游戏产品过程中，因收到案外人的《侵权反通知书》，提出的被告的授权存在瑕疵而导致相关游戏软件产品上线运营的合同目的无法实现的主张因缺乏事实依据，法院不予支持。故作出了驳回上诉，维持原判的终审判决。

（三）律师提示

从该节案例中可以看出，"上游"的科幻知识产权许可出现纠纷会导致"下游"授权的合法性出现不确定，在后续的著作权被许可人之间容易产生纠纷。

---

① 案号：（2018）粤 0491 民初 33 号
② 案号：（2019）粤 04 民终 354 号

对于著作权人和在先被许可者，规范明确的许可合同会及时定分止争，为 IP 整体的商业运营创造稳定的局势，具体内容已在本书第六章详细介绍，此处不再赘述。

对于知名 IP 的独占被许可人，当发现有其他主体在同一领域使用同一 IP 的特定权利时，应注意在起诉前进行 IP 许可路径的回溯，并调查是否由于著作权人或在先许可人进行了重复许可等行为才造成该情形，避免未核实清楚相关事实而盲目对"侵权者"提起诉讼。

六、案由：侵害作品复制权纠纷

（一）数据分析

此节只有两个案例，且诉讼请求过低。原告的诉讼请求只主张了 20 万元的赔偿，但也未得到人民法院的支持。两起案件的 IP 均为国外作品，当然，案例 1 的手游是国人开发，说明国内的开发能力也在提高，故此案有一定的现实意义（见表 2-7）。

表 2-7　诉讼请求与赔偿判决对比表

案号	原告全部/部分诉求	法院判决（赔偿部分）
【案例 1】大连市西岗区人民法院民事判决书（2014）西民初字第 1002 号	1. 被告立即停止侵犯原告《银河帝国》手机游戏相关权利的著作权侵权行为，包括在判决生效之日起停止复制、向公众传播与原告《银河帝国》手机游戏具有实质性相似内容的《某某》手机游戏，并停止前述游戏的运营及相关服务，在判决生效之日起删除《某某》游戏中与原告《银河帝国》手机游戏实质性相似的内容；2. 被告赔偿原告因侵权行为所遭受的经济损失 200 000 元；3. 被告向原告支付因制止著作权侵权行为所支出的合理费用 64 539.5 元	驳回原告的诉讼请求
【案例 2】广东省中山市第一人民法院民事判决书（2015）中一法知民初字第 23 号	赔偿原告经济损失 500 000 元和为调查侵权行为和起诉所支出的合理费用 50 000 元。庭审时，原告明确：（1）其主张的是两被告侵害了美术作品"哆啦 A 梦"形象的复制权和展览权；（2）要求两被告承担共同责任；（3）其主张的 50 000 元合理费用仅指律师费	一、一名被告于本判决发生法律效力之日立即销毁涉嫌侵权的"哆啦 A 梦"模型；二、另两名被告于本判决发生法律效力之日起七日内共同向原告某商贸有限公司赔偿经济损失 100 000 元（含制止侵权的合理费用）

（二）案例解读

本节案例过少，正如科幻产业知识产权纠纷案件的数量整体都过少。再一次说明，不论从案件的数量、原告的诉讼请求还是到法院的赔偿判决，科幻产业的发展还处于初始阶段。

【案例 1】[①]

该案是一起因手机游戏引发的案由，为侵害作品复制权、发行权、修改权、信息网络传播权纠纷案件，法院作出了驳回原告诉讼请求的判决。

该判决是我国司法裁判中难得的对作品的可版权性进行具体分析论述的案例。

该案有两个亮点：

一是明确了著作权保护依赖、局限于特定的作品种类。

原告系案涉游戏软件的著作权人，该游戏软件于 2011 年 11 月 4 日开发完成，于 2011 年 11 月 11 日首次发表，于 2012 年 5 月 30 日取得中华人民共和国国家版权局计算机软件著作权登记证书。但是，根据《计算机软件保护条例》的定义，计算机程序是指为了得到某种结果而可以由计算机等具有信息处理能力的装置执行的代码化指令序列，或者可以被自动转换成代码化指令序列的符号化指令序列或者符号化语句序列。同一计算机程序的源程序和目标程序为同一作品。与游戏的美工、音乐、情节设计、交互界面分属不同的作品类型。因而，法院认为，原告取得的计算机软件著作权登记证书不能作为证明其为诉称美术作品或汇编作品著作权人的初步证据使用。

这提醒著作权人在利用权利登记保护电影、游戏等综合性的 IP 产品时，应当充分准备材料，根据作品种类全面进行权利登记。

二是原告的有关作品是不是汇编作品和美术作品，截图能否受著作权的保护，这是该案最大的焦点问题。

汇编作品，是指汇编若干作品，或汇编作品的片段，或对不构成作品的数据或者其他材料进行汇编，但其对内容的选择或者编排必须体现独创性才能称之为著作权法意义上的作品。法院认为原告的 33 张随机的截图不满足这一要求。

[①] 案号：（2014）西民初字第 1002 号

美术作品是指绘画、书法、雕塑等以线条、色彩或者其他方式构成的有审美意义的平面或者立体的造型艺术作品。法院认为，首先，单纯意义上的游戏功能界面即无审美价值，也是大多数游戏所拥有的，不具有独创性。其次，作为以星际为背景的运营类游戏，其无疑会涉及客观现实以及主题下特定表达的公有领域限制。最后，因原告未提交其创作游戏中功能性建筑的美术形象的证据，故，法院未支持原告的诉求。

该案的法院裁判文书网中对未认定是著作权法意义上的作品做了详尽的分析和论证。提示科幻人，遭遇此类纠纷案件，一定要利用公证的方式留存游戏截图，还要兼顾证据作品的整体性。

（三）律师提示

在后续的文中，本书引入了美国法院对一起科幻版权侵权案的处理案例。美国法院的做法与上述案件中的法院的审理思路很相似。法院在进行实质相似性比对时不会孤立地考虑作品的某些部分——例如，通过观看电影中孤立的屏幕截图作出结论。因为这种散射、孤立的方法会造成误导，产生"盲人摸象"般的错误，与该判决书中的观点基本相同。

笔者提示，原告在起诉时应立足于宏观，根据作品的性质，围绕自身与涉案作品的整体相似性进行充分举证。同时也要着眼于微观，对作品中每一个特殊元素的创作过程留痕、提存形成有价值的证据链。同时，还要对科幻作品的独创性进行充分的阐述，避免因其作品过多地触及公有领域而不被著作权法保护。

七、作品署名权纠纷

（一）数据分析

从全国的情况看，作品署名权纠纷案件数量总体呈波动上升。2021 年署名权纠纷案件最多，有 183 起，但科幻领域署名权纠纷只有 1 起。署名权案件受理最多的地区是北京，审理案件最多的法院是北京互联网法院。署名权纠纷案件的标的额均极小，大多数在一万元以下，最高的几个案件标的额为 10 万～100 万元，几乎没有超过标的额 100 万以上的案件（见表 2-8）。

表 2-8 诉讼请求与赔偿判决对比表

案号	原告全部/部分诉求	法院判决（赔偿部分）
【案例 1】 上海市杨浦区人民法院民事判决书（2021）沪 0110 民初 18068 号	1. 两名被告在《法制日报》上赔礼道歉； 2. 两名被告赔偿原告经济损失 250 000 元（包含为制止侵权行为支出的合理开支 84 000 元）	一、两名被告于本判决生效之日起十日内在《法制日报》刊登声明，赔礼道歉（内容须经本院审核）； 二、两名被告于本判决生效之日起十日内连带赔偿原告经济损失以及为制止侵权行为所支付的合理开支共计 40 000 元

（二）案例解读

该案虽为一起侵害署名权、信息网络传播权纠纷案，但究其源头，是一件关于著作权共有人之一是否侵害其他共有人权利的案例。

原被告系游戏中数位人物、战舰的美术形象以及台词的共同作者或根据委托合同而共同获得作品著作权的权利人。双方合作终止后，被告在未与原告协商的情况下，在其担任法定代表人和股东的公司推出新游戏，涉及上述美术和文字作品。

在该案中，法院明确说明了共同享有著作权的权利人对于单独使用作品的要求。其一，作品的共有权利人之一对共有作品的权利行使首先应履行与其他共有人协商的程序，从而排除其他共有人存在合理阻止使用的情形；其二，作品共有人之一对共有作品行使权利，若有为全体作品共有人之利益进行增益的目的、作用，而其他共有权利人又无正当理由予以阻止，则著作权法赋予共有权利人之一可以合理行使除处分权或类似处分性质的权利以外的权利，但应对取得的收益予以分配。法院根据查明的事实情况，支持了原告的诉讼请求。

美中不足的是，该案原告主张其支出律师费 80 000 元、公证费 4 000 元的合理支出并提交了相关发票，但法官最终酌定的损害赔偿与合理费用合计为 40 000 元。可见，虽然判决被告构成侵权，但单纯从金额上来看，原告的维权成本也未以得到保障。

（三）律师提示

该案值得共有权利人引以为戒。未尽与其他共有权利人协商的程序单独行使著作权的，不符合正当行使的情形。如果一旦引起纷争，违约方将面临赔偿等法律风险。虽然此案所获赔偿未挽回维权成本，但在新《著作权法》加大惩罚赔偿的情况下，违约方或侵权方有望被判高额赔偿。

八、案由：委托创作、合作创作合同纠纷

本节案例虽少，但案由较多。法院裁判文书中显示的案由分别是委托合同纠纷、合作创作合同纠纷、演出合同纠纷、确认合同效力纠纷、著作权合同纠纷等，故值得进行汇总分析。

（一）数据分析

本节 5 个案例中，原告的诉讼请求最高标的额为 1 500 万元，最低标的额为 148 514 元。人民法院判决被告赔偿的最高金额为 28 万元，最低金额为 12 万元。两个案例的案由为确认著作权合同的效力纠纷（见表 2-9）。

表 2-9　诉讼请求与赔偿判决对比表

案号	原告全部/部分诉求	法院判决（赔偿部分）
【案例 1】 上海市第一中级人民法院民事判决书（2017）沪 01 民终 9894 号 案由：委托合同纠纷	一审： 1. 判令被告赔偿其违约行为给原告造成的损失 15 000 000 元； 2. 判令被告支付违约金 120 000 元。 二审： 撤销原判，改判支持原告提出的一审全部诉讼请求	一审： 一、被告于判决生效之日起十日内支付原告违约金 120 000 元； 二、驳回原告其余诉请。如未按判决指定的期间履行给付金钱义务，应当依照《中华人民共和国民事诉讼法》第二百五十三条规定，加倍支付迟延履行期间的债务利息 一审案件受理费 112 520 元，诉讼保全费 5 000 元，合计 117 520 元，由原告负担 116 588 元，被告负担 932 元。 二审： 驳回上诉，维持原判
【案例 2】 北京市朝阳区人民法院民事判决书（2018）京 0105 民初 40536 号 案由：合作创作合同纠纷	1. 确认双方签订的《网络电影投资合同》于 2019 年 5 月 17 日解除； 2. 判令被告返还出资款 25 万元； 3. 判令被告赔偿损失 3 万元	一、确认原告与被告签订的《网络电影投资合同》于 2019 年 4 月 15 日解除； 二、被告于本判决生效之日起十日内返还原告已支付的投资款 25 万元； 三、被告于本判决生效之日起十日内支付原告违约金 3 万元； 四、驳回原告其他诉讼请求
【案例 3】 上海市闵行区人民法院民事判决书（2020）沪 0112 民初 6840 号 案由：演出合同纠纷	被告向原告支付演出合同费人民币（币种下同）148 514 元，以及以 148 514 元为基数，自 2019 年 7 月 1 日起至被告实际清偿之日止的逾期付款利息［2019 年 8 月 19 日之前按同期中国人民银行公布的贷款基准利率计付；2019 年 8 月 20 日之后按同期全国银行间同业拆借中心公布的贷款市场报价利率（LPR）计付］	一、被告于本判决生效之日起十日内支付原告演出费 148 514 元； 二、被告于本判决生效之日起十日内赔偿原告以 148 514 元为基数，自 2019 年 7 月 3 日起至被告实际清偿之日止的逾期付款利息［2019 年 8 月 19 日之前按同期中国人民银行公布的贷款基准利率计付；2019 年 8 月 20 日之后按同期全国银行间同业拆借中心公布的贷款市场报价利率（LPR）计付］

案号	原告全部/部分诉求	法院判决（赔偿部分）
【案例4】 北京市朝阳区人民法院民事判决书（2018）京0105民初52119号 案由：确认合同效力纠纷	1. 确认杨某在2018年2月5日发出的《通知函》不发生解除合同的法律效力，双方于2015年8月21日签订的关于文字作品《上海堡垒》的《文字作品著作权代理合同》未解除； 2. 判令杨某采取补救措施，将《文字作品著作权代理合同》有效期限及我公司代理期限延长至2022年8月21日	一、确认被告杨某在2018年2月5日发出的《通知函》不发生解除合同的法律效力，双方于2015年8月21日签订的关于文字作品《上海堡垒》的《文字作品著作权代理合同》未解除； 二、驳回原告北京某文化科技有限公司的其他诉讼请求
【案例5】 北京知识产权法院民事判决书（2019）京73民终2702号 案由：著作权合同纠纷	一审： 1. 确认杨某在2018年2月5日发出的《通知函》不发生解除合同的法律效力，双方于2015年8月21日签订的关于文字作品《上海堡垒》的《文字作品著作权代理合同》未解除； 2. 判令杨某采取补救措施，将《文字作品著作权代理合同》有效期限及我公司代理期限延长至2022年8月21日。 二审： 撤销一审判决，改判驳回大神圈公司的全部诉讼请求	一审： 一、确认杨某在2018年2月5日发出的《通知函》不发生解除合同的法律效力，双方于2015年8月21日签订的关于文字作品《上海堡垒》的《文字作品著作权代理合同》未解除； 二、驳回北京某文化科技有限公司的其他诉讼请求。 二审： 驳回上诉，维持原判

（二）案例解读

【案例1】 ①

该案为合同纠纷，是原告与被告之间因委托电影发行合同产生的纠纷。

原告以被告另行转授他人电影广播权构成严重违约为由，请求人民法院判决被告因违约给原告造成的损失1500万。但未获法院全部支持，仅判决被告支付违约金12万元。

（三）律师提示

业内始终呼吁要加大知识产权保护的力度。但从243个案例中已经清晰地显示原告的诉讼请求过低是不能得到高额赔偿的原因之一。当然，高额的诉讼请求要靠夯实的证据支撑。证据必须满足"三性"即真实性、合法性、关联性，而证据的关联性直接关系到损害赔偿金能否得到法院的支持。因此，提高诉讼请求是好事，但要认真考量相应证据的证明力度，否则，标的额高意味着诉讼费用也高，相应的无效劳动的工作量也大。

---

① 案号：（2017）沪01民终9894号

该案的原告遇到的难题也是其他同类案件遇到的难题。再次提示科幻人，要在权利形成之初即有证据意识才好，既要对权属证据进行获取和留存，还要有实际损失的证据收集和整理，以备维权之用。

九、案由：侵害其他著作财产权纠纷

（一）数据分析

此节只有一起案例。说明侵害其他著作财产权的纠纷并不多见。随着中国科幻产业的快速发展，创新能力的不断提升，著作权财产权在实践中可能也会越来越多地产生。所以，该案具有一定的前瞻意义（见表2-10）。

表2-10　诉讼请求与赔偿判决对比表

案号	原告全部/部分诉求	法院判决（赔偿部分）
【案例1】 福建省高级人民法院民事判决书（2014）闽民终字第413号	一审： 1. 判令被告停止使用"阿童木（某某）体育用品有限公司"这一企业名称； 2. 本案的诉讼费用由被告承担。 二审： 1. 依法撤销泉州市中级人民法院（2013）泉民初字第740号民事判决书； 2. 判令被告停止使用"阿童木（福建）体育用品有限公司"这一企业名称； 3. 本案一、二审诉讼费用均由被告承担	一审： 驳回日本某株式会社的诉讼请求。本案案件受理费人民币1 000元，由日本某株式会社负担。 二审： 驳回上诉，维持原判

（二）案例解读

【案例1】[①]

这是福建省高级人民法院终审的一起侵害其他著作财产权纠纷案件。裁判文书显示的原审原告是一家日本某株式会社，住所地是日本东京，原告的诉讼请求是判令被告停止使用带有"阿童木"字样的被告企业名称。原告向法院提交了多份证据，予以证明其诉求的事实及理由。但是，最终一审、二审人民法院均未支持原告的诉讼请求。

该案有以下两点值得关注。

---

① 案号：（2014）闽民终字第413号

（1）日本企业在中国法院提起诉讼，适用法律问题。

日本某会社系一家日本企业。根据《中华人民共和国涉外民事关系法律适用法》第四十八条规定"知识产权的归属和内容，适用被请求保护地法律"，本案适用中国法律。

（2）"阿童木"是否为中国《著作权法》意义上的作品。

虽然一审和二审法院都作出了驳回原告诉讼请求的判决，但所依据的理由却不相同。

一审法院认为"阿童木"这一人物形象并非来自现实中的人物，系手塚治虫通过脑力劳动创作完成的，具有独创性。"阿童木"在某种意义上指代《铁臂阿童木》科幻连环画、卡通动漫及"阿童木"卡通形象，因此，"阿童木"三字应作为著作权法意义上的作品得到中国法律的保护。

但二审法院却认为，一审法院有关"阿童木"三个汉字是著作权法意义上的作品、手塚会社享有"阿童木"三个汉字的著作权等的认定有误。二审法院认为，手塚治虫创作了《鉄腕アトム》漫画作品，英文名为《ASTROBOY》，该作品被改编为电视动画片，《铁臂阿童木》是该作品的中文译名，其中的主要角色名称为"阿童木"。由此可见，"阿童木"仅是《铁臂阿童木》动漫作品中主要角色的名称或名字，其本身不包含任何思想内容的表达，说明该作品作者思想及创作风格是整部作品内容及角色形象。并且，"阿童木"三个汉字仅为日文"アトム"的一种中文译名。"阿童木"在某种意义上指代《铁臂阿童木》科幻连环画、卡通动漫及"阿童木"卡通形象，因此，"阿童木"三个汉字单独使用尚不具备著作权法上作品的完整构成要素，不单独享有著作权，不受我国著作权法的保护。

（三）律师提示

涉及科幻的其他著作财产权纠纷较为稀少，虽然本案最终败诉，但无疑向我们展示了一种新的思路，如果受限于商标权的在先使用原则，希望维护对知名作品中的角色享有权利，可以大胆地尝试以其他著作财产权受侵害为由提起诉讼，这或许是可能实现的一种路径。

当然，从该案以及其他相关判决中可以总结，单纯的角色名称或文字作品中的角色是不容易得到法院认可的，进而受到中国《著作权法》的保护的。但是，若构成知名商品的特有名称，或可从不正当竞争的角度入手考虑。

第二节　著作权权属认定与审判思路

原告提起著作权侵权之诉，首要的证明事项就是主体适格。因此，原告须有充分的证据证明其为著作权人或经著作权人授权的被许可使用人或受让人。如果经过多次许可，还要证明其许可的连续性等。司法实践中，科幻领域的知识产权纠纷案件，多为国外的大科幻 IP 纠纷，因此，有些权属的证据形成地在国外，还要重点关注如何取证的问题。

同时，为着力解决被侵权权利人的维权难题，2020 年《著作权法》明确了作者等著作权人可以向国家著作权主管部门认定的登记机构办理作品登记，进一步确认著作权登记制度的存在有着重要的现实意义，这为当事人在诉讼过程中的举证提供了便利。

一、数据分析

从上述裁判文书中可以看出，每起案件首先要解决的就是权属认定问题，也就是说首先要解决案件的原告是否有诉权的问题。如果原告没有诉权，意味着法院会作出驳回原告的起诉或诉讼请求的判决。

96 起案件中，法院认定原告拥有案涉知识产权、有权提起诉讼的案件，共有 90 起。认定原告主体不适格的共有 5 起案件，故驳回原告起诉的有 5 起，驳回原告诉讼请求的有 1 起案件（见图 2-9）。

二、案例解读

著作权权属、侵权纠纷中的下列几起案件，对于原告如何证明其拥有著作权是本案的适格原告很有帮助。

【案例】

（1）浙江省某县人民法院"民事裁定书"（2013）台玉知民初字第 5 号；

（2）浙江省某县人民法院"民事裁定书"（2013）台玉知民初字第 4 号；

（3）浙江省某县人民法院"民事裁定书"（2013）台玉知民初字第 3 号；

（4）浙江省某县人民法院"民事裁定书"（2013）台玉知民初字第 2 号；

（5）浙江省某县人民法院"民事裁定书"（2013）台玉知民初字第 6 号；

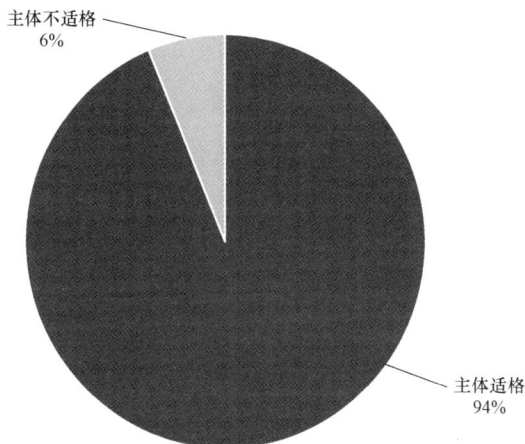

图 2-9　原告诉讼主体认定图

上述 5 起案件均是同一个原告，5 个被告，故出现了 5 起案例。这 5 起案件，法院均裁定驳回了原告的起诉。

原告向法院提交的证据如下：

（1）某省高级人民法院作出的终审民事判决书，以证实讼争作品原始著作权的权利人为日本某株式会社。辛某某通过 1976 年 3 月 4 日与某株式会社签订的《某年合同》，获得对讼争作品自开始制作底片拷贝之日起在日本以外所有区域的独占使用权。随后，辛某某签署《授权书》，授权国外某公司自 2002 年 1 月 15 日起之后的 6 年内在中华人民共和国境内，对讼争作品享有独占使用权。省高院的判决书认定国外某公司的权利期间为"自 2002 年 1 月 15 日起之后的 6 年内"。

（2）为证明涉案作品授权的连续性，原告提交了经国外某公司专有许可使用授权而提供的《著作权登记证书》及《著作权许可合同备案补充登记证明》、广东省广州市某公证处出具的《辛某某给外国某公司的授权书》《外国某公司给原告的授权书》。上述证据已经很充分地证实了原告拥有案涉知识产权的情况。虽如此，但法院以原告提交的证据形式不符合中国法律规定而直接被一审法院裁定驳回起诉。

法院驳回起诉的理由是：根据最高人民法院《关于民事诉讼证据的若干规

定》第十一条明确规定："当事人向人民法院提供的证据系在中华人民共和国领域外形成的，该证据应当经所在国公证机关予以证明，并经中华人民共和国驻该国使领馆予以认证，或者履行中华人民共和国与该所在国订立的有关条约中规定的证明手续……"规定，由于本案中原告提供的《授权书》系在泰国形成，应依法由泰国公证机关公证并由我国驻泰国大使馆认证。而原告仅提交我国驻泰国大使馆认证文件，并无所在国公证机关公证，故系证据来源、形式均不合法，即便经我国公证机关予以公证也不具证据效力，何况公证事项为副本与原本相符。也即因基础合同不具备域外证据所应当遵循的所在国公证和我国驻外使领馆认证的规则，故证据效力法院不予确认。

【案例】[①]

该案例却与前案相反，原告主体资格的证据得到法院的认可。

法院认为，我国、日本和泰国均为《伯尔尼保护文学艺术作品公约》的成员国，依照该公约的国民待遇原则和自动保护原则，享受伯尔尼公约保护的作品，作者在作品起源国以外的该公约成员国中享受该国法律给予其国民的权利，故涉案奥特曼系列作品受我国著作权法的保护。原告提供的《授权书》以及《著作权登记证书》载明著作权人已经与原告达成著作权专有许可合同，原告拥有涉案音像作品的独家音像权，有权以自己的名义主张权利。

经法庭询问，原告在案件中主张的作品类型是奥特曼系列人物美术作品。因此，法院认为，判断原告是否为本案适格原告，应判定原告是否为其主张权利的奥特曼系列人物美术作品的著作权人。同时，被诉侵权行为应发生在作品或者邻接权客体的保护期内。

【案例】[②]

这起案件仍是与奥特曼作品有关的侵权案件。根据原告提交的一系列证据，法院据此认定某株式会社是奥特曼系列形象美术作品的著作权人。依据某株式会社与原告签订的授权证明，表明原告在授权期限内获得了奥特曼形象系列美术作品的著作权，享有奥特曼形象系列美术作品的著作权，有权以自己的名义提起诉讼。授权证明还显示，某株式会社在全球范围内独占性地拥有"奥特曼"系列影视作品及人物形象的著作权，其将该作品在中华人民共和国大陆地区的

---

① 案号：（2011）民申字第 259 号

② 案号：（2022）粤 1971 民初 8726 号

著作权授予原告，也意味着原告在取得奥特曼系列影视作品的著作权的同时也取得了该系列影视作品中所涵盖的人物形象的著作权。

三、律师提示

通过对本节案例的汇总和数据分析，科幻人应牢牢掌握维权时的第一要务：证实自身是本案的适格原告，拥有案涉的著作权或有权以著作权人的名义提起诉讼。

关于权属证据有哪些，如何收集整理，律师从 96 起案例中汇总和提炼后特作如下提示。

（一）法院予以确认的有关权属证据

涉及著作权的底稿、原件、合法出版物、著作权登记证书、认证机构出具的证明、取得权利的合同、行政许可文件、翻译合同、已生效的确定权利人的裁判文书、公证书、产品说明书、服务协议、著作权许可合同、著作权转让合同、授权书、授权合同、授权证明、声明、证明书、注册商标、中华人民共和国国家版权局、计算机软件著作权登记证书等证据；在作品或者制品上署名的自然人、法人或者非法人组织视为著作权、与著作权有关权益的权利人等。

上述证据原告可根据案件的具体需要，有选择地向法院提交。应注意，提交的证据应与原告主体资格证明（营业执照复印件或身份证复印件）一致。

法院在采信上述证据时，所作的阐述如下，供读者借鉴：

【翻译合同】——根据原告与翻译者签订的翻译合同，原告系该翻译作品的著作权人，其享有的著作权受法律保护，有权对未经许可复制、发行涉案书籍的行为提起诉讼。

【许可合同】——某某在我国享有作品《奥特曼·泰罗》作品在日本以外所有区域享有独占使用权。享有"以任何商业目的、用任何材料、以任何形式、按原始角色形象复制前述授权动画片及影片的制作过程中所使用的所有模型和角色形象"的权利，并有权将其从《许可合同》中获得的权利转让给第三方。

【授权书】——某公司获得了授权，有权于授权区域内以自己的名义采取任何行动以保护上述权利，该授权不违反我国著作权法的规定，合法有效，故某公司在授权期限内有权以自己的名义对涉嫌侵权的行为提起诉讼，其作为本案原告的主体适格。

【连续授权】——由查明的事实可知，某公司通过一系列的连续授权取得了某株式会社对电视剧《哆啦A梦》的名称、标记、设计、标识、商标、肖像、视觉表现和衍生形象等所享有的推广和商品化权利的使用许可，上述权利的内容应包含对《哆啦A梦》中的卡通形象美术作品所享有的著作财产权。其作为本案原告的主体适格。

【授权合同】——根据原告提供的《授权合同》、（2010）粤高法民三终字第63号民事判决书、《证明书》《授权证明》等证据，足以认定原告经授权享有《奥特曼艾斯、超人艾斯》《奥特曼泰罗、超人泰罗》的相关著作权，且授权仍在期限内，故原告有权以自己的名义提起本案诉讼。

【授权证明（声明）】——某某出具《声明》，主要内容为：本人已将奥特曼相关作品版权及商标权的独占授权权利，于某年正式转给某公司。

【出版合同】——涉案《刘××科幻漫画》系列图书的原著作者为刘××，经刘慈欣授权，××公司依法取得上述作品的漫画改编权。原告依据与××公司的《图书出版合同》取得改编漫画作品《刘慈欣科幻漫画》系列图书的专有出版权，原告对涉案图书享有的出版发行权应受著作权法的保护

【证明书】——主要内容为：本人于某年某月某日和某某签订的《许可证授予协议》所授予本人的所有权利已根据《许可证授予协议》第××条的规定转让给某某公司，自××年××月××日起生效。

【著作权转让协议】——2010年4月23日及8月29日，原告与某某分别签订协议及补充协议，约定某作品的相关著作权财产权利及维权权利转让给原告。本院予以认可。

【注册商标】——原告系××号商标的注册人，上述商标已使用并在注册有效期内，故原告对上述商标享有的专用权受到法律保护。

【授权证明】——某株式会社出具《授权证明》，将包括《奥特曼》等影视作品及人物形象的复制权、发行权、商标使用权、维权权利以及上述权利再许可权，独占性许可给上海××文化发展有限公司；现原告经上海××文化发展有限公司授权，获得上述注册商标的普通许可使用权，并有权以自己的名义提起诉讼，故原告公司作为本案适格主体，有权为维护其合法商标权利提起本案诉讼。

（二）其他注意事项

（1）原告主张被许可使用著作权和邻接权的人，需提交可以表明著作权、邻接权权利人的证据以及许可使用合同、许可备案登记证明等证据。

法院审查的证据及要点：

① 著作权许可使用合同，分为专有使用权许可合同和非专有使用权许可合同。

② 专有使用权许可合同——被许可人可以自己的名义，就他人在相同的时间、地域范围内未经许可以相同方式使用作品的行为提起诉讼或申请诉前措施。在合同没有约定或者约定不明时，视为被许可人有权排除包括著作权人在内的任何人以相同方式使用作品。

③ 非专有使用权许可合同——被许可人只有在著作权人书面明确授权的情况下，才能起诉。

④ 被诉侵权行为一般应发生在许可使用合同有效期内且属于被许可人获得的权利范围。

（2）原告主张其为著作权、邻接权的受让人、继承人或受赠人，需提交可以表明著作权、邻接权权利人的证据以及原告取得著作权、邻接权的证据。

法院审查的证据及要点：

① 著作权、邻接权转让的，应提交著作权、邻接权转让合同等证据。对于多次转让的，应审查转让协议的连续性、有效性。

② 继承或受赠著作权、邻接权的，应提交继承的证明材料或赠予合同等证据。

第三节　著作权侵权认定与审判思路

一、数据分析

在本书关注的著作权侵权的 96 起案例中，1 起案件为原告撤回起诉，法院不予支持的有 11 起案件，其余案件法院都认定被告侵权行为成立。这在司法实践中，出现如此局面是十分利好的。说明作为原告的当事人提交的被告侵权的证据基本上都得到了人民法院的认可和支持，原告的诉讼经验和认真准备都值得肯定。

二、案例解读

本节有 3 起案例值得高度关注与研究。

【案例】①

本案的典型之处在于被告举证证明了自己已经尽到合理的审查义务，从而使法院认定无需承担赔偿责任。

根据《中华人民共和国著作权法》五十九条的规定，复制品的发行者不能证明其发行的复制品有合法来源的，应当承担法律责任。

被告作为被控侵权音像制品的销售者，为证实其出售的被控侵权音像制品的来源，已举证证明其销售的被控侵权音像制品为某音像制品有限公司委托销售，某音像制品有限公司销售的产品为另一音像出版社独家委托销售，即被告销售的被控侵权音像制品来自某音像出版社，所购进的被控侵权音像制品的单价正常，被控侵权音像制品及包装上表明了出版社及发行人信息，外形与内容与正版音像制品无明显差异。因此，法院院认为被告已经对其购进的音像制品尽到合理注意义务，其主观上无明显过错，仅须停止销售侵权音像制品，无需承担赔偿责任。

【案例】②

本案是网友在视频播放平台上上传未经授权的作品，权利方起诉平台要求其承担赔偿责任的信息网络传播权纠纷的案件。案件中涉及"避风港规则"的认定以及平台责任的认定问题。

"避风港原则"是指网络服务提供者只有在知道侵权行为或侵权内容的存在后才有义务采取措施，如删除、屏蔽或是断开链接等。如果在明确知道侵权事实后，仍不及时采取相关措施，则需要承担责任。

如果侵权事实十分明显，网络服务提供者不能视而不见，或者以不知道

---

① 案号：（2012）穗天法知民初字第 1160 号
② 案号：（2018）沪 73 民终 156 号

侵权为由推脱法律责任。根据法律的规定，被告须举证证明其按常理已经尽到了基本的审慎义务，就是该案法院阐述的尽到了合理的注意义务，只有在这种情况下才有可能免责。如果网络服务提供者应当知道侵权行为的存在却不删除链接，即使权利人没有发出删除通知，网络服务提供者也应当承担侵权责任。

请科幻人认真研读的是《最高人民法院关于审理侵害信息网络传播权民事纠纷案件适用法律若干问题的规定》，该规定已经明确，网络服务提供者明知或者应知网络用户利用网络服务侵害信息网络传播权，未采取删除、屏蔽、断开链接等必要措施，或者提供技术支持等帮助行为的，人民法院应当认定其构成帮助侵权行为。这里的明知和应知如何理解，笔者认为，明知是客观事实，需要证据证实。应知是主观推理。所以，作为网络服务提供者对此要有清晰的认识。

该案中，涉案电影在平台显示的内容包括了电影海报、电影名称、主演人员、地区及分类等信息，且均能完整播放。上诉人作为多年提供视频存储空间服务的网络运营商，应当知道该视频为有明确权利人的电影作品，对用户上传该视频是否获得权利人的许可应负有更高的审查注意义务。法院认为在此情形下，上诉人并未采取预防侵权发生或避免侵权后果扩大的合理措施，存在主观过错，构成帮助侵权，应承担相应的侵权责任。

【案例】①

这是一起法院认真比对证据的案件。

作为奥特曼的版权方，原告认为被告是在某电商平台上的玩具店销售奥特曼系列玩具，故起诉被告和电商平台要求承担赔偿责任。需要高度关注的是对于一个诉求金额很低的案件，法院的审理工作量却是巨大的。

该案值得认真研读，因为法院对案涉原告的权利作品与被诉侵权形象进行了详细且认真的比对，最后得出了判决的结论。该案对有类似维权需求的科幻人有很大的启迪作用。

法院认为，被告经营的店铺内展示及售卖的涉诉玩具形象与原告主张的权利作品构成实质性相似，该行为侵害了原告对涉案"奥特曼"系列作品享有的信息网络传播权和发行权（见表2-11）。

---

① 案号：（2020）沪 0115 民初 3819 号

表 2-11　法院就原告主张的权利作品与被诉侵权形象的比对

1. 戴拿奥特曼

原告全部/部分诉求	法院判决（赔偿部分）
原告"戴拿奥特曼"美术作品： 头顶呈三角尖型朝上，额头为对称菱形，额头上有金黄色细长菱形图纹，贯穿整个额头，图纹里内嵌水晶；额头与面颊之间通过左右各一条对称凹陷弧形线条区分开来，营造出额头微微比面部凹陷的视觉效果；没有鼻子，一条中缝从对称凹陷弧形线的交汇处向下延伸至嘴部；眼睛是奥特曼系列标志性的向外突出的巨大双眼，两眼睛为椭圆蛋型对称横卧于中缝线两侧；在上胸与中胸之间凸起一块金色菱形底座，底座内镶嵌有指示灯。拥有闪亮型、强壮型、奇迹型等多种形态，不同形态下，其全身的条纹结构不同。其中闪亮型，全身以银色为底色并搭配红、黄、蓝三种颜色线条覆盖周身；脖颈与上胸处为同一颜色，中胸和下胸分别用一种颜色以倒 V 宽体弧型线加以区分，躯干正面，蓝色线条从其腋窝处依次延伸至两肋、小腹、大腿内侧和小腿内侧，整体呈 H 型，两条对称红色线条从其腰部延伸至两大腿和小腿外侧	被告在店铺内展示的宣传图片及其实际销售的奥特曼物品在人物头顶形状、额头菱形图纹、额头与面颊的区分方式、胸部的倒 V 线条排序、胸部镶嵌指示灯、腰腹部至腿部的 H 型线条布局等核心表达，均与原告"戴拿奥特曼闪亮型"一致，使得其在整体上构成实质性相似。且被告在其店铺销售信息介绍中，也提到了"戴拿奥特曼"字样

2. 迪迦奥特曼

原告全部/部分诉求	法院判决（赔偿部分）
原告"迪迦奥特曼"美术作品： 额头中部如鱼鳍状呈左右对称菱形状凸起，额头左右两侧脑部头骨向内凹陷从前额延伸至后脑，没有鼻子，鳍状底部眉心处镶嵌一颗水晶，一条中线从水晶向下延伸至嘴部，眼睛是奥特曼系列标志性的向外突出的巨大双眼，两眼睛为椭圆蛋型对称横卧于中缝线两侧；上胸与中胸之前凸起一块水滴型（尖朝下）底座，底座内镶嵌有指示灯。拥有复合型、空中型、强力型等多种形态，不同形态下，其全身的条纹结构不同。其中复合型，全身以银色为底色并搭配红、蓝、黄三种颜色线条覆盖周身；脖颈与胸部为同一红色，以整体呈倒 V 窄体型从正中间从上胸延伸至下胸，三条银色与两条黄色交替相间的条纹与上下两条蓝色线条结合，呈 U 型护胸甲以双肩搭在整个胸前；上腹部由展翅 V 型银色线条覆盖；整体呈 H 型的红色线条从两肋延展至下腹部再延展至两个大腿内侧到膝关节处；蓝色线条从其腋窝处依次延伸至两肋、两腰至两个大腿外侧到膝关节处；膝关节正面由上长下短的菱形银色线条覆盖，两小腿内侧为红色线条、外侧为蓝色线条	被告在店铺内展示的宣传图片及其实际销售的奥特曼物品： 虽因其低成本粗制滥造使得其细节呈现上与原告作品有较多差距，但在人物的额头的鱼鳍状呈左右对称菱形状凸起、三条银色与两条黄色交替相间的条纹与上下两条蓝色结合呈 U 型护胸甲以双肩搭在整个胸前、胸部水滴形镶嵌指示灯、上腹部由展翅 V 型线条覆盖、膝关节正面由菱形银色线条覆盖等核心表达，均与原告"迪迦奥特曼复合型"一致，整体上构成实质性相似。且被告在其店铺销售信息介绍中，也提到了"迪迦奥特曼"字样

3. 赛罗奥特曼

原告全部/部分诉求	法院判决（赔偿部分）
原告"赛罗奥特曼"美术作品： 有多个版本的设计，多个版本在整体上表达一致，在个别细节上（如头部）有差异。在新版"赛罗奥特曼"登记证书中，其头部两端长着如弯刀状的尖角，眉心处有圆形小宝石，两眼修长呈倒八字凹于面颊中；由多个不规则四边形拼接组成的银色护甲在整体上覆盖于前胸、后背、两肩部、两上臂外侧直至手臂关节下方，前胸护甲棱角分明，且 V 字型尖头朝向腹部；上胸与中胸之前凸起一块椭圆竖型底座，底座内镶嵌有指示灯；上身以蓝色为底色下身以红色为底色，并以红、蓝、银三种颜色线条交织于周身；左右腰腹部有各自整体呈 X 状的银色条纹，且尖角分明对称，X 状中的一条银线与蓝色线条相伴延伸至两大腿外侧	被告在店铺内展示的宣传图片及其实际销售的奥特曼物品（变形蛋）： 在头部两端长角、眉心处有圆形小宝石、两眼呈倒八字凹于面颊中、多个不规则四边形拼接组成的护甲在整体上覆盖了前胸、后背、两肩部、两上臂外侧直至手臂关节下方、前胸护甲棱角分明且 V 字型尖头朝向腹部、上胸与中胸之间凸起一块椭圆竖型指示灯、左右腰腹部有各自整体呈 X 状的条纹且尖角分明对称、X 状中的两条不同色线延伸至两大腿外侧等核心表达，均与原告"赛罗奥特曼"一致，整体上构成实质性相似。且被告在其店铺销售信息介绍中，也提到了"赛罗奥特曼"字样

4. 捷德奥特曼原始形态

原告全部/部分诉求	法院判决（赔偿部分）
原告"捷德奥特曼原始形态"美术作品： 额头中部如鱼鳍型凸起，且突出部分由宽到窄从头顶一直向下延伸至上嘴唇边，整体上呈现出棱角分明尖锐如镰刀状的特点；脸型相较其他奥特曼更为瘦长；双眼整体呈对称的线条有弧度的等边斜倒挂向外突出三角型，双眼竖而细长，每个眼睛的中部向外突出一个小角；胸前中有六边形竖长底座，底座内镶嵌有指示灯；指示灯两旁的左胸和右胸各有一个如长矛箭头状的菱形凸起，两个菱形凸起呈倒八字对称排列；两小臂外侧、后脑延伸至背部及臀部的中线位置，均有鱼鳍型的凸起，其中两小臂外侧的有鱼鳍型呈斜边三角形状、锐角朝外；全身以银色、红色、黑色条纹覆盖，所有条纹均以身体中线对分布于左右手臂、左右胸背、左右腹腰、左右腿部；胸部对称四边形图纹位于长矛箭头状凸起的下方，整体呈倒 V 状银色条纹由两臂内侧延伸至腹部底端，整体呈 H 状黑色条纹从两肋内侧延伸至腹部和大腿内侧，银色条纹对称覆盖于 H 状黑色条纹旁边、覆盖于两腿膝盖并向后延伸至后腿	被告在店铺内展示的宣传图片（捷德奥特曼形象卡片和玩具手办）及其实际销售的奥特曼物品： 与原告"捷德奥特曼"在上述典型特征上均具有高度的一致，本院不再赘述，且被告在其店铺销售信息介绍中，也提到了"捷德奥特曼"字样

5. 捷德升华器

原告全部/部分诉求	法院判决（赔偿部分）
原告"捷德升华器"美术作品： 是奥特曼使用的道具形象，整体呈不规则四方形，底色为红色；道具上部为左中右三个凸出区域，中间的突出区域有上下各一个金色三角形（上为较小的等边正三角形，下为较大的等边倒三角形），左右两个凸出区域均有对称黑色条纹；道具中部为横圆柱形显示屏，显示屏两边各有一个小长方形条块，道具中部的两侧线条成对称向内弧形；道具下部为中空结构，中空的左右两端及底端共同构成可供人伸进去握住的手柄，手柄上镶嵌有可扣动的扳机，手柄两侧对称的花纹由外侧的银色条纹和正面的黑色条纹组成，其中黑色条纹由上部的斜三角形和下部的长三角形拼接而成	被告在店铺内展示的宣传图片及其实际销售的升华器物品： 与原告"捷德升华器"在各典型特征基本一致，本院不再赘述，且被告在其店铺销售信息介绍中，也提到了"捷德升华器"字样

6. 欧某 1

原告全部/部分诉求	法院判决（赔偿部分）
原告"欧某 1"美术作品： 是奥特曼使用的道具形象，道具上部区域，是一个正圆形环状物（如一段塑料水管弯成正圆闭合状），该圆形环状物的内部为中空圆柱体，圆形环状物的左右两端闭合处插入欧某 1 的中部区域；道具中部区域，由一对飞翼及飞翼中部的光束发射器组成，飞翼成对称式分布左右两侧，由银色和红色条纹组成，条纹锐利，发射器上部呈银色开口圆碗状，发射器下部如棱镖状（中间有蓝色圆锥形宝石、底部为红色）；道具下部区域是中空结构的可供人伸进去握住的手柄，手柄左侧镶嵌有红色可扣动的扳机	被告在店铺内展示的宣传图片及其实际销售的欧某 1 物品： 与原告"欧某 1"在各典型特征上均具有较高的一致，整体上构成实质性相似，无需赘述。且被告在其店铺销售信息介绍中，也提到了"欧布环"字样

7. 罗索奥特曼（罗布奥特曼是罗索奥特曼和布鲁奥特曼合体形态的总称）

原告全部/部分诉求	法院判决（赔偿部分）
原告"罗索奥特曼"美术作品： 有烈火形态、跃水形态、旋风形态、大地形态四种形态，其周身底色由黑色和银色线条组成，其额头+前胸甲+下手臂+小腿，在不同形态下分成呈现为红色（烈火形态）、蓝色（跃水形态）、紫色（旋风形态）、土色（大地形态）。具体构造上，头部两端上扬出鱼型凸起，头中部凸起出鱼鳍形凸起，三处凸起整体呈"山"字型，但两端的鱼型凸起较大，中部的鱼鳍型凸起较小；双耳尖朝上突出，与额头的三个凸起形成对称型五个尖角；双眼呈瓜子形呈倒八字分布；脸型消瘦，双耳垂下方的两个脸颊处有类似头发鬓角的黑色长方形；前胸有正圆型底座，底座内镶嵌有蓝色指示灯，前胸甲两侧有瓜子型金色护甲片，两护甲片呈倒八字分布；双肩各有一个垫肩型护甲，两下手处（手背一面）各有鱼鳍型凸起；腹部及腿部内侧为银色条纹，腰部及腿部外侧为黑色条纹	被告在店铺内展示的宣传图片及其实际销售的奥特曼物品： 在烈火形态整体色彩造型、头上的三处凸起及双耳尖朝上尖角、双眼如瓜子形呈倒八字分布、脸型消瘦、面颊鬓角、前胸正圆指示灯、双肩护甲、双下手臂鱼鳍型凸起等核心表达，均与原告"罗索奥特曼"一致，整体上构成实质性相似。且被告在其店铺销售信息介绍中，也提到了"罗索"字样

8. 布鲁奥特曼（罗布奥特曼是罗索奥特曼和布鲁奥特曼合体形态的总称）

原告全部/部分诉求	法院判决（赔偿部分）
原告"布鲁奥特曼"美术作品： 在四种形态及其对应色彩搭配、全身各方面整体形状呈均与罗索奥特曼一致。与罗索奥特曼的区别之处主要包括：罗布奥特曼的头部三个凸起中，左右两个是很小的两个角状，而中部的凸起则较大高耸如鲨鱼鳍状锋利；双耳尖形状较为圆润，双耳垂下方的两个脸颊处有类似头发鬓角的黑色尖角形；腹部及腿部内侧为黑色，两腰及腿部外侧为银色	被告在店铺内展示的宣传图片及其实际销售的奥特曼物品： 在跃水形态整体色彩造型、头上的三处凸起及双耳尖圆润、双眼如瓜子形呈倒八字分布、脸型消瘦、面颊鬓角、前胸正圆指示灯、双肩护甲、双下手臂鱼鳍型凸起等核心表达，均与原告"布鲁奥特曼"一致，整体上构成实质性相似。被告在其店铺销售信息介绍中，也提到了"布鲁"字样，且被告销售商品的外包装盒上也印刷有与原告"布鲁奥特曼"美术作品一样的图案

9. 赛罗奥特曼无限形态

原告全部/部分诉求	法院判决（赔偿部分）
原告"赛罗奥特曼无限形态"美术作品： 头部两端各长出两个弯刀状的角，双耳称弯月状锐利，一块竖长菱形蓝宝石从额头延伸至眉心，两眼修长呈倒八字凹于面颊中；双肩各有一个飞翼翅膀向斜上方展开；两下手臂、两小腿有护甲环绕保护，且护甲上均镶嵌有蓝色宝石；全身主干区域呈银色，搭配以少量紫色条纹对称从上腹部延伸至两腰、两腿部至膝盖处	被告在店铺内展示的宣传图片及其实际销售的奥特曼物品： 在头部两端各长出两个弯刀状的角、双耳称弯月状锐利、双肩各有一个飞翼翅膀向斜上方展开、两下手臂和两小腿均有护甲环绕保护且护甲上均镶嵌有蓝色宝石等核心表达，均与原告"赛罗奥特曼无限形态"一致，整体上构成实质性相似。且被告在其店铺销售信息介绍中，也提到了"赛罗奥特曼无限形态"字样

续表

10. 欧某 2

原告全部/部分诉求	法院判决（赔偿部分）
原告"欧某 2"美术作品： 是奥特曼使用的道具形象，整体由剑某及上部剑体、中部圆盘显示器、下部手柄构成。剑某及上部剑体呈三段递进式构造，由上部剑体底端往上逐渐变细，剑体基础色为银色，剑面上有长 V 字形红色花纹，V 字尖头与剑某呈同一方向；剑面中间线上有凹槽从上部剑体的底端延伸至剑尖处，在 V 字型红色花纹内的剑面中线处镶嵌有长条水晶石，中部圆盘显示器外围有一圈金箍，圆盘显示器镜面为黑色，显示器中在上、下、左、右分别显示有代表"火（红色）""土（黄色）""风（绿色）""水（蓝色）"的花纹图案，中间则是代表圣剑标识的白色图案；下部黑色手柄较长，与显示器连接的柄拖处有长条蓝色水晶石，水晶石周围有红色条纹，手柄侧边安装有红色按钮，手柄底部为银色花瓣状底托，底托上镶嵌有小块蓝色条状水晶石	被告在店铺内展示的宣传图片及其实际销售的欧某 2 物品，与原告"欧某 2"在各典型特征实质性近似，且被告在其店铺销售信息介绍中，也提到了"欧某 2"字样
对于电商平台的责任，法院认为不承担赔偿责任的理由	
首先，被告在商家入驻时会要求该个人或企业提供其个人身份信息、企业证照信息、相关资质证明文件，被告寻某公司会对这些信息进行审核，审核通过后，商家方可开店。对于商家具体售卖的商品或服务是否可能侵犯知识产权，因拼多多平台有数十万入驻商家，过亿在线商品和服务信息，且平台商品数据实时发生变化，被告寻某公司客观上无能力对此在事先做到全面、实质性的审查	为便于权利人维权，平台公司在某官网上公开《知识产权维权投诉指引》，收到权利人有效投诉后会立即对被投诉商品采取下架、断开网页链接等有效处理措施。 本案中，因原告未通知平台公司直接向法院提起诉讼，被告平台公司在收到本案起诉材料后，立即核实了涉案商品信息，通知商家立即处理被诉侵权商品，并及时删除、屏蔽了被诉侵权商品链接，已经尽到事后的补救义务，不承担赔偿责任

【案例】①

腾讯获赔案轰动一时，最值得关注的是原告的诉讼请求与判决结果完全一致，这在中国司法审判实践中极为罕见。该案至少让全体科幻人看到了新希望，就是侵犯著作权的被告有可能要付出较大的代价。

本书只需摘录法院的裁判文书中有关作出判决的理由，读者便可知悉本案的可圈可点之处。

法院认为：本案中，一方面，在涉案权利作品具有较高知名度的情况下，被告应当认识到著作权人通常不会允许他人在向公众开放的网络平台上免费传播其收费作品，其被告平台上的小说等音频内容系由作者自行上传或由网络用户取得著作权人许可后制作上传的可能性极小，相关音频内容侵害著作权的可能性极高，荔枝公司对此应当承担更高的注意义务，应在平台的日常经营管理

---

① 案号：（2021）沪 73 民终 818 号

中及时发现……被告主观上具有过错……被告在接到腾讯公司发送的侵权通知后未能及时作出删除、屏蔽侵权音频或断开链接等合理的反应。故构成帮助侵权，应对涉案网络用户侵害作品著作权的行为承担侵权责任……未经腾讯公司许可，通过网络公开直播腾讯公司享有著作权的作品，直接实施了侵权行为，侵犯了腾讯公司享有的"其他权利"。

三、律师提示

在撰写本章节有关著作权侵权认定的审判思路时，笔者更多的是关注了司法实践中的法院认定侵权行为成立的审查内容和法院的观点，进而总结出法院的审理思路。以下几点值得科幻人高度关注和做好应诉准备。

（一）有针对性地提交相应证据

原告应根据法院认定侵权的审查内容，有针对性地提交相应证据。

人民法院认定被诉侵权行为是否构成侵权、被告是否承担侵权责任，一般审查如下内容：被诉侵权行为的内容、被告是否实施了被诉侵权行为、被告有无过错、是否造成损害、被诉侵权行为与损害之间有无因果关系、被告抗辩是否成立等。

（二）熟知法院审查被诉侵权行为的内容和证据比对方法

熟知法院审查被诉侵权行为的内容和证据比对方法，便于充分举证和质证。

法院在认定侵权是否成立最关键的是要进行实质性相似的比对，这是认定侵权的重要方法和基础。本书关注到的科幻知识产权纠纷案件，笔者尚未发现243 起案件中有对案件原被告双方的证据进行鉴定的情形。

（三）将此部分证据单独形成证据表格并汇总

法院审查被告是否实施了被诉的侵权行为，原告需将此部分证据单独形成证据表格并汇总，在法庭审理时一一列举，展示证据的来源，阐述清楚所要证明的问题。

法院对侵权认定的基本规则是，审查被诉侵权作品与原告主张权利的在先作品的相关内容是否构成相同或者实质性相似。若被诉侵权作品经比对与原告的作品存在实质性差异，则不构成实质性相似或相同，也就不产生侵权问题。如果被诉侵权作品经比对与原告的作品构成了实质性相似或相同，则被告存在侵权的可能，需进一步审查被告是否未经原告即著作权权利人的许可擅自使用了其作品，此时举证责任转移至被告，被告要作出承认或反驳的答辩，需提供充分的证据证明其获得了合法的授权或者有作品的合法来源等。若被告不能举证说明被诉侵权作品合法来源的或有其他合理抗辩的，可以认定被告侵害了原告的著作权。

（四）提交相应证据证明平台是否明知或应知

被告具有过错，是对网络平台是否构成共同侵权和帮助侵权认定的关键，原告须提交相应证据证明平台是否明知或应知。

法院在认定有关平台是否与侵权行为人构成共同侵权时，审查判断相关平台是否明知或者应知被诉作品存在侵权的可能。

根据《最高人民法院关于审理侵害信息网络传播权民事纠纷案件适用法律若干问题的规定》第九条，人民法院应当根据网络用户侵害信息网络传播权的具体事实是否明显，综合考虑以下因素，认定网络服务提供者是否构成应知：（一）基于网络服务提供者提供服务的性质、方式及其引发侵权的可能性大小，应当具备的管理信息的能力；（二）传播的作品、表演、录音录像制品的类型、知名度及侵权信息的明显程度；（三）网络服务提供者是否主动对作品、表演、录音录像制品进行了选择、编辑、修改、推荐等；（四）网络服务提供者是否积极采取了预防侵权的合理措施；（五）网络服务提供者是否设置便捷程序接收侵权通知并及时对侵权通知作出合理的反应；（六）网络服务提供者是否针对同一网络用户的重复侵权行为采取了相应的合理措施；（七）其他相关因素。

（五）向法院充分论述被告侵权行为与原告损害后果存在因果关系

是否给原告造成了损害，原告须向法院充分论述被告侵权行为与原告损害后果存在因果关系。

原告向法院提交其受到损害的证据要具体明确还要充分。

本书多次多处对此进行了阐述。也就是说，在司法实践中，因知识产权被侵害导致原告的实际损失的量化是非常困难的，本书关注的 243 起案例中虽然起诉书中原告的诉讼请求都是以要求赔偿原告的经济损失提起的，但是，90%

以上案件的原告无法向法院提交其具体实际损失有哪几项、具体的损失金额及计算方法，更难以提供损失的财务票据予以佐证。

笔者需要强调的是，原告代理人应增加法庭上的说理论述，以大大提升说服法院的能力。笔者从事28年专职律师工作以来，出庭过很多次，与很多代理人有过辩论的交锋，确有一些案件的代理人在说理方面有些薄弱，说理性不强。因此，特别是知识产权案件，如果只是简单地罗列证据和法条而没有很有说服力的庭审辩论和书面的代理意见，获得法院支持的概率就大打折扣。原告一定要充分地论述其损害结果与侵权行为之间的因果关系。切记，说理、辩论在知识产权纠纷案件的审理过程中尤为重要。

还需强调的是，知识产权实施的侵权行为往往没有更好的方法与原告的损害结果准确地一一对应，并很好地诠释其与侵权行为具有因果关系。因此，原告和为其提供服务的代理人也应认真地研究和准备。

多年前，笔者曾组织过一起知识产权案件的专家论证会，其中一位法学专家明确表示，中国的知识产权案件"三分证据，七分辩才"。经过多年的代理实践，笔者十分赞同这位法学专家的观点。这在一定程度上反映了知识产权案件的审理特点，即很多的结论会因承办法官的不同而对案件事实的理解和观点不同，最后导致案件的判决结果大相径庭。也就是说有关被告的过错、被告的侵权行为与原告的损害后果之间的因果关系的论述是多么重要。

第四节　损害赔偿认定与审判思路

知识产权侵权案件最终要落实到损害赔偿上，如果不能在赔偿上做出对违法者应有的惩处或打击，就等于无法遏制违法行为的泛滥。纵观本书收集到的243起科幻领域知识产权案例，不难发现，案件的胜诉率虽然很高，但是，诉讼标的额过小，法院完全支持原告诉讼请求的案例仅有几件，仅有一起案件的诉求标的额超过500万元。即使法院支持了原告的部分主张，也意味着被告的违法成本超低，这在很大程度上无法实现有利打击违法和犯罪的目的。这样的司法审判局面是目前我国知识产权纠纷审理中急需扭转的。本书也借此呼吁法院在审理案件的过程中，一旦认定被告的侵权行为成立，就应该按照法律赋予的权利，根据法律的明确规定，做出尽可能高额的损害赔偿判决。这也是对国家近年来倡导的要让知识产权的侵权者付出难以承受的代价的指令一个很好的响应。

国家已意识到保护知识产权的重要性，已将知识产权作为国家战略性资源和国际竞争力核心要素来布局，《知识产权强国建设纲要（2021—2035 年）》中更是规定了司法审判的改革问题，可谓高瞻远瞩，说明我国在法律规定和司法实践上已经迈出了坚实的一步。对此，笔者通过对科幻知识产权案例的汇总和分析，能够提示更多的权利人，认真研读国家打击知识产权违法犯罪的政策和法律，并在提起的维权诉讼上准备好更多和更具说服力的证据，还要提高诉讼请求的金额，给法院作出高额赔偿创造条件。如果原告的诉讼请求不提高，法院作出高额赔偿的判决就无法实现。当然，更要全力避免原告无法提供相应证据的尴尬局面。

一、数据分析

243 起案件中的 96 起侵犯著作权赔偿案例中，法院直接根据原告实际损失做出判决的有 2 起，按照被告的获利作出判决的仅有 1 起，其余都是法院酌定作出的赔偿判决。

二、案例解读

本节援引的案例在前文中已经关注。

【案例】[①]

这是一起典型的网络侵权案，该案已就诉讼请求和法院判决做过阐述，在此，笔者再结合损害赔偿的判决内容部分予以论述。

新《著作权法》于 2021 年 6 月 1 日起实施。损害赔偿的调整是这次修改的亮点。我们关注到，该案是上海知识产权法院作出的终审判决，但一审审理期间新著作权法尚未生效。修改前的《中华人民共和国著作权法》第四十九条规定，侵犯著作权或者与著作权有关权利的，侵权人应当按照权利人的实际损失给予赔偿；实际损失难以计算的，可以按照侵权人的违法所得给予赔偿。赔偿

---

① 案号：（2021）沪 73 民终 451 号

数额还应当包括权利人为制止侵权行为所支付的合理开支。权利人的实际损失或者侵权人的违法所得不能确定的，由人民法院根据侵权行为的情节，判决给予五十万元以下的赔偿。也就是说最高酌定判决的赔偿金额是五十万元。

一审法院认为，鉴于原告未能举证证明其因被侵权所遭受的经济损失或被告因侵权所获得的利益，故一审法院综合考虑涉案部分小说有一定的知名度，小说具有一定数量的读者群；涉案作品的章节数、字数及在某公司平台上的推荐数、收藏数；侵权行为的性质及主观过错程度、侵权行为的持续时间等，酌定赔偿额。

关于合理费用。公证费法院予以支持，律师费有相关合同、发票为证，对律师费予以酌情支持。故一审判决：被告于判决生效之日起十日内赔偿原告经济损失 85 万元；赔偿原告制止侵权行为支付的合理费用 25 万元。

二审法院也认为，一审法院综合考虑涉案小说的数量、知名度、侵权行为的性质、侵权人的主观过错、维权费用的支出情况等因素，酌情确定判赔经济损失和合理开支的金额，并无不当，所确定的赔偿金额亦在人民法院自由裁量范围内，对此法院予以确认。故作出驳回上诉，维持原判的终审判决。

【案例】①

该案中，法院判决赔偿的审理思路有三点可以总结：

第一，法院判决被告侵犯了原告的著作权，依法应承担停止侵权、消除影响、赔偿损失的侵权责任。

第二，对于被告应承担的民事责任，法院认为：关于赔偿损失，因原告没有证据证明其因侵权所受到的损失或者被告因侵权所获得的利益，一审法院依据本案的具体案情，综合考量涉案作品知名度较高、被告规模较大、主观过错程度较大、侵权主播数量及主播粉丝数量多、侵权音频数量较大、播放量较大、侵权时间段为作品热度较高时间段等因素酌情确定赔偿金额。

第三，对于合理费用，法院认为：原告为本案支出公证费 133 000 元、鉴定费 21 000 元、音频转换费用 4 018.79 元，系维权的必要费用，原告主张的律师费 30 000 元虽无票据，但因原告委托的代理律师参加了本案诉讼，相关费用客观产生，故对于原告在本案中主张的合理费用 171 481.79 元，一审法院予以支持。

---

① 案号：（2021）沪 73 民终 818 号

三、律师提示

显然，科幻知识产权保护与其他领域知识产权保护一样，表现在著作权领域出现的新情况、新问题比较严重。第一，随着网络化、数字化等新技术的高速发展和运用，现有的一些法律法规等已经滞后于新形势的发展需要；第二，著作权人维权成本高，侵权损害赔偿额低，加上《著作权法》执法手段不足等问题，使侵权行为难以得到有效遏止，权利人受到保护的实际效果与权利人的期待还有很大的差距。

多年来，社会各界的呼声很高，反应十分强烈，主要集中在著作权领域存在守法成本高、违法成本低的问题，健全完善的侵权损害赔偿制度，加大对侵权行为的惩罚力度是我国著作权法要着力解决的问题。

但是，笔者认为，新法尽管进一步完善了法定赔偿额制度，将以前法定赔偿额从过去的最高 50 万元，提高到了 500 万元，但是，新法生效后发生的法院新判例并没有出现法院作出高赔偿的判决。呼吁最高院作出新的司法解释，将带有惩罚性的判决作为法院判案的原则执行。

从知识产权保护的实务角度出发，依法获得高额赔偿才是王道。

在此，律师提示：

（1）认真研究管辖的法律规定，确定侵权行为地和侵权结果地、被告住所地都有哪些，尽量选择经济发达的一线城市提起诉讼，有望获得较理想的赔偿判决。

（2）更多地收集证明原告遭受经济损失巨大的证据并形成证据链条。

① 未被侵权前的公司盈利情况，因被侵权导致的产品销量大幅度减少、利润损失增大的证据。

② 商誉因侵权而受损降低的证据。

③ 高昂的权利许可使用费及票据等证据。

④ 经营范围和营业状况证据，需证明其与损失的关系。

（3）注重对被告的非法获利证据的收集。

① 原告可以提供被告生产规模、销售数量与价格、经营收入来源是否单一依靠侵权产品、工商部门档案、当地税务机关的纳税报告等证据，查实被告获利情况。

② 借助第三方平台数据证明销售额，如一些网络平台可以获得的公开销售数据。

③ 必要时请求人民法院调取证据，或由代理律师向法院申请"调查令"前去调查相关证据。

（4）证明被告的侵权是故意和恶意侵权的证据。

为此，最重要的是要证明被告对侵权是否明知或应知。

法院多从以下几个方面审查认定：被告与原告是否存在过合作关系、聘用关系，对原告的知识产权是否知悉或熟知，是否有过接触等；原告向被告发送要求停止侵权的律师函后，被告是否无视警告继续实施侵权行为，或者被告经工商查处或法院判决生效后屡教不改；或者改头换面蒙混过关继续实施侵权行为的等。

（5）维权的合理支出（原告为消除因侵权带来的不良影响而付出的费用）。

① 聘请专业调查公司调查侵权线索所支付的调查费。

② 维权过程中发生的差旅费。

③ 公证费。

④ 购买侵权产品费用。

⑤ 聘请律师支付的律师费等。

（6）直接起诉多种侵权产品。

（7）借助行政执法的力量收集证据。有侵权线索后，立即向市场监管局、知识产权部门投诉，借助其收集侵权证据，查处侵权产品，封存财务数据。

总之，对于想对违法者零容忍的原告来说，只要不姑息不气馁，与专业律师团队一起，准备好充足又有效的证据，就能取得维权的最终胜利。

第三章 科幻商标权侵权案例数据
与审判思路分析

第一节 原告诉讼请求和法院判决结果对比

一、数据分析

52 起侵害商标权纠纷案件中，原告诉讼请求最低金额为 1 万元；最高金额为 2 051 500 元。其中，要求原告主张按照其实际损失和合理支出予以赔偿的案件有 50 起。52 起案件中，法院判决被告赔偿的最高金额是 80 万元，包括了合理支出；最低判决赔偿的金额是 2 000 元。

有 47 起案件的判决完全是法院酌定作出的赔偿判决。其余案件中的 3 起案件为法院驳回原告起诉的情形，1 起原告撤诉。

中国科幻 IP 纠纷案件数量 2 起，作品为《吞噬星空》，国内科幻作品纠纷案件占全部案件的百分比约为 3.8%。如图 3-1、表 3-1 所示。

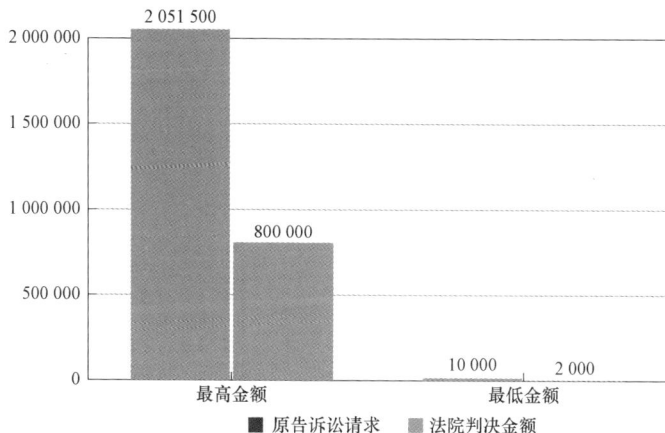

图 3-1　侵害商标权纠纷诉讼请求与判决金额对比图

表 3-1 诉讼请求与判决结果对比

案号	原告全部/部分诉讼请求	法院判决（赔偿）
【案例 1】广东省广州市荔湾区人民法院民事判决书（2016）粤 0103 民初 1492 号	1. 被告立即停止侵犯原告第××号注册商标专用权的侵权行为，并销毁库存商品； 2. 被告赔偿原告经济损失人民币 15 万元（包括原告调查取证、制止侵权、聘请律师所支出的维权合理费用）； 3. 本案诉讼费用由被告承担	一、被告广州某贸易有限公司自本判决发生法律效力之日起立即停止侵犯原告上海某文化传播有限公司第 11470××× 号注册商标专用权的行为，并立即销毁库存侵权商品； 二、被告广州某贸易有限公司自本判决发生法律效力之日起三日内赔偿原告上海某文化传播有限公司经济损失（包括维权合理开支）12 000 元
【案例 2】上海知识产权法院民事判决书（2017）沪 73 民终 143 号	1. 判令某公司立即停止商标侵权及不正当竞争行为； 2. 判令某公司在涉案网站首页顶部居中通栏位置刊登全文显示、五号字体形式、不小于 960px×120px（长×宽）的声明以消除影响，声明的刊登时间不少于 30 日，声明显示范围为全国，某公司不得采取任何技术措施干扰该声明的显示范围； 3. 判令某公司赔偿玄霆公司因侵权所致经济损失人民币（以下币种相同）50 万元； 4. 判令某公司赔偿玄霆公司为制止侵权所支出的合理费用律师费 1 万元。（诉讼过程中，因涉案的推广链接已下线，玄某公司放弃第 1 项诉讼请求）	一审判决： 一、某公司于判决生效之日起十日内在网站首页顶部居中通栏位置以五号字体全文显示形式刊登声明，消除因对玄某公司实施商标侵权、不正当竞争行为而造成的不良影响，声明的内容、位置须经一审法院审核，声明须连续保留三十日。如不履行，一审法院将在相关媒体发布判决的主要内容，费用由某公司承担；二、某公司于判决生效之日起十日内赔偿玄某公司经济损失 5 万元； 三、尚米公司于判决生效之日起十日内赔偿玄霆公司合理费用 1 万元。如果未按判决指定的期间履行给付金钱义务，应当依照《中华人民共和国民事诉讼法》第二百五十三条规定，加倍支付迟延履行期间的债务利息。 二审：维持原判
【案例 3】广东省汕头市中级人民法院民事判决书（2018）粤 05 民初 30 号	1. 立即停止商标侵权行为，包括但不限于停止生产、销售标有与原告注册商标相同或近似的标识的玩具产品、包装； 2. 立即销毁尚未售出的侵权产品以及包装，并且不得销售尚未售出的侵权产品或者以任何其他形式将其投放市场； 3. 赔偿原告损失 100 万元（人民币，下同）； 4. 承担本案诉讼费和保全费； 5. 承担本案涉及的律师费、公证费、翻译费及其他维权合理费用，暂计 20 万元	一、被告陈某某应立即停止生产、销售侵犯原告某之宝有限公司第××号、第××号、第××号、第××号和第××号注册商标专用权的超变金刚玩具商品，并销毁库存的附着侵权标识的外包装盒； 二、被告陈某某应在本判决发生法律效力之日起 10 日内向原告某之宝有限公司（支付赔偿金 10 万元
【案例 4】上海知识产权法院民事判决书（2018）沪 73 民终 166 号	1. 判令某页公司、某狗信息公司、某狗科技公司立即停止商标侵权及不正当竞争行为； 2. 判令某页公司在 6wan 网站的首页顶部通栏位置刊登不小于 960 px×120 px 大小的声明以消除影响，声明刊登时间不少于 30 日，声明显示范围为全国，且不得采取任何技术措施干扰该声明的显示范围；	一、某页公司应于本判决生效之日起十日内在 6wan 网站的首页显著位置刊登声明，消除其对玄某公司实施不正当竞争行为而造成的不良影响，声明的内容、位置、大小须经一审法院核准，声明须连续保留三十日。如逾期不履行，一审法院将在相关媒体上发布本案判决内容，相关费用由某页公司负担；

续表

案号	原告全部/部分诉讼请求	法院判决（赔偿）
【案例4】上海知识产权法院民事判决书（2018）沪73民终166号	3. 判令某狗信息公司、某狗科技公司在某狗网站的首页顶部通栏位置刊登不小于 960 px×120 px 大小的声明以消除影响；声明刊登时间不少于 30 日，声明显示范围为全国，且不得采取任何技术措施干扰该声明的显示范围； 4. 判令某页公司、某狗信息公司、某狗科技公司共同赔偿玄霆公司因侵权所致经济损失 200 万元； 5. 判令某页公司、某狗信息公司、某狗科技公司承担玄某公司为制止侵权所支出的合理费用 5 万元； 6. 本案诉讼费及其他费用由某页公司、某狗信息公司、某狗科技公司承担。后在一审审理中，玄某公司撤回本案中针对虚假宣传的主张，并调整诉请第 5 项为要求判令某页公司、某狗信息公司、某狗科技公司承担玄某公司为制止侵权所支出的合理费用 5.15 万元	二、某页公司立即停止对玄某公司享有的商标注册证第×××××××号、第××××××号注册商标专用权的侵害及对玄某公司的不正当竞争行为； 三、某页公司应于本判决生效之日起十日内赔偿玄某公司经济损失 60 000 元； 四、某页公司应于本判决生效之日起十日内赔偿玄某公司合理费用 11 500 元； 五、对玄某公司的其他诉讼请求不予支持
【案例5】广东省深圳市福田区人民法院民事判决书（2020）粤 0304 民初 25630 号	1. 判令被告某玩具厂、某公司立即停止侵害第 14183×××号、第 28961×××号及第 20513×××号注册商标专用权的行为，并销毁库存的侵权产品； 2. 判令被告某玩具厂、某公司赔偿原告经济损失以及公证费、律师费等合理维权费用共计 10 万元； 3. 判令被告某玩具厂、某公司在《法制日报》《中国知识产权报》《深圳特区报》及其经营的网店显著位置刊登声明消除影响、赔礼道歉； 4. 判令被告黄某某对被告某公司的上述义务承担连带责任	驳回原告诉讼请求
【案例6】广州知识产权法院民事判决书（2020）粤 73 民终 3690 号	1. 判令被告立即停止销售侵犯原告所有的奥特曼系列版权的玩具产品； 2. 判令被告就其侵犯奥特曼系列版权的侵权行为赔偿原告经济损失人民币 5 万元； 3. 判令被告赔偿原告公证费用 1 200 元； 4. 判令被告承担本案所有的诉讼费用。庭审中，原告明确第一项诉讼请求，请求被告停止侵犯原告奥特泰罗、奥特曼艾斯、奥特曼杰克形象作品的销售行为	一、广州某商贸有限公司立即停止销售涉案侵犯广州某文化科技有限公司享有第 14183×××号注册商标专用权的商品； 二、广州某商贸有限公司应于判决发生法律效力之日起十日内，赔偿经济损失（含为制止侵权行为所付出的合理开支费用）共计 50 000 元给广州某文化科技有限公司； 三、驳回广州某文化科技有限公司的其他诉讼请求
【案例7】成都中级人民法院一审民事判决书（2021）川 01 民初 480 号	1. 停止销售侵害第××、××号注册商标专用权的《银河帝国》图书； 2. 赔偿经济损失及合理开支合计 30 000 元	驳回原告某文化股份有限公司的诉讼请求

案号	原告全部/部分诉讼请求	法院判决（赔偿）
【案例8】 咸阳市中级人民法院一审民事判决书（2021）陕04知民初161号	1. 判令被告立即停止销售、许诺销售侵犯第××号商标、第××号商标、第××号商标、第××号商标的产品，并销毁库存的产品； 2. 判令被告赔偿原告经济损失2万元（包括公证费、购买侵权产品的费用、律师费、交通住所费等为制止被告侵权行为产生的合理费用）； 3. 本案全部诉讼费用由被告承担	一、被告东莞市某玩具店（经营者：冯某某）应于本判决发生法律效力之日立即停止销售侵犯原告珠海某文化发展有限公司享有著作权的《奥特曼艾斯、超人艾斯》《奥特曼泰罗、超人泰罗》形象作品的贴纸、玩具； 二、被告东莞市某玩具店（经营者：冯某某）应于本判决发生法律效力之日起五日内赔偿原告珠海某文化发展有限公司经济损失（包括维权公证费用在内）5 000元
【案例9】 广东省东莞市第一人民法院民事判决书（2022）粤1971民初8728号	1. 判令被告立即停止销售、许诺销售侵犯第×××商标的产品，并销毁库存的产品； 2. 判令被告赔偿原告经济损失2万元（包括公证费、购买侵权产品的费用、律师费、交通住所费等为制止被告侵权行为产生的合理费用）； 3. 本案全部诉讼费用由被告承担	一、被告泾阳县某书店立即停止销售侵害原告某文化公司×××注册商标专用权商品的行为； 二、被告泾阳县某书店自本判决生效之日起七日内赔偿某文化股份有限公司经济损失6 000元（含维权合理费用）； 三、驳回原告某文化公司的其他诉讼请求
【案例10】 江苏省淮安市中级人民法院民事判决书（2021）苏08民初146号	1. 判决被告立即停止销售侵犯原告的第××号商标、第××号商标等商标专用权的产品，并销毁库存的产品； 2. 判决被告赔偿原告经济损失4万元（包括公证费、购买侵权产品的费用、律师费、交通住宿费等为制止被告侵权行为产生的合理费用）	一、被告淮安区某文化用品店立即停止销售侵犯原告的第7781×××号、9688×××号注册商标专用权商品的行为； 二、被告淮安区某文化用品店自本判决生效之日起十日内赔偿原告某文化股份有限公司经济损失及合理费用人民币合计12 000元
【案例11】 江苏省常州市武进区人民法院一审判决书（2021）苏0412民初2963号	1. 判决被告立即停止销售侵犯原告的第××号商标、第××号商标专用权的商品的行为； 2. 判决被告赔偿原告经济损失50 000元（包含原告调查取证、制止侵权、聘请律师所支出的合理费用）； 3. 判决被告承担本案的诉讼费用	一、被告常州市某百货超市立即停止销售侵犯原告的第××号、第××号注册商标专用权商品的行为； 二、被告常州市某百货超市自本判决生效之日起十日内赔偿原告某文化股份有限公司经济损失及合理费用合计7 000元
【案例12】 山东省泰安高新技术产业开发区人民法院民事判决书（2021）鲁0991民初941号	1. 判令被告立即停止销售、许诺销售侵犯原告某文化股份有限公司第××号、第××号、第××号、第××号、第××号、第××号、第××号商标的产品，并销毁库存产品； 2. 判令被告赔偿原告经济损失5万元（包括公证费、购买侵权产品的费用、律师费、交通住宿费等为制止被告侵权行为产生的合理费用）； 3. 诉讼费用由被告承担	一、被告肥城市某书屋于本判决生效之日起立即停止销售侵犯原告某文化股份有限公司注册商标（案涉商标）专用权的产品，并销毁库存产品； 二、被告肥城市某书屋于本判决生效之日起十日内赔偿原告某文化股份有限公司经济损失及合理开支共计3 000元； 三、驳回原告某文化股份有限公司的其他诉讼请求
【案例13】 江苏省高邮市人民法院（2021）苏1084民初3370号	1. 判令被告立即停止销售侵害原告第××号商标、第××号商标注册商标专用权的商品的行为； 2. 判令被告赔偿原告经济损失人民币5万元（包括原告调查取证、制止侵权、聘请律师所支出的合理费用）； 3. 判令被告承担本案的诉讼费用	一、被告扬州某越文化传媒有限公司立即停止侵犯原告某文化股份有限公司第××号、第××号注册商标专用权的行为； 二、被告扬州某越文化传媒有限公司于本判决生效之日起十日内赔偿原告某文化股份有限公司经济损失及合理费用10 000元； 三、驳回原告某文化股份有限公司的其他诉讼请求

案号	原告全部/部分诉讼请求	法院判决（赔偿）
【案例 14】 山东省泰安高新技术产业开发区人民法院（2021）鲁 0991 民初 943 号	1. 判令被告立即停止销售、许诺销售侵犯原告某文化股份有限公司第××号、第××号、第××号、第××号、第××号、第××号、第××号商标的产品，并销毁库存产品； 2. 判令被告赔偿原告经济损失 5 万元（包括公证费、购买侵权产品的费用、律师费、交通住宿费等为制止被告侵权行为产生的合理费用）； 3. 诉讼费用由被告承担	一、被告肥城市某书店于本判决生效之日起立即停止销售侵犯原告某文化股份有限公司案涉注册商标专用权的产品，并销毁库存产品； 二、被告肥城市某书店于本判决生效之日起十日内赔偿原告某文化股份有限公司经济损失及合理开支共计 3 000 元
【案例 15】 山东省滨州经济技术开发区人民法院民事判决书（2021）鲁 1691 民初 932 号	1. 判令被告停止侵害原告享有专有使用权的注册商标，即停止在侵权复制品《银河帝国 5 迈向基地》上使用原告第 16 类商标； 2. 判令被告支付侵权赔偿金及维权合理开支共计 50 000 元； 3. 本案诉讼费用由被告承担	一、被告阳信县某文化有限责任公司于本判决生效之日起立即停止在侵权复制品《银河帝国 5 迈向基地》上使用原告某文化股份有限公司第××号注册商标； 二、被告市阳信县某文化有限责任公司于本判决生效之日起十日内赔偿原告某文化股份有限公司经济损失及维权合理费用共计 2 000 元
【案例 16】 山东省临清市人民法院（2021）鲁 1581 民初 3250 号	1. 请求依法判决被告停止侵害原告享有专有使用权的注册商标（以下简称"诉请商标"），即停止在侵权复制品《银河帝国 1 基地》上使用原告第 16 类商标； 2. 请求依法判决被告支付侵权赔偿金及制止侵权合理开支共计 5 万元； 3. 本案全部诉讼费用由被告承担； 4. 申请撤回对被告某公司的起诉	一、被告聊城市某图书店立即停止销售侵犯原告某文化股份有限公司的第××号注册商标专用权商品的行为； 二、被告聊城市某图书店自本判决生效之日起十日内赔偿原告某文化股份有限公司经济损失及合理费用人民币合计 10 000 元
【案例 17】 陕西省西安市中级人民法院民事判决书（2021）陕 01 知民初 1237 号	1. 判令被告立即停止销售、许诺销售侵犯原告××商标专用权的产品，并销毁库存产品； 2. 判令被告赔偿原告经济损失 20 000 元（包含公证费、购买侵权产品费、律师费、交通住宿费等为制止侵权行为的合理开支）； 3. 本案诉讼费用由被告承担	一、被告周至县某图书超市于本判决生效后立即停止侵犯原告某文化股份有限公司××注册商标专用权商品的行为； 二、被告周至县某图书超市于本判决生效后十日内赔偿原告某文化股份有限公司经济损失及合理开支费用共计 10 000 元； 三、驳回原告某文化股份有限公司其余诉讼请求
【案例 18】 上海市徐汇区人民法院民事判决书（2020）沪 0104 民初 6885 号	1. 四名被告立即停止在第 28 类商品上生产、销售使用"酷变金刚"××商标或其组合，以及其他侵害第××号、第××号、第××A 号、第××号、第××号注册商标专用权的商品； 2. 四名被告立即停止在第 28 类商品上使用与有一定影响的"变形金刚"某某商品包装、装潢构成近似的包装、装潢； 3. 四名被告立即销毁现存侵权商品以及制造侵权商品标识的设备； 4. 某厂、高某某、某公司连带赔偿经济损失、合理开支合计人民币 200 万元（以下币种未特别标注为人民币，其中合理开支合计 541 882 元，包含律师费 357 475 元、翻译费 890 元及公证费、调查费、交通费合计 183 517 元）；	一、被告中山市某玩具厂、高某某、中山市某电子五金塑胶制品有限公司、上海某贸易有限公司于本判决生效之日起，停止侵害原告孩之宝有限公司享有的权利商标专用权； 二、被告中山市某玩具厂、高某某、中山市某电子五金塑胶制品有限公司于本判决生效之日起，立即销毁现存的侵权商品以及制造侵权商品标识的设备；上海某贸易有限公司于本判决生效之日起，立即销毁现存的侵权商品； 三、被告中山市某玩具厂、高某某、中山市某电子五金塑胶制品有限公司于本判决生效之日起十五日内，连带赔偿原告孩之宝有限公司经济损失及合理开支合计 80 万元；

案号	原告全部/部分诉讼请求	法院判决（赔偿）
【案例18】 上海市徐汇区人民法院民事判决书（2020）沪0104民初6885号	5. 某厂、高某某，某公司立即在《玩具世界》《中外玩具制造》上刊登声明，消除涉案侵权行为造成的不良影响。审理中，某之宝公司申请撤回对第××号注册商标的主张	四、被告中山市某玩具厂、高某某、中山市某电子五金塑胶制品有限公司于本判决生效之日起三十日内，于《玩具世界》《中外玩具制造》上刊登声明，消除涉案侵权行为对原告某之宝有限公司造成的影响（声明内容须经本院审核，如不履行，本院将在相关媒体上公布本判决的主要内容，费用由被告中山市某玩具厂、高某某、中山市某电子五金塑胶制品有限公司负担）
【案例19】 安徽省宣城市中级人民法院民事判决书（2021）皖18民初198号	1. 判令泾县某书店立即停止销售、许诺销售侵犯某文化公司第7781×××号注册商标、第9688×××号注册商标、第2344×××号注册商标专用权的行为；并销毁库存产品； 2. 判令泾县某书店赔偿读某文化公司经济损失3万元（包括公证费、律师费以及为制止泾县某书店侵权行为产生的合理费用）； 3. 本案诉讼费用由泾县某书店承担	一、被告泾县某文化传媒书店立即停止侵犯原告某文化股份有限公司第7781×××号注册商标、第9688×××号注册商标、第2344×××号注册商标专用权的行为，并销毁库存产品； 二、被告泾县某文化传媒书店于本判决生效之日起十日内赔偿原告某文化股份有限公司经济损失及合理开支7000元
【案例20】 江苏省连云港市中级人民法院民事判决书（2021）苏07民初444号	1. 判令被告立即停止销售侵犯原告第××号、第××号注册商标专用权的产品，并销毁库存的产品； 2. 判令被告赔偿原告经济损失4万元（包括公证费、购买侵权产品的费用、律师费、交通住宿费等为制止被告侵权行为产生的合理费用）	一、被告东海县某书店立即停止销售侵犯第××号、第××号注册商标专用权的商品的行为，并销毁库存侵权商品； 二、被告东海县某书店于本判决生效后十日内赔偿原告某文化股份有限公司经济损失及为制止侵权所支付的合理开支共计人民币12000元
【案例21】 安徽省宣城市中级人民法院民事判决书（2021）皖18民初198号	1. 判令泾县某书店立即停止销售、许诺销售侵犯某文化公司第××号注册商标、第××号注册商标、第××号注册商标专用权的行为；并销毁库存产品； 2. 判令泾县某书店赔偿某文化公司经济损失3万元（包括公证费、律师费以及为制止泾县某书店侵权行为产生的合理费用）； 3. 本案诉讼费用由泾县某书店承担	一、被告泾县某文化传媒书店立即停止侵犯原告某文化股份有限公司第××号注册商标、第××号注册商标、第××号注册商标专用权的行为，并销毁库存产品； 二、被告泾县某书店于本判决生效之日起十日内赔偿原告某文化股份有限公司经济损失及合理开支7000元
【案例22】 辽宁省锦州市中级人民法院民事判决书（2021）辽07民初373号	1. 判令被告立即停止销售、许诺销售侵犯原告第××号商标、第××号商标，并销毁库存的产品； 2. 被告赔偿原告经济损失三万元（包括公证费、购买侵权产品的费用、律师费、交通住宿费等为制止被告侵权行为产生的合理费用）； 3. 本案全部诉讼费用由被告承担	一、被告锦州市某书店于本判决生效之日起立即停止销售侵犯原告第××号、第××号注册商标专用权的《银河帝国1基地》； 二、被告锦州市凌河区某书店于本判决生效之日起十日内赔偿原告某文化股份有限公司经济损失及合理开支共计5000元； 三、驳回原告某文化股份有限公司的其他诉讼请求
【案例23】 山东省济南市莱芜区人民法院民事判决书（2021）鲁0116民初5730号	1. 请求判令被告立即停止销售、许诺销售侵犯原告第××号商标、第××号商标、第××号商标、第××号商标等商标专用权、第××号商标、第××号商标、第××号商标的产品，并销毁库存的产品；	一、被告济南市长清区某书社立即停止销售侵犯原告某文化股份有限公司案涉注册商标专用权的商品的行为；

案号	原告全部/部分诉讼请求	法院判决（赔偿）
【案例 23】 山东省济南市莱芜区人民法院民事判决书（2021）鲁 0116 民初 5730 号	2. 判令被告赔偿原告经济损失 2 万元（包括公证费、购买侵权产品的费用、律师费、交通住宿费等为制止被告侵权行为产生的合理费用）	二、被告济南市长清区某书社于本判决生效之日起七日内赔偿原告某文化股份有限公司经济损失包括合理开支共计 6 000 元； 三、驳回原告某文化股份有限公司的其他诉讼请求
【案例 24】 山东省东营市垦利区人民法院民事判决书（2021）鲁 0505 民初 2322 号	1. 请求判令被告立即停止销售、许诺销售侵犯原告第××号商标、第××号商标、第××6 号商标、第××号商标等商标专用权、第××号商标、第××号商标的产品，并销毁库存的产品； 2. 判令被告赔偿原告经济损失 3 万元（包括公证费、购买侵权产品的费用、律师费、交通住宿费等为制止被告侵权行为产生的合理费用）	被告东营区某书店立即停止销售侵犯原告案涉商标的产品；被告东营区某书店赔偿原告某文化股份有限公司经济损失及合理费用开支共计 6 000 元，于本判决生效之日起十日内一次性支付
【案例 25】 河南省商丘市睢阳区人民法院民事判决书（2021）豫 1403 知民初 1372 号	1. 请求判令被告立即停止销售侵犯原告"第 9688×××号商标"、"第 26724×× ×号商标"、"第 26724×××号商标"等商标专用权的盗版图书，并销毁库存的图书； 2. 判令被告赔偿原告经济损失 30 000 元（包括公证费、购买侵权产品的费用、律师费等为制止被告侵权行为产生的合理费用）； 3. 本案全部诉讼费用由被告承担	一、被告贺某某于本判决生效之日起立即停止销售侵犯原告某文化股份有限公司"第 9688×××号"、"第 26724×××号"、"第 26724×××号"注册商标专用权图书的行为，并销毁库存； 二、被告贺某某于本判决生效之日起十日内赔偿原告某文化股份有限公司经济损失共计人民币 4 000 元（含为制止侵权的合理维权开支）； 三、驳回某文化股份有限公司的其他诉讼请求
【案例 26】 山东省滨州经济技术开发区人民法院民事判决书（2021）鲁 1691 民初 1610 号	1. 判令被告停止侵害原告享有专有使用权的注册商标，即停止在侵权复制品《银河帝国 1 基地》《银河帝国 2 基地与帝国》《银河帝国 3 第二基地》《银河帝国 4 基地前奏》《银河帝国 5 迈向基地》《银河帝国 7 基地与地球》《银河帝国 8 我，机器人》《银河帝国 9 钢穴》《银河帝国 10 裸阳》《银河帝国 11 曙光中的机器人》《银河帝国 12 机器人与帝国》《银河帝国 13 繁星若尘》《银河帝国 14 星空暗流》《银河帝国 15 苍穹一粟》（以下简称《银河帝国 1~4、6~15》）图书上使用原告第 16 类商标×××； 2. 判令被告支付侵权赔偿金及维权合理开支共计 100 000 元	一、被告滨州市某文化有限责任公司于本判决生效之日起十日内赔偿原告某文化股份有限公司经济损失及维权合理费用共计 28 000 元； 二、驳回原告某文化股份有限公司的其他诉讼请求
【案例 27】 山东省滨州经济技术开发区人民法院　民事判决书（2021）鲁 1691 民初 1609 号	1. 判令被告停止侵害原告享有专有使用权的注册商标，即停止在侵权复制品《银河帝国 1 基地》《银河帝国 2 基地与帝国》《银河帝国 3 第二基地》《银河帝国 4 基地前奏》《银河帝国 5 迈向基地》《银河帝国 6 基地边缘》《银河帝国 7 基地与地球》《银河帝国 9 钢穴》《银河帝国 10 裸阳》《银河帝国 11 曙光中的机器人》《银	一、被告某图书店于本判决生效之日起十日内赔偿原告某文化股份有限公司经济损失及维权合理费用共计 20 000 元；

案号	原告全部/部分诉讼请求	法院判决（赔偿）
【案例 27】 山东省滨州经济技术开发区人民法院民事判决书（2021）鲁 1691 民初 1609 号	河帝国 12 机器人与帝国》《银河帝国 13 繁星若尘》《银河帝国 14 星空暗流》《银河帝国 15 苍穹一粟》（以下简称《银河帝国 1～7、9～15》）图书上使用原告第 16 类商标××； 2. 判令被告支付侵权赔偿金及维权合理开支共计 100 000 元； 3. 本案诉讼费用由被告承担	二、驳回原告某文化股份有限公司的其他诉讼请求
【案例 28】 山东省滨州经济技术开发区人民法院民事判决书（2021）鲁 1691 民初 1608 号	1. 判令被告停止侵害原告享有专有使用权的注册商标，即停止在侵权复制品《银河帝国 1 基地》《银河帝国 2 基地与帝国》《银河帝国 3 第二基地》《银河帝国 4 基地前奏》《银河帝国 5 迈向基地》《银河帝国 6 基地边缘》《银河帝国 7 基地与地球》《银河帝国 9 钢穴》《银河帝国 10 裸阳》《银河帝国 11 曙光中的机器人》《银河帝国 12 机器人与帝国》《银河帝国 13 繁星若尘》《银河帝国 14 星空暗流》《银河帝国 15 苍穹一粟》（以下简称《银河帝国 1～7、9～15》）图书上使用原告第 16 类商标××； 2. 判令被告支付侵权赔偿金及维权合理开支共计 100 000 元； 3. 本案诉讼费用由被告承担	一、被告无棣县某商贸有限公司于本判决生效之日起十日内赔偿原告某文化股份有限公司经济损失及维权合理费用共计 20 000 元； 二、驳回原告某文化股份有限公司的其他诉讼请求
【案例 29】 山东省临清市人民法院民事判决书（2021）鲁 1581 民初 5139 号（之一）	1. 请求判令被告立即停止销售、许诺销售侵犯原告第××号商标、第××号商标专用权、第××号商标、第××号商标、第××号商标的产品，并销毁库存的产品； 2. 判令被告赔偿原告经济损失 5 万元变更为 2 万元（包括公证费、购买侵权产品的费用、律师费、交通住宿费等为制止被告侵权行为产生的合理费用）； 3. 本案全部诉讼费用由被告承担	一、被告冠县某书店立即停止销售、许诺销售侵犯原告某文化股份有限公司的第××号、第××号和第××号注册商标专用权商品的行为，并销毁库存的产品； 二、冠县某书店自本判决生效之日起十日内赔偿原告某文化股份有限公司经济损失及合理费用人民币合计 8 000 元； 三、驳回原告某文化股份有限公司的其他诉讼请求
【案例 30】 山东省临清市人民法院民事判决书（2021）鲁 1581 民初 5139 号（之二）	1. 请求判令被告立即停止销售、许诺销售侵犯原告第××号商标、第××号商标、第××号商标、第××号商标等商标专用权、第××号商标、第××号商标、第××号商标的产品，并销毁库存的产品； 2. 判令被告赔偿原告经济损失 3 万元变更为 2 万元（包括公证费、购买侵权产品的费用、律师费、交通住宿费等为制止被告侵权行为产生的合理费用）； 3. 本案全部诉讼费用由被告承担	一、被告阳谷县某书店立即停止销售、许诺销售侵犯原告某文化股份有限公司的第××号、第××号和第××号注册商标专用权商品的行为，并销毁库存的产品； 二、阳谷县某书店自本判决生效之日起十日内赔偿原告读某文化股份有限公司经济损失及合理费用人民币合计 8 000 元； 三、驳回原告某文化股份有限公司的其他诉讼请求

案号	原告全部/部分诉讼请求	法院判决（赔偿）
【案例31】山东省临清市人民法院民事判决书（2021）鲁1581民初5139号（之五）	1. 请求判令被告立即停止销售、许诺销售侵犯原告第××号商标"读×"、第××号商标、第××号商标、第××号商标等商标专用权及第××号商标、第××号商标、第××号商标的产品，并销毁库存的产品；2. 判令被告赔偿原告经济损失5万元变更为2万元（包括公证费、购买侵权产品的费用、律师费、交通住宿费等为制止被告侵权行为产生的合理费用）；3. 本案全部诉讼费用由被告承担	一、被告阳谷县某书店立即停止销售、许诺销售侵犯原告某文化股份有限公司的第××号、第××号和第××号注册商标专用权商品的行为，并销毁库存的产品；二、阳谷县某书店自本判决生效之日起十日内赔偿原告某文化股份有限公司经济损失及合理费用人民币合计8 000元；三、驳回原告某文化股份有限公司的其他诉讼请求
【案例32】山东省临清市人民法院民事判决书（2021）鲁1581民初5139号（之三）	1. 请求判令被告立即停止销售、许诺销售侵犯原告第××号商标"读客"、第××号商标、第××号商标、第××号商标等商标专用权及第××号商标、第××号商标、第××号商标的产品，并销毁库存的产品；2. 判令被告赔偿原告经济损失3万元变更为2万元（包括公证费、购买侵权产品的费用、律师费、交通住宿费等为制止被告侵权行为产生的合理费用）；3. 本案全部诉讼费用由被告承担	一、被告莘县某书店立即停止销售、许诺销售侵犯原告某文化股份有限公司的第××号、第××号和第××号注册商标专用权商品的行为，并销毁库存的产品；二、莘县某书店自本判决生效之日起十日内赔偿原告某文化股份有限公司经济损失及合理费用人民币合计8 000元；三、驳回原告某文化股份有限公司的其他诉讼请求
【案例33】江苏省泰州医药高新技术产业开发区人民法院民事判决书（2021）苏1291民初3347号	1. 请求判令被告立即停止销售、许诺销售侵犯原告第××号商标、第××号商标的产品，并销毁库存的产品；2. 判令被告赔偿原告经济损失3万元（包括公证费、购买侵权产品的费用、律师费、交通住宿费等为制止被告侵权行为产生的合理费用）；3. 本案全部诉讼费用由被告承担	一、被告高港区某文具用品店立即停止销售侵害原告某文化股份有限公司第××号、第××号注册商标专用权商品的行为；二、被告高港区某文具用品店自本判决生效之日起十日内赔偿原告某文化股份有限公司经济损失及合理费用人民币10 000元；三、驳回原告某文化股份有限公司的其他诉讼请求
【案例34】江苏省连云港市中级人民法院民事判决书（2021）苏07民初724号	1. 请求判令被告立即停止销售侵犯原告第××号商标、第××号商标的产品的行为；2. 判令被告赔偿原告经济损失4万元（包括公证费、购买侵权产品的费用、律师费、交通住宿费等为制止被告侵权行为产生的合理费用）；3. 本案全部诉讼费用由被告承担	一、被告赣榆区班庄镇某文化用品经营店立即停止销售侵犯原告某文化股份有限公司涉案第××号、第××号注册商标专用权的商品的行为；二、被告赣榆区班庄镇某文化用品经营店于本判决发生法律效力之日起十日内赔偿原告某文化股份有限公司经济损失及为制止侵权行为所支付的合理开支共计8 000元；三、驳回原告某文化股份有限公司的其他诉讼请求
【案例35】江苏省盐城市中级人民法院民事判决书（2022）苏09民初11号	1. 请求判令被告立即停止销售、许诺销售侵犯原告第××号商标、第××号商标、第××号商标、第××号商标等商标专用权、第××号商标的产品，并销毁库存的产品；2. 判令被告赔偿原告经济损失3万元（包括公证费、购买侵权产品的费用、律师费、交通住宿费等为制止被告侵权行为产生的合理费用）；3. 本案全部诉讼费用由被告承担	一、被告响水县小尖镇某书店自本判决生效之日起立即停止侵害原告某文化股份有限公司案涉注册商标专用权的行为；二、被告响水县小尖镇某书店自本判决生效之日起十日内赔偿原告某文化股份有限公司经济损失及合理费用共计7 000元；三、驳回原告某文化股份有限公司的其他诉讼请求

案号	原告全部/部分诉讼请求	法院判决（赔偿）
【案例 36】 山东省东营市中级人民法院民事判决书（2022）鲁 05 民终 183 号	1. 判令东营区某书店立即停止销售、许诺销售侵犯某文化第××号商标、第××号商标、第××号商标、第××号商标等商标专用权及第××号商标、第××号商标、第××号商标的产品，并销毁库存的产品； 2. 判令东营区某书店赔偿某文化经济损失 3 万元（包括公证费、购买侵权产品的费用、律师费、交通住宿费等为制止东营区某书店侵权行为产生的合理费用）； 3. 本案全部诉讼费用由东营区某书店承担	一、东营区某书店立即停止销售侵犯案涉商标的产品；东营区某书店赔偿某文化股份有限公司经济损失及合理费用开支共计 6 000 元，于判决生效之日起十日内一次性支付； 二、驳回某文化股份有限公司的其他诉讼请求
【案例 37】 安徽省高级人民法院民事判决书（2022）皖民终 247 号	1. 判令被告立即停止销售、许诺销售侵犯原告持有的第××4 号、第××号注册商标的产品，并销毁库存的产品； 2. 判令被告赔偿经济损失 20 000 元（包括公证费、购买侵权产品的费用、律师费、交通住宿费等为制止被告侵权行为所产生的合理费用）； 3. 本案的诉讼费由被告承担	一、被告六安市叶集区某书店立即停止销售侵害原告某文化股份有限公司第××号、第××号注册商标的商品的行为； 二、被告六安市叶集区某书店于本判决生效之日起十五日内赔偿原告某文化股份有限公司经济损失及合理费用共计 5 000 元； 三、驳回原告某文化股份有限公司的其他诉讼请求
【案例 38】 安徽省高级人民法院民事判决书（2022）皖民终 248 号	1. 判令被告立即停止销售、许诺销售侵犯原告持有的第××号、第××号注册商标的产品，并销毁库存的产品； 2. 判令被告赔偿经济损失 50 000 元（包括公证费、购买侵权产品的费用、律师费、交通住宿费等为制止被告侵权行为所产生的合理费用）； 3. 本案的诉讼费由被告承担	一、被告六安市叶集区某书店立即停止销售侵害原告某文化股份有限公司第××号、第××号注册商标的商品的行为； 二、被告六安市叶集区某书店于本判决生效之日起十五日内赔偿原告某文化股份有限公司经济损失及合理费用共计 5 000 元； 三、驳回原告某文化股份有限公司的其他诉讼请求
【案例 39】 重庆市第一中级人民法院（2021）渝 01 民初 5999 号	1. 判令二被告立即停止销售、许诺销售侵犯原告第××号商标、第××号商标等商标专用权的产品，并销毁库存侵权产品； 2. 判令二被告赔偿原告经济损失 20 000 元（包括公证费、购买侵权产品的费用、律师费、交通住宿费等为制止侵权行为产生的合理费用）； 3. 本案诉讼费由二被告承担	一、被告永川区某书店、重庆市永川区某文化传媒有限公司于本判决生效之日起立即停止销售、许诺销售侵犯原告某文化股份有限公司享有的案涉商标专用权的产品； 二、被告永川区某书店、重庆市永川区某文化传媒有限公司于本判决生效之日起十日内赔偿原告某文化股份有限公司经济损失及合理费用 3 000 元
【案例 40】 广东省中山市第二人民法院（2021）粤 2072 民初 22463 号	1. 判令某文具店立即停止销售侵犯读客文化公司第××号、第××号注册商标专用权的图书； 2. 判令某文具店赔偿某文化公司经济损失 60 000 元（包括某文化公司为制止侵权行为所支付的公证费、购买侵权产品的费用、律师费、交通住宿费等）	一、被告某文具店于本判决发生法律效力之日起立即停止销售侵害原告某文化股份有限公司案涉注册商标专用权的图书； 二、被告某文具店于本判决发生法律效力之日起七日内赔偿原告某文化股份有限公司经济损失及合理费用合共 4 000 元； 三、驳回原告某文化股份有限公司的其他诉讼请求

续表

案号	原告全部/部分诉讼请求	法院判决（赔偿）
【案例41】河南省洛阳市中级人民法院（2022）豫03知民终13号	1. 判令嵩县某书社立即停止销售、许诺销售侵犯某文化公司第××号商标、第××号商标、第××号商标、第××号商标、第××号商标的产品，并销毁库存产品； 2. 判令嵩县某书社赔偿经济损失2万元（包括公证费、购买侵权产品的费用、律师费、交通住宿费等为制止侵权行为产生的合理费用）； 3. 本案全部诉讼费用由嵩县某书社承担	一审： 一、嵩县某书社立即停止销售侵犯某文化股份有限公司第××号、第××号、第××号、第××号、第××号注册商标专用权的产品，并销毁库存侵权产品； 二、嵩县某书社于本判决生效之日起十日内赔偿某文化股份有限公司经济损失及合理开支共计5 000元； 三、驳回某文化股份有限公司的其他诉讼请求。 二审：维持原判
【案例42】江西省上饶市广信区人民法院民事判决书（2022）赣1104民初956号	1. 判令被告立即停止销售、许诺销售侵犯原告第××号商标、第××号商标、第××号商标、第××号商标、第××号商标、第××号商标、第××号商标的产品，并销毁库存产品； 2. 判令被告赔偿原告经济损失20 000元（包括公证费、购买侵权产品的费用、律师费、交通住宿费等为制止被告侵权行为产生的合理费用）； 3. 本案全部诉讼费用由被告承担	一、被告万年县某书店于本判决生效后立即停止销售侵犯原告某文化股份有限公司第××号、第××号注册商标专用权的书籍《银河帝国1：基地》； 二、被告万年县某书店于本判决生效后十日内赔偿原告某文化股份有限公司经济损失4 000元（含制止侵权行为的合理开支）； 三、驳回原告某文化股份有限公司其他诉讼请求
【案例43】江西省上饶市广信区人民法院民事判决书（2022）赣1104民初909号	1. 判令被告立即停止销售、许诺销售侵犯原告第××号商标、第××号商标、第××号商标、第××号商标等商标专用权的产品及第××号商标、第××号商标、第××号商标的产品，并销毁库存的侵权产品； 2. 判令被告赔偿原告经济损失人民币20 000元（包括公证费、律师费、交通住宿费、购买侵权产品的费用等为制止被告侵权行为而产生的合理费用）； 3. 本案诉讼费用由被告承担	一、被告万年县某书店于本判决生效之日起立即停止销售侵犯原告某文化股份有限公司第××号、第××号注册商标专用权的书籍《银河帝国1：基地》； 二、驳回原告某文化股份有限公司其他诉讼请求
【案例44】江西省上饶市广信区人民法院（2022）赣1104民初910号	1. 判令被告立即停止销售、许诺销售侵犯原告第××号商标、第××号商标、第××号商标、第××号商标等商标专用权的产品及第××号商标、第××号商标、第××号商标的产品，并销毁库存的侵权产品； 2. 判令被告赔偿原告经济损失人民币20 000元（包括公证费、律师费、交通住宿费、购买侵权产品的费用等为制止被告侵权行为而产生的合理费用）； 3. 本案诉讼费用由被告承担	一、被告上饶市信州区某书社于本判决生效之日起立即停止销售侵犯原告某文化股份有限公司第××号、第××号注册商标专用权的书籍《银河帝国1：基地》； 二、驳回原告某文化股份有限公司其他诉讼请求
【案例45】江西省上饶市广信区人民法院民事判决书（2022）赣1104民初928号	1. 判令被告立即停止销售、许诺销售侵犯原告第××号商标、第××号商标、第××号商标、第××号商标等商标专用权及第××号商标、第××号商标、第××号商标的产品，并销毁库存的产品；	一、被告上饶县某书店于本判决生效后立即停止销售侵犯原告读客文化股份有限公司第××号、第××号注册商标专用权的书籍《银河帝国1：基地》；

续表

案号	原告全部/部分诉讼请求	法院判决（赔偿）
【案例 45】 江西省上饶市广信区人民法院民事判决书（2022）赣 1104 民初 928 号	2. 判令被告赔偿原告经济损失 2 万元（包括公证费、购买侵权产品的费用、律师费、交通住宿费等为制止被告侵权行为产生的合理费用）； 3. 本案全部诉讼费用由被告承担	二、被告上饶县某书店于本判决生效后十日内赔偿原告某文化股份有限公司经济损失 4 000 元（含制止侵权行为的合理开支）； 三、驳回原告某文化股份有限公司其他诉讼请求
【案例 46】 重庆市高级人民法院民事裁定书（2022）渝民终 407 号	本院审理过程中，某文化股份有限公司以客观事由发生变化为由，于 2022 年 5 月 27 日向本院提出撤回起诉的请求	裁定如下： 一、撤销重庆市第一中级人民法院（2021）渝 01 民初 5999 号民事判决； 二、准许某文化股份有限公司撤回起诉
【案例 47】 江苏省泰州市中级人民法院民事判决书（2022）苏 12 民终 756 号（一审见序号 33）	1. 请求判令被告立即停止销售、许诺销售侵犯原告第××号商标、第××号商标的产品，并销毁库存的产品； 2. 判令被告赔偿原告经济损失 3 万元（包括公证费、购买侵权产品的费用、律师费、交通住宿费等为制止被告侵权行为产生的合理费用）	一审判决： 一、被告立即停止销售侵害原告案涉注册商标专用权商品的行为； 二、被告自本判决生效之日起十日内赔偿原告经济损失及合理费用人民币 10 000 元。 二审判决： 驳回上诉，维持原判
【案例 48】 山东省德州市德城区人民法院民事判决书（2022）鲁 1402 民初 1521 号	1. 请求判令被告立即停止销售、许诺销售侵犯原告第××号商标、第××号商标、第××号商标、第××号商标等商标专用权及第××号商标的产品，并销毁库存产品； 2. 请求判令被告赔偿原告经济损失 1 万元（包括公证费、购买侵权产品的费用、律师费、交通住宿费等为制止被告侵权行为产生的合理费用）； 3. 请求本案全部诉讼费用由被告承担	一、被告夏津县某书店立即停止销售侵犯原告某文化股份有限公司享有的案涉注册商标专用权的《半小时漫画中国史（番外篇）中国传统节日》《银河帝国 1：基地》图书的行为； 二、被告夏津县某书店于本判决生效后十日内赔偿原告某文化股份有限公司经济损失及合理开支费用共计 6 000 元； 三、驳回原告某文化股份有限公司的其他诉讼请求
【案例 49】 河南省高级人民法院民事判决书（2022）豫知民终 400 号	1. 判令某图书社店立即停止销售、许诺销售侵犯某文化公司第××号、第××号注册商标专用权的产品，并销毁库存产品； 2. 某图书社店赔偿某文化公司经济损失 1.5 万元（包含公证费、购买侵权产品费、律师费、交通住宿费等为制止侵权行为的合理开支）； 3. 本案诉讼费用由某图书社承担	一审： 一、某图书社立即停止销售侵犯某文化公司第××号、第××号注册商标专用权图书《银河帝国 1：基地》的行为； 二、某图书社于判决生效之日起十日内赔偿某文化公司经济损失及维权合理开支共计 6 000 元； 三、驳回某文化公司的其他诉讼请求。如果未按本判决指定的期间履行给付金钱义务，应当依照《中华人民共和国民事诉讼法》第二百六十条的规定，加倍支付迟延履行期间的债务利息。 二审： 驳回上诉，维持原判
【案例 50】 上海市徐汇区人民法院民事判决书（2022）沪 0104 民初 7721 号	1. 立即停止销售侵犯第××号商标、第××号商标专用权的产品，并销毁库存产品； 2. 赔偿经济损失及合理费用共计 100 000 元	一、被告某图书店于本判决生效之日起十日内赔偿原告某文化股份有限公司经济损失及合理费用共计 3 200 元； 二、驳回原告某文化股份有限公司的其余诉讼请求

续表

案号	原告全部/部分诉讼请求	法院判决（赔偿）
【案例51】 上海市徐汇区人民法院（2022）沪0104民初9530号	1. 立即停止侵害第××号、第××号注册商标专用权行为； 2. 赔偿某公司经济损失100 000元（包括公证费1 000元、律师费3 000元、购买费233元）。审理中，某文化确认被诉行为已停止，申请撤回判令停止侵权的诉讼请求，同时要求被告赔偿原告经济损失及合理费用金额变更为2万元	一、被告孙某某于本判决生效之日起十日内赔偿原告某文化股份有限公司经济损失及合理开支合计4 500元； 二、驳回原告某文化股份有限公司的其余诉讼请求
【案例52】 上海市徐汇区人民法院（2022）沪0104民初11977号	1. 被告某书店立即停止销售侵害第××号、第××号商标专用权（以下简称涉案两商标）的产品，并销毁库存； 2. 赔偿某文化股份有限公司经济损失及合理开支共计20 000元（合理开支含律师费5 000元、公证费1 000元、购买费195.80元）	一、被告某图书店于本判决生效之日起十日内赔偿原告某文化股份有限公司经济损失及合理开支合计7 000元； 二、驳回原告某文化股份有限公司的其余诉讼请求

二、案例解读

【案例18】①

该案涉及著名科幻IP"变形金刚"，对"变形金刚"玩具享有商标权的原告某公司对数名被告提起诉讼，称其拥有的变形金刚系列商标被侵害。

该案中，原告请求被告赔偿200万元人民币，最终法院酌定判决被告赔偿80万元。虽未完全覆盖原告的诉讼请求，但法院清晰地表明了其在酌定赔偿数额时考量的各个要素，最终作出被告需支付较大金额的损害赔偿及合理费用的判决。

法院对损害赔偿的考量要素包括：较长的侵权期间、行政查处后被告未停止侵权、有侵权恶意、侵权范围广等。针对合理费用，法院对于能够提出证据证明的费用基本予以支持；最终仅调查费、差旅费未予支持。律师费因无发票证据，法院酌情确定了相应数额。

此外，该案涉及被告较多，包括多个法人、自然人存在人格混同等密切关系，最终法院同时在判决中一并穿透了这些主体的人格，让其一并承担了连带责任，具有借鉴意义。

---

① 案号：（2020）沪0104民初6885号

【律师点评】

该案的启示有三。

第一，诉讼请求的重要性。诉讼请求是获得赔偿的第一步，不告不理是法院审案的原则之一。原告不提出具体的赔偿要求，法院审理的可能性就不复存在，获得赔偿就更不可能实现。

第二，诉讼请求中的合理支出费用，要具体明确，特别是合理费用的种类要考虑周全。

我国的知识产权相关法律赋予了法官较大的自由裁量权，243 个司法裁判文书中法院的判决内容充分说明了这一点。该案中，原告只是提出了合理费用中包含律师费，并没有提交律师费的票据，但法官通过行使自有裁量权对律师费进行了酌定。

【案例 43】①

该案中原告以被告非法销售了含有原告商标的盗版书籍，故而向法院提起诉讼，要求被告支付经济损失和合理费用（包括公证费、律师费、交通住宿费、购买侵权产品的费用等为制止被告侵权行为而产生的合理费用）。法院作出的判决仅判令被告停止侵权，原告提出的所有现金索赔请求均未予支持。

值得关注的被告提出了合法来源抗辩，证明自己并不知道销售的是侵权产品，并提供合法的书籍来源，法院因而判决驳回原告诉讼请求。根据《中华人民共和国商标法》（以下简称商标法）第 64 条第 2 款规定："销售不知道是侵犯注册商标专用权的商品，能证明该商品是自己合法取得并说明提供者的，不承担赔偿责任。"本案中，被告提供的进货单、卖方的工商信息、微信聊天记录及支付记录，足以证明被告向案外人某书店购入案涉书籍《银河帝国 1：基地》，具有合法来源。

【律师点评】

商标权人在诉讼前就拥有充足的证据会占有优势。

判决书显示，原告通过公证保留证据，无疑存在合理费用支出，法院做出了驳回全部诉讼请求的判决，可能也是由于原告自身举证不利的原因。

这一方面说明商标权纠纷的举证需要精确到细枝末节，故存在难度。另一

---

① 案号：（2022）赣 1104 民初 909 号

方面也说明诉讼中证据为王。商标权人需要在诉讼前就准备充足的证据，维护自身合法利益才有望实现。

【案例 50】[①]

该案中，原告以被告非法销售了含有原告商标的盗版书籍向法院提起了诉讼，要求被告赔偿原告的经济损失和合理费用。

法院查明的事实是截至商品禁售日，在某平台被告店铺中的被控侵权商品 ID 项下剔除退货退款的实际成交销售数量共 87 246 件，单价 160.71 元。但法院仍然作出了较低的判决。此外，同前案案例分析所述，法院对于合理费用的审查也是具体细致的，未能提供证据的工商调档费，最终未获法院支持，而律师费也由于相关证据不足而只能由法院酌定。

【律师点评】

虽然审理中原告确认被诉侵权行为已停止，进而变更了诉讼请求，将金额从 10 万元变为 1 万元（其中合理维权费用包括律师费 3 000 元、公证费 1 000 元、购买侵权商品费用 160.7 元、工商调档费 500 元），但是法院作出的 3 200 元的判决无疑还是未达到原告的预期。据此，笔者建议商标权利人要尽可能地多提交被告违法所得的证据，最好拥有完整的证据链条，还要加强侵权行为与损害后果的因果关系、侵权程度、恶劣影响、原告损失等方面的论述和说理。

三、律师提示

提起商标权侵权之诉的诉讼请求，主要有：

（1）请求判令被告立即停止销售、许诺销售侵犯原告第××号商标等商标专用权、第××号商标的产品，并销毁库存产品。

（2）请求判令被告赔偿原告经济损失×××元。

（3）判令被告在××网站的首页顶部通栏位置刊登声明以消除影响；声明刊登时间不少于 30 日，声明显示范围为全国，且不得采取任何技术措施干扰该声明的显示范围。

（4）判令被告支付原告为制止侵权行为产生的合理费用，包括公证费、鉴

---

① 案号：（2022）沪 0104 民初 7721 号

定费、购买侵权产品的费用、律师费、交通住宿费等。

（5）承担本案全部诉讼费、保全费。

第二节　商标权属认定与审判思路

一、数据分析

本节 52 个案例中，有 48 起案件法院均认定原告属于商标权人或商标权的使用权人，有权提起诉讼。

法院审理予以确认的有关权属证据主要包括商标局注册的商标信息以及相关权益转让的合同。其中最重要的就是商标局的注册商标，这是保护商标最基础、最有力的方式。

法院裁判文书显示的通常的证据形式，原文阐述如下：

注册商标——原告系×××××××号及×××××××号商标的注册人，上述商标已使用并在注册有效期内，故原告对上述商标享有的专用权受到法律保护。

《授权证明》——授权使用，授权维权。

如：前案中的一案：将包括《奥特曼》等影视作品及人物形象的复制权、发行权、商标使用权、维权权利以及上述权利再许可权，独占性许可给上海某文化发展有限公司；

如：现原告经上海某文化发展有限公司授权，获得上述注册商标的普通许可使用权，并有权以自己的名义提起诉讼。

二、案例解读

【案例 6】①

本案中，原告系商标的转被许可人，法院在确认权属关系时，审查的是商

① 案号：（2020）粤 73 民终 3690 号

标许可和转许可的两份合同是否存在，以及合同的内容是否赋予了被许可人和转被许可人主张权利的内容。

为证明原告是适格的主体，原告向法院出具了《许可合同》、许可合同的副本《授权书》《授权证明》（许可人关于许可事项的证明）。法院认为，依据这些证据足以证明自商标权人开始、到一步步许可等完整的商标权许可链条，最终，原告诉讼请求获得法院的支持。

【律师点评】

权属证明是案件顺利审理的前提之一，原告必须是与本案有利害关系的主体，所以，主体是否适格是每个法院审理每个案件时首先要解决的问题。本案的转被许可人是被侵权方，并不是商标权人，所以，仅向法庭提交获得登记的商标权利证书还是不够的，还要提交被许可、再次被转许可等的证据。

三、律师提示

商标权人的注册商标受法律保护。商标权人有支配其注册商标并禁止他人侵害的权利，该权利包括商标注册人对其注册商标的排他使用权、收益权、处分权、续展权和禁止他人侵害的权利等。

法院在审理商标权侵权案件时，重点审查的内容之一就是原告的权属，进而确定原告是否为本案的适格原告。审查的内容包括以下几个方面。

（1）原告是否拥有商标的使用权。

使用权是商标权最重要的内容，是商标权中最基本的核心权利。法院要审查核准注册的商标和核定使用的商品。

（2）原告是否拥有许可权、被许可权、转授权。

许可使用是商标权人行使其权利的一种常见的方式。

许可权是指注册商标所有人通过签订许可使用合同，许可他人使用其注册商标的权利。被许可人根据许可合同的约定，支付商标使用费后，在合同约定的范围和期限内有权使用该注册商标。

（3）转让权。

转让权是指注册商标所有人依法将其商标权转让给他人所有的行为。转让商标权也是商标所有人行使其权利的一种常见方式。

商标权转让后，受让人取得注册商标所有权，原来的商标权人丧失商标专用权，即商标权从一主体转移到另一主体。

转让注册商标，应由双方当事人签订书面合同。律师重点提示，转让方应不要放弃合同的起草权，转让费的支付条款一般不要增加附加条件；对违约责任的约定也要更多地限制受让方，设置个性化条款。此外，还要留意约定该合同主体应共同向商标局提出申请，经商标局核准公告后才具有效力。

第三节　商标侵权认定与审判思路

一、数据分析

本节 52 个案例中，有 48 个案例法院认定了侵权成立，1 个案例是驳回原告全部诉讼请求，2 个是法院只支持了停止侵权，驳回了其他赔偿等的请求。有 1 个案例原告撤诉。原告的诉讼请求都主张了合理支出，除了上述未支持的外，对 48 起案件中的合理支出均予以支持。

法院对侵权的判决所作的论述基本相同，如：

（1）注册商标专用权依法受到保护。原告系×××商标的注册人，上述商标已使用并在注册有效期内，故原告对上述商标享有的专用权受到法律保护。未经原告许可，在同一种商品或服务上使用与原告商标相同商标的，构成侵害原告注册商标专用权。

（2）将被控侵权商品上的"××大师"标识与第××号商标进行比对，两者的文字内容均一致，仅是字体不同，两者构成近似，属于未经商标权人许可在同一种商品或类似商品上使用与其注册商标相同或近似商标的情形。本案被控侵权商品使用的"××大师"标识足以使消费者误认为被控侵权商品为嘉印公司或者其授权许可制造的商品。诉讼中，被告未提交证据证明该商品的商标使用经过该商标权利人的许可，故被控侵权商品是侵犯原告商标专用权的商品。被告销售涉案商品的行为属于侵犯原告注册商标专用权的行为，其应当承担停止侵权、赔偿损失的民事责任。

二、案例解读

【案例3】①

本案原告认为被告经营的玩具厂在其所生产销售的玩具产品，包括外包装上显著使用了与原告获准注册的"变形金刚""ROBOTSINDISGUISE""TRANSFORMERS"极其近似的"超变金刚""超级变形金刚""ROBOTSINDIGSUISE""TRNASFROMRES"等标识，极易使相关公众对商品真实的品牌及来源产生误认，造成混淆，故诉至法院。

法院对侵权行为认定的审判思路是：

（1）首先认定被控侵权产品为玩具，与原告主张权利的五个注册商标核定使用商品为同种商品。

（2）进行比对。

将被控侵权产品上显著使用的"超变金刚""超变金刚4""TARNSFROEMRS""TRNASFROMRES""ROBOTSINDIGSUISE"等标识，以相关公众的一般注意力为标准，与原告的"变形金刚""變形金剛""TRANSFORMERS""ROBOTSINDISGUISE"等注册商标进行比较：

原告注册商标"變形金剛""变形金刚"构成之显著性或指示性要素为文字"变形"＋"金刚"，通过原告长期的市场推广、广告宣传等，"变形金刚"在消费者中已建立了一定的知名度及美誉度。被控侵权的玩具产品上所使用"超变"＋"金刚"的组合标识，在构成元素、文字顺序、含义上与原告"變形金剛""变形金刚"注册商标构成近似；被控侵权产品上使用的"TARNSFROEMRS""TRNASFROMRES""ROBOTSINDIGSUISE"等英文标识，仅是将原告注册商标中的个别英文字母排列顺序进行简单的位置调换，字型整体高度近似，且未实际产生其他含义，与原告本案英文商标相比较，二者在视觉上基本无差别，相关公众施以一般注意力难以进行分辨，不足以使相关公众有效区分商品来源，应认定为相同商标。

（3）对被告的抗辩理由进行审查。

被控侵权产品上的"超变金刚"等标识与原告的"变形金刚"等注册商标

---

① 案号：（2018）粤05民初30号

有较大区别，不会导致误导消费者故不侵犯原告的商标权，理由不能成立，法院不予采纳。

（4）认定侵权是否成立。

被控侵权产品标示生产厂商为群某玩具厂、厂商地址与群某玩具厂注销之前的经营场所同一，被告辩称被控侵权产品并非群某玩具厂生产但未能提供反驳证据予以证明，法院不予采纳。群某玩具厂未经原告许可，在相同商品上使用与原告注册商标相同及近似的标识，基于原告品牌的知名度，容易使相关公众对商品的来源产生误认、混淆，侵犯了原告本案五个注册商标的专用权，应承担相应的侵权责任。

【律师点评】

该案值得关注的是法院清晰的审判思路，确定原被告的商标为同种商品，然后进行比对，根据比对得出相同商标的结论，进而作出对被告辩解的不予支持的意见。最后，根据侵权方侵权行为的具体情节作出判决。

据此可知，判断被控侵权产品是否侵犯了原告的注册商标专用权，应满足以下条件：被控侵权产品的标识与原告注册商标是否相同或相似；被控侵权产品与原告注册商标核定使用的商品是否相同或类似。

【案例4】[①]

该案是原告认为被告在推广游戏时使用了原告商标的文字，故向法院提起的诉讼。

法院的审理思路是：

（1）释明法律规定。

根据相关法律规定，在中国境内具有一定的市场知名度，为相关公众所知悉的商品，应当认定为《中华人民共和国反不正当竞争法》（以下简称反不正当竞争法）中规定的"知名商品"。具有区别商品来源的显著特征的商品名称、包装、装潢，应当认定为反不正当竞争法中规定的"特有的名称、包装、装潢"。人民法院认定知名商品，应当考虑该商品的销售时间、销售区域、销售额和销售对象，进行任何宣传的持续时间、程度和地域范围，作为知名商品受保护的情况等因素，进行综合判断。

（2）根据案件查明的事实认定知名商品、知名商品的特有名称。

---

① 案号：（2018）沪73民终166号

根据相关网络搜索结果、《××》小说、漫画出版发行的情况、开发《××》游戏，考虑"某中文网"为具有较高知名度、影响力的原创文学门户网站，"某某"网站的搜索引擎功能在互联网信息搜索领域具有较大知名度、影响力，网络小说在内容传播、相关公众知悉程度、商誉评价与积累等方面具有一定的特殊性等因素，可以认定涉案小说《××》在相关公众中已具有一定的市场知名度，为相关公众所知悉，属于知名商品。"××"名称作为涉案小说的名称，是涉案小说与其他同类商品所区别的主要标志，本案中亦无证据证明"××"已成为同类小说的通用名称，故一审法院认为"××"具有区别商品来源的显著特征，属于知名商品涉案小说的特有名称。

（3）再次释明相关法律规定。

擅自使用知名商品特有的名称、包装、装潢，或者使用与知名商品近似的名称、包装、装潢，造成和他人的知名商品相混淆，使购买者误以为是该知名商品，属于不正当竞争行为。足以使相关公众对商品的来源产生误认，包括误认为与知名商品的经营者具有许可使用、关联企业关系等特定联系的，应当认定为反不正当竞争法中规定的"造成和他人的知名商品相混淆，使购买者误认为是该知名商品"。上述法律规定表明，反不正当竞争法作为规范市场竞争的法律，显然更侧重于鼓励和保护公平竞争，制止经营者违反法律的规定，损害其他经营者的合法权益、扰乱社会经济秩序、违反市场秩序和市场规则的竞争行为。

（4）据此法院认为如下：

首先，原被告双方存在同业竞争关系。

其次，涉案小说和同名网络游戏之间在其消费对象方面显然存在极大的重合。鉴于一般情况下，改编自小说的网络游戏均需获得小说作者的授权，故相关公众一般会对涉案小说和同名网络游戏产生具有共同来源、关联关系或者基本相同内容等特定联系的认知。

最后，相关公众产生涉案推广链接的游戏来源于原告或由原告授权，涉案推广链接的游戏经营者与原告之间具有关联关系，造成混淆和误认。

（5）法院的结论：被告的上述行为属于刻意攀附涉案小说《××》知名商品的商誉，利用了原属于原告的竞争优势，是俗称为"搭便车"的不正当竞争行为。综上，认定被告违反了反不正当竞争法的相关规定，构成不正当竞争。

【律师点评】

纵观 243 起案件可以发现，知识产权案件的审理工作量之大是有目共睹的。案例 4 二审的裁判文书近 14 000 字，可见，知识产权案件无论标的额是大还是小，法官的工作量均没有因此增加或减少。该案就极具代表性。

法院在本院认为部分，对法律的相关侵权认定的规定作了详尽的阐述，再结合案件的具体情况进行说理，进而得出判决的结论。因此，提示商标权人在准备起诉和准备证据时，要从数量和系统性、全面性上考量胜诉的可能性。本书对 243 起案件的汇总分析，就是想围绕着法院的审判思路进行，如此对商标权人的实操指导针对性更强，才更有实际意义。

【案例 7】①

本案原告认为被告销售了印有原告合法拥有的第 7781×××、9688×××号注册商标专用权的《银河帝国》图书，故诉至法院要求被告赔偿经济损失及合理开支共计 30 000 元。该案法院作出了驳回原告诉讼请求的判决。这是 52 起案件中极少未予支持的一个案例。

法院的审判思路是：

法院认为案涉被告的图书与原告提供的经授权出版图书的出版基本信息相符。但因原告对其主张的案涉侵权图书为盗版书籍的观点未提供直接证据予以证明，而被告进行了合理说明，原告未能提供反驳或相反证据。因此法院认为无法确定该案案涉图书为盗版图书。

依照《最高人民法院关于适用〈中华人民共和国民事诉讼法〉的解释》第九十条之规定，当事人对自己提出的诉讼请求所依据的事实或者反驳对方诉讼请求所依据的事实，应当提供证据加以证明，但法律另有规定的除外。在作出判决前，当事人未能提供证据或者证据不足以证明其事实主张的，由负有举证证明责任的当事人承担不利的后果。法院认为，因原告不能举证证明被告销售的被控侵权图书为盗版图书，故原告认为被告销售了侵害原告注册商标专用权商品的主张无相应的事实依据，法院对原告要求被告停止侵权、赔偿损失等基于侵权行为成立的诉讼请求不予支持。

据此，作出驳回原告某文化股份有限公司的诉讼请求。

---

① 案号：（2021）川 01 民初 480 号

【律师点评】

前文已做了相关统计，52 起案件有 48 起案件获得了法院的支持，原告不同程度地获得了胜诉的判决。该案未获法院支持也是法院认为原告没有直接证据证明自己的主张成立，因此认定原告应承担举证不能的责任。这充分表明：诉讼的基石就是证据。

三、律师提示

法院在审查商标权侵权时，通常会考虑以下因素：

（1）商标相似性。

比较被指控的商标与注册商标之间是否存在相似的元素、字母、词语或图形。如果两个商标在整体外观、发音或含义上非常相似，可能会构成侵权。因此，原告在准备商标相似性证据时，应对商标的文字构成、文字排列顺序、字体、字形、读音、显著识别部分的构成、整体区别等进行详尽论述和比对。

（2）商品或服务相似性。

评估被指控商标所涵盖的商品或服务领域，与注册商标所涵盖的商品或服务领域之间是否存在重叠或相似。如果两个商标在同一或类似的领域内使用，并可能引起消费者混淆，则可能构成侵权。因此，原告在搜集相关证据时，应重点关注能够证明商品的功能、用途、生产部门、销售渠道、消费对象等方面是否有相同的证据。

（3）消费者混淆可能性。

评估使用被指控商标的公司或个人是否有意识地试图利用与注册商标相似的商标名称、标志和标识等，以获取未经授权的商业利益。判断是否存在消费者混淆可能性是认定商标侵权的重要因素之一。

（4）具有主观恶意的认定。

判断诉争商标申请人是否具有主观恶意，可以综合考虑如下因素：

① 引证商标具有较强显著性和知名度。因此，原告在搜集证据时，应重点收集如下证据：对涉案商标知名度做出过认定的生效判决书、裁定书、决定书及其他法律文书等，能够证明商标知名度的荣誉奖项、行业排名资料、媒体报道、广告宣传、销售额等。

② 诉争商标申请人与引证商标权利人营业地址临近。

③ 诉争商标申请人与引证商标权利人属于同行业。

④ 诉争商标标志与引证商标标志基本相同且诉争商标申请人未作出合理解释。

第四节　损害赔偿认定与审判思路

一、数据分析

在本节 52 个案例中，除了几个撤回起诉和因为不构成侵权而被驳回的案例，其余 48 个案例都是法院酌定赔偿数额。原告承担的证明责任是证明原告因侵权行为造成的损失或者被告因侵权行为的获利。实践中，原告很难提供能支撑其诉讼请求赔偿数额的证据，证明难度大，因此，法院根据案件情况酌定赔偿数额是最常见的情况。

二、案例解读

【案例 18】①

本案基本案情为：原告认为被告未经许可，擅自在其销售的与原告书名、包装装潢、内容完全一致的图书上使用原告注册商标，其行为容易使相关公众误认为相关产品来源于原告或与原告存在特定的关联，其行为侵犯了原告的注册商标专用权，且被告侵权规模大、经营面积大、产品质量差，对原告的声誉及经济利益造成巨大损失，应当赔偿原告的经济损失，故原告起诉。

（1）该案首先值得关注的就是原告的诉讼请求。关于停止侵权，原告的诉讼请求就提出了 3 项：① 立即停止在商品上生产、销售使用 X 商标或其组合，以及其他侵害案涉注册商标专用权的商品；② 立即停止在商品上使用与有一定影响的案涉商品包装、装潢构成近似的包装、装潢；③ 立即销毁现存侵权商品以及制造侵权商品标识的设备。

---

① 案号：（2020）沪 0104 民初 6885 号

（2）关于赔偿损失，原告要求三名被告连带赔偿经济损失、合理开支合计人民币 200 万元，其中合理开支 541 882 元，包含律师费 357 475 元、翻译费 890 元、公证费、调查费、交通费合计 183 517 元；

还要求三名被告立即在《某某世界》《某某玩具制造》上刊登声明，消除不良影响。

（3）法院赔偿判决的考量因素比较全面：

其一，被告的侵权期间较长；

其二，工商行政管理局行政查处后，继续实施侵权行为，侵权恶意明显；

其三，侵权范围较广；

其四，赔偿数额还应当包括权利人为制止侵权行为所支付的合理开支，翻译费、公证费、律师费（委托律师到庭参加诉讼，证明确需支出上述费用，法院综合考量律师服务收费政府指导价、实际判赔额与诉请赔偿额的比例、案件的复杂程度等因素）法院予以酌情支持。

【律师点评】

该案的启示是前 3 项诉讼请求值得借鉴，比其他案件诉讼请求较笼统更便于法院审理。另一启示就是合理支出，并非一定要提交律所的代理费发票，法院在该案中根据原告委托的律师已经到庭参加诉讼，证明确需支出上述费用，并综合考量律师服务收费政府指导价、实际判赔额与诉请赔偿额的比例、案件的复杂程度等因素，进行酌情支持。

【案例 52】①

本案是被告销售了侵权书籍，原告向法院请求赔偿损失。本案中，原告主张的经济赔偿，鉴于其因被侵权所受实际损失及欢某图书店因侵权所获利益、涉案商标的许可使用费均难以确定，法院综合涉案两商标的知名度、涉案侵权商品的销售金额、侵权方式等因素酌情判赔。赔偿金额中还应包括权利人为制止侵权行为所支付的必要开支，就原告主张的购买费，有公证书内容证实，法院予以全额支持。就原告主张的律师费、公证费，其未提供相应证据，然而确实委托律师到庭并提供相应公证书，法院根据本案案情、工作量及相关行业收费标准在合理、必要的限度内酌情支持。

---

① 案号：（2022）沪 0104 民初 11977 号

【律师点评】

法院在酌定商标侵权的赔偿时通常会考虑以下因素：

（1）经济损失：商标权利人因侵权行为而遭受的直接经济损失，包括销售额减少、利润损失等。

（2）商标价值：商标的知名度、影响力和市场价值等因素，以确定商标侵权行为对商标权利人造成的实际损失。

（3）恢复声誉或名誉：商标侵权可能对商标权利人的声誉或名誉造成损害，法院会考虑商标权利人要求恢复声誉或名誉的合理费用。

（4）侵权行为的性质和严重程度：根据商标侵权行为的性质、严重程度和持续时间等因素，以确定适当的赔偿金额。

（5）故意或过失：如果商标侵权是故意的，则法院可能会加重赔偿金额。而如果是由于误解或过失造成的侵权，可能会减轻赔偿金额。

（6）防范和制止效果：侵权方采取的措施，如是否停止侵权行为、恢复受侵权商标的声誉等，以评估赔偿金额。

因此，原告在举证时，应重点对上述提到的遭受损失、商标价值、侵权行为的恶劣程度等进行证据搜集。

三、律师提示

伴随着中国经济的蓬勃发展，商标对于企业发展的重要性和经济价值被越来越多的市场主体所重视并花大力气予以维护，中国的年度商标注册申请量已连续多年位居世界第一。驰名商标更是一个企业的灵魂，作为企业无形资产的重要组成部分，无疑是企业市场竞争的关键力量并具有巨大的商业价值。

价值越大，越成为侵权者实施侵权行为的目标。因此，商标权人的维权工作要时刻准备着。

律师在此提示：

（1）起诉前，原告要收集到核心证据，有必要的，应当进行公证。如果证据尚有不足，立案后可申请人民法院调取证据或采取证据保全。

一般侵权纠纷案件中举证规则为"谁主张谁举证"，商标侵权纠纷案件中举证责任首先在于原告，被告在原告出示证据后进行承认或反驳的答辩。

原告应对认定商标侵权行为的四个要件进行举证：

第一，违法行为。即指行为人实施了销售假冒注册商标商品的行为；

第二，损害事实。即指行为人实施的销售假冒商标商品的行为造成了商标权人的损害后果；

第三，主观过错。即指行为人对侵犯商标权的事实明知或应知；

第四，因果关系。即指不法行为人的销售行为与造成商标权人的损害结果存在前因后果的关系。

综上，原告应搜集的核心证据包括：商标权属证据、知名度证据、侵权证据、恶意证据、损害结果证据等。商标权属证据是提起商标权之诉的基础，最为重要。

（2）明确损失的计算方法，便于向法院主张。

诉讼维权成本高、诉讼耗费精力大、索赔时间长，其中维权的合理支出也是必然发生的。维权的合理支出是人民法院容易查清并普遍可以支持的项目，因此，当事人应留存好相关的证据，这十分重要，才能确保这部分损失得到法院的支持。其中包括原告的律师费、诉讼费、公证费、交通费、鉴定费，司法实践中还有可能发生购买侵权物品等费用，都属于维权的合理支出。

第四章 科幻专利权侵权案例数据与审判思路分析

第一节 原告诉讼请求与法院判决结果对比

一、数据分析

本书关注了 15 起科幻专利权侵权案件，法院的裁判文书显示：

（1）原告的诉讼请求：最低金额为 3 万元；最高金额为 80 万元。全部案件的原告都主张要求被告按照其实际损失＋合理支出予以赔偿。

（2）法院判决被告赔偿的最高金额是 3 万元（其中包括合理支出）；最低金额是 1 万元。12 起案件的判决完全是法院的酌定，且法院在做出酌定时，将原告的损失和合理支出的费用予以一并考虑。其余 3 起案件均为法院驳回了原告的诉讼请求，1 起案件是驳回了损害赔偿的请求，但支持了合理费用，另 2 起案例均是驳回了原告的诉讼请求。

进一步看，6 起案件中，原告的诉讼请求与法院酌定的赔偿数额完全相同，为 3 万元，这一方面说明原告在无法证明其损失或被告违法所得的情况下向法院提出了保守的索赔金额，另一方面也说明原告内心的期望值过低。如图 4-1、表 4-1 所示。

在 15 起案例中，没有一起案件涉及中国的科幻 IP。

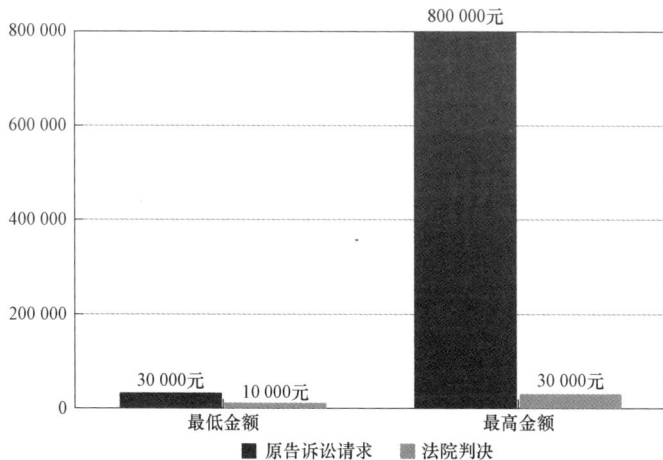

图 4-1　专利权侵权纠纷诉讼请求与判决金额对比

表 4-1　诉讼请求与赔偿判决对比表

案号	原告全部/部分诉求	法院判决（赔偿部分）
【案例 1】广州知识产权法院民事判决书（2017）粤 73 民初 353 号	1. 责令被告 1 立即停止生产、销售、许诺销售侵害原告专利权的被控侵权产品，被告 2 立即停止销售、许诺销售原告专利权的被控侵权产品； 2. 责令被告赔偿原告经济损失 3 万元（含维权成本）； 3. 责令被告承担本案诉讼费用	一、被告 1 于本判决发生法律效力之日起立即停止生产、销售、许诺销售侵害原告拥有专利权的、东莞市某塑胶金属科技有限公司拥有独占许可实施权的专利名称为工艺品（机械工兵），专利号为××的外观设计专利的产品； 二、被告 2 于本判决发生法律效力之日起十日内赔偿原告经济损失及合理费用合计人民币 30 000 元
【案例 2】广州知识产权法院民事判决书（2017）粤 73 民初 352 号	1. 责令被告上海某模型制作有限公司立即停止生产、销售、许诺销售侵害原告专利权的被控侵权产品，被告杭州某公司立即停止销售、许诺销售原告专利权的被控侵权产品； 2. 责令被告赔偿原告经济损失 3 万元（含维权成本）； 3. 责令被告承担本案诉讼费用	一、被告上海某模型制作有限公司于本判决发生法律效力之日起立即停止生产、销售、许诺销售侵害原告拥有专利权的、东莞市某塑胶金属科技有限公司拥有独占许可实施权的专利名称为拼装工艺品（帝国穿梭机），专利号为××的外观设计专利的产品； 二、被告上海某模型制作有限公司于本判决发生法律效力之日起十日内赔偿原告东莞市某塑胶金属科技有限公司经济损失及合理费用合计人民币 30 000 元； 三、驳回原告的其他诉讼请求
【案例 3】广东省深圳市中级人民法院民事判决书（2017）粤 03 民初 367 号	1. 判令北京某网络科技有限公司、被告北京某电子商务有限公司停止对原告专利权（××）的侵犯，立即停止制造、销售、许诺销售的侵权行为，赔偿原告经济损失及因调查、制止侵权所支付的合理费用共计人民币 80 万元整，三名被告承担连带赔偿责任；	一、被告北京某网络科技有限公司、被告北京某电子商务有限公司自本判决生效之日起立即停止销售、许诺销售侵害专利号为××名称为"磁斥型悬浮装置"之发明专利权的产品；

案号	原告全部/部分诉求	法院判决（赔偿部分）
【案例3】 广东省深圳市中级人民法院民事判决书（2017）粤03民初367号	2. 判令三名被告承担本案全部诉讼费用	二、被告京某网络科技有限公司、被告北京某电子商务有限公司自本判决生效之日起五日内共同向原告肇庆市某实业有限公司支付其为制止侵权所支出的合理费用共计人民币10 000元，被告某电影院线股份有限公司对被告北京某电子商务有限公司应承担的款项承担连带清偿责任； 三、驳回原告肇庆市某实业有限公司其他诉讼请求
【案例4】 广东省高级人民法院民事判决书（2017）粤民终2161号	一审： 1. 责令上海某模型制作有限公司立即停止生产、销售、许诺销售侵害涉案专利权的被诉侵权产品，杭州某公司立即停止销售、许诺销售涉案专利权的被诉侵权产品； 2. 责令被告赔偿叶某、某公司经济损失3万元（含维权成本）； 3. 责令被告承担本案诉讼费用。 二审： 1. 依法撤销一审判决，驳回叶某、某公司的全部诉讼请求； 2. 本案一、二审案件受理费由叶某、某公司承担	一审： 一、上海某模型制作有限公司于判决发生法律效力之日起立即停止生产、销售、许诺销售侵害原告拥有专利权的、东莞市某塑胶金属科技有限公司拥有独占许可实施权的专利名称为工艺品（帝国驱逐舰），专利号为××的外观设计专利的产品； 二、上海某模型制作有限公司于判决发生法律效力之日起十日内赔偿东莞市某塑胶金属科技有限公司经济损失及合理费用合计人民币30 000元； 三、驳回原告的其他诉讼请求。 二审： 驳回上诉，维持原判
【案例5】 广东省高级人民法院民事判决书（2017）粤民终2162号	一审： 1. 责令顺某公司立即停止生产、销售、许诺销售侵害涉案专利权的被诉侵权产品，阿某公司立即停止销售、许诺销售涉案专利权的被诉侵权产品； 2. 责令顺某公司、阿某公司赔偿叶某、东莞市某塑胶金属科技有限公司经济损失3万元（含维权成本）； 3. 责令顺某公司、阿某公司承担本案诉讼费用。 二审： 1. 依法撤销一审判决，驳回叶某、东莞市某塑胶金属科技有限公司的全部诉讼请求； 2. 本案一、二审案件受理费由叶某、东莞市某塑胶金属科技有限公司承担	一审： 一、上海某模型制作有限公司于判决发生法律效力之日起立即停止生产、销售、许诺销售侵害叶某拥有专利权的、东莞市某塑胶金属科技有限公司拥有独占许可实施权的专利名称为拼装工艺品（帝国穿梭机），专利号为××的外观设计专利的产品； 二、上海顺某模型制作有限公司于判决发生法律效力之日起十日内赔偿东莞市某塑胶金属科技有限公司经济损失及合理费用合计人民币30 000元； 三、驳回叶某、东莞市某塑胶金属科技有限公司的其他诉讼请求。 二审： 驳回上诉，维持原判
【案例6】 广东省高级人民法院民事判决书（2017）粤民终2163号	一审： 1. 责令顺某公司立即停止生产、销售、许诺销售侵害涉案专利权的被诉侵权产品，阿某公司立即停止销售、许诺销售涉案专利权的被诉侵权产品； 2. 责令顺某公司、阿某公司赔偿叶某、东莞市某塑胶金属科技有限公司经济损失3万元（含维权成本）；	一审： 一、上海顺某模型制作有限公司于判决发生法律效力之日起立即停止生产、销售、许诺销售侵害叶某拥有专利权的、东莞市某塑胶金属科技有限公司拥有独占许可实施权的专利名称为工艺品（机械工兵），专利号为××的外观设计专利的产品；

案号	原告全部/部分诉求	法院判决（赔偿部分）
【案例6】 广东省高级人民法院民事判决书（2017）粤民终2163号	3. 责令顺某公司、阿某公司承担本案诉讼费用。 二审： 1. 依法撤销一审判决，驳回叶某、东莞市某塑胶金属科技有限公司的全部诉讼请求； 2. 本案一、二审案件受理费由叶某、东莞市某塑胶金属科技有限公司承担	二、上海顺某模型制作有限公司于判决发生法律效力之日起十日内赔偿东莞市某塑胶金属科技有限公司经济损失及合理费用人民币30 000元； 三、驳回叶某、东莞市某塑胶金属科技有限公司的其他诉讼请求。 二审： 驳回上诉，维持原判
【案例7】 广东省高级人民法院民事判决书（2017）粤民终2160号	一审： 1. 责令顺某公司立即停止生产、销售、许诺销售侵害叶某专利权的被诉侵权产品，阿某公司立即停止销售、许诺销售叶某专利权的被诉侵权产品； 2. 责令顺某公司、阿某公司赔偿叶某、东莞市某塑胶金属科技有限公司经济损失3万元（含维权成本）； 3. 责令顺某公司、阿某公司承担本案诉讼费用。 二审： 1. 依法撤销一审判决，驳回叶某、东莞市某塑胶金属科技有限公司的全部诉讼请求； 2. 本案一、二审案件受理费由叶某、东莞市某塑胶金属科技有限公司承担	一审： 一、上海顺某模型制作有限公司于判决发生法律效力之日起立即停止生产、销售、许诺销售侵害叶某拥有专利权的、东莞市某塑胶金属科技有限公司拥有独占许可实施权的专利名称为工艺品（××），专利号为××的外观设计专利的产品； 二、上海顺某模型制作有限公司于判决发生法律效力之日起十日内赔偿东莞市某塑胶金属科技有限公司经济损失及合理费用合计人民币30 000元； 三、驳回叶某、东莞市某塑胶金属科技有限公司的其他诉讼请求。 二审： 驳回上诉，维持原判
【案例8】 广州知识产权法院民事判决书（2017）粤73民初1635号	1. 被告立即停止侵犯原告专利权的行为； 2. 被告赔偿原告经济损失3万元（含维权成本）； 3. 被告承担本案诉讼费用。 庭审中，原告明确上述第1项诉请中被告停止的行为是停止生产、销售	一、被告东莞市某五金电子有限公司于本判决发生法律效力之日起立即停止销售侵害原告叶某、东莞市某塑胶金属科技有限公司专利号为××名称为"工艺品（××）"的外观设计专利权的产品； 二、被告东莞市某五金电子有限公司于本判决发生法律效力之日起十日内赔偿原告叶某、东莞市某塑胶金属科技有限公司经济损失及合理维权费用共20 000元； 三、驳回原告叶某、东莞市某塑胶金属科技有限公司的其他诉讼请求
【案例9】 广东省高级人民法院民事判决书（2018）粤民终860号	一审： 1. 某商行立即停止制造、许诺销售和销售侵犯××号外观设计专利权的行为，阿某公司立即停止许诺销售和销售侵犯××号外观设计专利权的行为； 2. 某商行、阿某公司连带赔偿叶某、东莞市某塑胶金属科技有限公司经济损失（含维权成本）共30 000元； 3. 某商行、阿某公司负担本案诉讼费用。 二审： 1. 撤销一审判决； 2. 改判被诉侵权产品不侵犯涉案专利权；	一审： 一、某商行应于判决生效之日，立即停止制造、许诺销售和销售侵害叶某、东莞市某塑胶金属科技有限公司名称为拼装工艺品（××飞船）、专利号为××的外观设计专利权产品的行为。 二、某商行应于判决生效之日起十日内，赔偿叶某、东莞市某塑胶金属科技有限公司经济损失及为制止侵权行为所支出的合理费用合计20 000元。 三、驳回叶某、东莞市某塑胶金属科技有限公司的其他诉讼请求。 二审：

案号	原告全部/部分诉求	法院判决（赔偿部分）
【案例9】 广东省高级人民法院民事判决书（2018）粤民终860号	3. 本案一审、二审诉讼费用由东莞市某塑胶金属科技有限公司、叶某承担	某商行的上诉请求部分成立，对其有理部分本院予以支持。依照《中华人民共和国民事诉讼法》第一百七十条第一款第二项规定，判决如下： 一、撤销广州知识产权法院（2017）粤73民初340号民事判决； 二、驳回被上诉人叶某、东莞市某塑胶金属科技有限公司的全部诉讼请求。 一、二审案件受理费合共1 300元，均由被上诉人叶某、东莞市某塑胶金属科技有限公司共同负担
【案例10】 广东省高级人民法院民事判决书（2018）粤民终863号	一审： 1. 某商行立即停止制造、许诺销售和销售侵犯××号外观设计专利权的行为，阿某公司立即停止许诺销售和销售侵犯××号外观设计专利权的行为； 2. 某商行、阿某公司连带赔偿叶某、东莞市某塑胶金属科技有限公司经济损失（含维权成本）共30 000元； 3. 某商行、阿某公司负担本案诉讼费用。 二审： 1. 撤销一审判决； 2. 改判被诉侵权产品不侵犯本案专利权； 3. 本案一审、二审诉讼费用由东莞市某塑胶金属科技有限公司、叶某承担	一审： 一、某商行应于判决生效之日，立即停止制造、许诺销售和销售侵害叶某、东莞市某塑胶金属科技有限公司名称为"拼装玩具（××式宇宙飞船-××）"、专利号为××号外观设计专利权产品的行为； 二、某商行应于判决生效之日起十日内，赔偿叶某、东莞市某塑胶金属科技有限公司经济损失及为制止侵权行为支出的合理费用合计20 000元； 三、驳回叶某、东莞市某塑胶金属科技有限公司的其他诉讼请求。如未按判决指定的期间履行给付金钱义务的，应当依照《中华人民共和国民事诉讼法》第二百五十三条的规定，加倍支付迟延履行期间的债务利息。一审案件受理费1 000元，由叶某、东莞市某塑胶金属科技有限公司负担200元，某商行负担800元。 二审： 驳回上诉，维持原判
【案例11】 广东省高级人民法院民事判决书（2018）粤民终862号	一审： 1. 某商行立即停止制造、许诺销售和销售侵犯××号外观设计专利权的行为，阿某公司立即停止许诺销售和销售侵犯××号外观设计专利权的行为； 2. 某商行、阿某公司连带赔偿叶某、东莞市某塑胶金属科技有限公司经济损失（含维权成本）共30 000元； 3. 某商行、阿某公司负担本案诉讼费用。 二审： 1. 撤销一审判决； 2. 改判被诉侵权产品不侵犯涉案专利权； 3. 本案一审、二审诉讼费用由东莞市某塑胶金属科技有限公司、叶某承担	一审： 一、汕头市龙湖区某玩具商行应于判决生效之日，立即停止制造、许诺销售和销售侵害叶某、东莞市某塑胶金属科技有限公司名称为"拼装工艺品（××飞船）"、专利号为××的外观设计专利权产品的行为； 二、汕头市龙湖区某玩具商行应于判决生效之日起十日内，赔偿叶某、东莞市某塑胶金属科技有限公司经济损失及为制止侵权行为支出的合理费用合计20 000元； 三、驳回叶某、东莞市某塑胶金属科技有限公司的其他诉讼请求。 二审： 驳回上诉，维持原判

案号	原告全部/部分诉求	法院判决（赔偿部分）
【案例12】 广州知识产权法院民事判决书（2018）粤 73 民初1373 号	1. 停止销售、许诺销售侵害涉案外观设计专利权产品的行为； 2. 赔偿叶某、某塑胶公司经济损失30 000 元（含维权成本）	一、徐某某自本判决发生法律效力之日起停止销售、许诺销售侵害专利号××专利名称"拼装工艺品（××）"外观设计专利权产品的行为； 二、徐某某自本判决发生法律效力之日起十日内，一次性赔偿叶某、东莞市某塑胶金属科技有限公司经济损失及维权合理费用共 20 000 元； 三、驳回叶某、东莞市某塑胶金属科技有限公司的其他诉讼请求
【案例13】 广州知识产权法院民事判决书（2018）粤 73 民初1375 号	1. 停止销售、许诺销售侵害涉案外观设计专利权产品的行为； 2. 赔偿叶某、某塑胶公司经济损失30 000 元（含维权成本）	一、徐某某自本判决发生法律效力之日起停止销售、许诺销售侵害专利号××专利名称"工艺品（××机器人××）"外观设计专利权产品的行为； 二、徐某某自本判决发生法律效力之日起十日内，一次性赔偿叶某、东莞市某塑胶金属科技有限公司经济损失及维权合理费用共 20 000 元； 三、驳回叶某、东莞市某塑胶金属科技有限公司的其他诉讼请求
【案例14】 广州知识产权法院民事判决书（2018）粤 73 民初1374 号	1. 停止销售、许诺销售侵害涉案外观设计专利权产品的行为； 2. 赔偿叶某、某塑胶公司经济损失30 000 元（含维权成本）	一、徐某某自本判决发生法律效力之日起停止销售、许诺销售侵害专利号××专利名称"拼装工艺品（××）"外观设计专利权产品的行为； 二、徐某某自本判决发生法律效力之日起十日内，一次性赔偿叶某、东莞市某塑胶金属科技有限公司经济损失及维权合理费用共 20 000 元； 三、驳回叶某、东莞市某塑胶金属科技有限公司的其他诉讼请求
【案例15】 广州知识产权法院事判决书（2019）粤 73 民初 1464 号	1. 判令被告立即停止制造、销售、许诺销售侵害原告××号外观设计专利权产品的行为； 2. 判令被告销毁库存侵权成品、半成品； 3. 判令被告销毁所有用于制造侵权产品的模具及其他专业设备和工具； 4. 判令被告赔偿原告经济损失和为调查、起诉侵权行为所支出的合理费用 50万元，包括但不限于调查费、公证费、购买样品费等； 5. 本案诉讼费由被告承担	驳回原告佛山市某有机玻璃制品有限公司的诉讼请求

二、案例解读

【案例3】①

从判决书中可知，原告的诉讼请求为：（1）判令北京某网络科技有限公司、

---

① 案号：（2017）粤 03 民初 367 号

被告北京某电子商务有限公司停止对原告专利权（××）的侵犯，立即停止制造、销售、许诺销售的侵权行为，赔偿原告经济损失及因调查、制止侵权所支付的合理费用共计人民币 80 万元整，三名被告承担连带赔偿责任；（2）判令三名被告承担本案全部诉讼费用。

原告主张被诉侵权产品的技术特征与涉案专利权利要求记载的全部技术特征一一对应，落入涉案专利权的保护范围。被告认为被诉侵权产品的技术特征与涉案专利权利要求记载的技术特征 1～6 相对应，但缺少 7 和 8 两个技术特征，即用手触碰悬浮体时悬浮体会掉下来，且肉眼无法观察到悬浮体在偏离基准位置的时候会自动返回，主张没有落入涉案专利权的保护范围。

【律师点评】

法院判定被诉侵权技术方案是否落入专利权的保护范围，应当审查权利人主张的权利要求所记载的全部技术特征。被诉侵权技术方案包含与权利要求记载的全部技术特征相同或等同技术特征的，法院应当认定其落入专利权的保护范围；被诉侵权技术方案的技术特征与权利要求记载的全部技术特征相比，缺少权利要求记载的一个以上的技术特征，或者有一个以上技术特征不相同也不等同的，法院应当认定其没有落入专利权的保护范围。

该案中，将被诉侵权产品的技术方案与原告要求保护的发明专利权利要求进行对比后，人民法院认定被诉侵权产品技术方案与原告主张的八个技术特征一一对应，落入原告涉案专利的保护范围，即便最后被告具有合法来源的抗辩，不承担赔偿责任，但仍应停止侵权行为。

三、律师提示

需提示的是，当事人在专利权侵权纠纷起诉时，权利要求书有两项以上权利要求的，权利人应当在起诉状中载明据以起诉被诉侵权人侵犯其专利权的权利要求。

起诉状对此未记载或者记载不明的，人民法院应当要求权利人明确。经释明，权利人仍不予明确的，人民法院可以裁定驳回起诉。

作为权利人的原告必须清楚，因为法院在审查专利纠纷案件时，根据权利人所主张权利要求的全部技术特征来判定被诉侵权技术方案是否落入专利权的保护范围。因此，原告应当在起诉状中明确其主张的被控侵权商品落入的专利权利要求的保护范围，此时选择一个专利的多个权利要求中的一项或多项是原告的权利，原告的选择在某种程度上也圈定了法院的审查范围。

第二节 专利权权属认定与审判思路

一、数据分析

本章共汇总了 15 篇关于科幻专利权纠纷案件的裁判文书。15 起案件中，有 13 起案件是专利权人和独占实施权人共同作为原告起诉的，1 起案件是由原始的专利权人（专利申请人）作为原告起诉的，还有一起案件的原告通过继受取得的方式获得专利权。

在 15 篇文书中，法院审理予以确认的有关权属证据主要包括：专利登记簿副本、专利实施许可合同及备案证明、发明专利证书、专利收费收据等证据。

下面的权属证据内容，根据法院 15 份裁判文书进行归纳整理，原文阐述如下：

专利登记簿副本——原告提交了专利登记簿副本显示第 2 年度年费已缴纳。外观设计专利证书的简要说明中注明，本外观设计产品的设计要点：本产品的图案。

专利实施许可合同及备案证明——在庭审中，原告向本院提交了专利实施许可合同备案证明，显示原告将涉案专利独占许可给原告公司，合同有效期为 2016 年 5 月 15 日至 2021 年 5 月 14 日，备案日期为 2016 年 9 月 12 日。

发明专利证书——×××、×××于 2006 年 3 月 17 日向国家知识产权局申请了名称为"磁斥型悬浮装置"的发明专利，公开日为 2006 年 8 月 16 日，授权公告日为 2009 年 9 月 23 日，专利号为 ZL20061006×××× .1。2010 年 9 月 13 日，该发明专利的专利权人变更为原告。

专利收费收据——专利年费最近一次年费缴纳日期为 2016 年 3 月 4 日。

二、案例解读

本节 15 起案件中最具有代表性的是专利权人和独占实施权人共同作为原

告起诉的 13 起案件。笔者将选取其中法院就原告适格的问题做出较充分说理的一起代表性案例（案例【12】）进行分析。

【案例 12】①

该案中，叶某是外观设计专利的专利权人，某公司经叶某许可独占实施案涉专利，案涉专利权起诉时处于合法有效状态。被告提出了只有排他许可的专利权人才能与排他性被许可人作为共同原告的抗辩，叶某已将涉案专利独占许可给某公司使用，不应作为共同原告提起诉讼。

【律师点评】

《专利法》第六十五条规定，未经专利权人许可，实施其专利，即侵犯其专利权，引起纠纷的，专利权人或者利害关系人可以向人民法院起诉，也可以请求管理专利工作的部门处理。

独占许可中，专利权人被许可人的权利是独占实施其专利的积极权利（实施权），但并不意味着专利权人当然失去了制止他人侵权行为的消极权利（禁止权），因此，任何侵权情况下，专利权人均有权起诉，并有权要求他人停止侵权行为，除非其与被独占许可的权利人约定不再行使禁止权。

三、律师提示

该案对于原告适格问题的意义在于，对于侵害专利权纠纷案件而言，专利权人始终是适格的原告，除非其与被许可人明确约定了不能由自己行使诉权。

司法实践中：

（1）原告，既可以是专利权人，也可以是共同专利权人。单一专利权人可以自行行使与该专利有关的任何权利，共同专利权人也可以共同向人民法院提起侵犯专利权诉讼。

（2）专利权人的继承人或者专利权受让人、受赠人提起侵犯专利权诉讼的，一般应当提交继承有关的证明材料、已办理著录项目变更的专利登记簿副本等。

（3）独占被许可人可以单独作为原告提起侵犯专利权诉讼。

（4）排他被许可人可与专利权人共同作为原告提起侵犯专利权诉讼，但在专利权人不起诉、不申请采取诉前临时措施的情况下，可以自行向人民法院提

---

① 案号：（2018）粤 73 民初 1373 号

起诉讼或者申请采取诉前临时措施。

（5）普通实施被许可人不得单独提起侵犯专利权诉讼，但许可人授权的情况下，可以视为利害关系人。利害关系人提起侵犯专利权诉讼的，应当提交能够证明其具备利害关系的证据（如：许可合同、备案登记等）。

第三节　专利权侵权认定与审判思路

一、数据分析

在本书关注的科幻领域专利权侵权的 15 起案件中，有 13 起案件法院认定侵权成立，有 2 起案件不构成侵权，其诉讼请求被全部驳回。出现如此局面值得称赞，这说明作为原告当事人提交的被告侵权的证据基本上都得到了人民法院的认可和支持。

在 15 起案件中，多数法院是从如下三个方面进行侵权认定的：

（1）被控侵权产品是否为被告生产、销售、许诺销售；

（2）被控侵权产品是否落入原告专利权保护范围（被诉侵权产品与涉案外观专利是否外观相同或近似、被诉侵权技术方案是否包含与权利要求记载的全部技术特征相同或等同的技术特征）；

（3）审查被告的抗辩事由是否成立。

二、案例解读

【案例 9】[①]

该案被上诉人（原审原告）于 2017 年一审立案，2018 年 6 月二审法院作出撤销广州知识产权法院一审判决，改判驳回被上诉人（原审原告）的全部诉讼请求。

从判决书中可知，被上诉人（原审原告）的一审诉讼请求为：

---

① 案号：（2018）粤民终 860 号

（1）某商行立即停止制造、许诺销售和销售侵犯××号外观设计专利权的行为，阿某公司立即停止许诺销售和销售侵犯××号外观设计专利权的行为。

（2）某商行、阿某公司连带赔偿叶某、东莞市某塑胶金属科技有限公司经济损失（含维权成本）共 30 000 元。

（3）某商行、阿某公司负担本案诉讼费用。

上诉人（原审被告）某商行的上诉请求为：

（1）撤销一审判决。

（2）改判被诉侵权产品不侵犯涉案专利权。

（3）本案一审、二审诉讼费用由东莞市某塑胶金属科技有限公司、叶某承担。

一审法院确定该案的争议焦点为：

（1）被诉侵权产品是否落入涉案发明专利的保护范围？

（2）原告诉称被告制造、销售、许诺销售侵权是否成立？

（3）被告的合法来源抗辩是否成立？

（4）三被告应如何承担民事责任？

对此，一审法院认为：某商行未经许可，以生产经营为目的，制造、许诺销售和销售外观设计落入涉案专利权保护范围的产品，侵害原告的外观设计专利权，应当承担停止侵权及赔偿损失的责任。

二审法院确定的争议焦点为：

（1）被诉侵权产品是否来源于某商行。

（2）被诉侵权产品是否落入涉案专利权的保护范围。

关于争议焦点 1，二审法院认为，一审法院对此认定正确，二审法院予以维持。

关于争议焦点 2，二审法院认为，涉案专利产品和被诉侵权产品均为拼装工艺品。涉案专利的组件 1 和组件 2 均为众多单个构件拼接并整合固定在一张矩形金属片材的平面状态，而被诉侵权产品的组件 1 和组件 2 亦是众多单个构件拼接并整合固定在一张长方形金属片材的平面状态。两者的组件 1 加上组件 2 的全部构件最终将拼装成一架立体飞船工艺品，该立体造型的外观是唯一的，即对于一般消费者而言，在产品说明书的指引下，不可能将上述构件拼装成其他造型的立体工艺品。因此，涉案专利产品和被诉侵权产品应属组装关系唯一的组件产品。但是，因涉案专利产品和被诉侵权产品均为在销售时呈现为平面状态而在用户拼装后呈现为立体状态的产品，故两者均可认定为变化状态的产品。《最高人民法院关于审理侵犯专利权纠纷案件应用法律若干问题的解释（二）》第十七条规定：对于变化状态产品的外观设计专利，被诉侵权设计与变化状态图所示各种使用状态下的外观设计均相同或者近似的，人民法院应当认定被诉侵权设计落入专利权的保护范围；被诉侵权设计缺少一种使用状态下的外观设计或者与之不相同也不近似的，人民法院应当认定被诉侵权设计未落入专利权的保护范围。而且，因涉案专利立体状态的产品外观是对现实中已经存在的著名物体的模仿与参照，故平面状态的产品外观更能体现其外观设计的创新之处，在侵权比对时，应更突出比对平面状态下的外观设计。该案中，虽然被诉侵权设计与涉案专利的立体状态相近似，但在平面状态下，两者全部单个构件的排列放置方式不同，尤其是被诉侵权设计在两张矩形金属片材上分别放置一个机翼，而涉案专利则在一张金属片材上放置两个机翼，两者视觉效果具有较大差异，从一般消费者的角度整体观察，综合判断，应认定两者平面状态下的差异构成实质性差异，被诉侵权产品未落入涉案专利权的保护范围。某商行的上诉有理，二审法院予以支持。一审法院对此认定有误，二审法院予以纠正。至于某商行上诉主张的现有设计抗辩是否成立的问题，因被诉侵权产品未落入涉案专利权的保护范围，故二审法院对该问题不再审理。

【律师点评】

本案一审法院作出了支持被上诉人（原告）的诉讼请求的判决，但二审法院作出了完全相反的驳回全部诉讼请求的判决，因两级法院对案涉专利产品的外观设计是否构成实质性差异的认定不同。

该案的涉案专利产品是工艺品模型，被诉侵权产品与涉案专利外观设计是否相同或近似，是否落入涉案专利权的保护范围是一审、二审的争议焦点。

一审法院认为，被诉侵权产品的外观设计专利权利范围应包括拼装前的外观视图及拼装状态下的外观视图两个部分，而外观视图经对比都有六边形的两翼、圆形的中间部件以及类锥形的底座组成，整体外观近似，将两者拼装前的状态视图进行比对，虽然各个部件在金属片上的具体位置以及整体布局存在差异，但两者的各个部件的形状和图案设计均相同。正是由于各个部件的形状及图案相同，才使得两者拼装状态后的视图相同，因此一审法院认为落入专利权的保护范围。但一审法院忽视的是，涉案专利立体状态的产品外观是对现实中已经存在的著名物体的模仿与参照，故平面状态的产品外观更能体现其外观设计的创新之处，在侵权比对时，应更突出比对平面状态下的外观设计。二审法院经对比发现，两者平面状态下的差异构成实质性差异，被诉侵权产品未落入涉案专利权的保护范围。

【案例 15】[①]

本案属于侵害外观设计专利权纠纷，原告为专利号××名称订书机（透明）的外观设计专利权人，涉案专利权处于有效状态。本案原告的诉讼请求：

（1）判令被告立即停止制造、销售、许诺销售侵害原告××号外观设计专利权产品的行为。

（2）判令被告销毁库存侵权成品、半成品。

（3）判令被告销毁所有用于制造侵权产品的模具及其他专业设备和工具。

（4）判令被告赔偿原告经济损失和为调查、起诉侵权行为所支出的合理费用 50 万元，包括但不限于调查费、公证费、购买样品费等。

（5）本案诉讼费由被告承担。

本案争议焦点为：

（1）被诉侵权设计是否落入涉案专利权的保护范围。

（2）被告的被诉侵权行为是否成立。

（3）被告主张的现有设计抗辩是否成立。

（4）本案侵权责任如何认定。

对于争议焦点 1，法院认为，根据《最高人民法院关于审理侵犯专利权纠纷案件应用法律若干问题的解释》（以下简称专利权纠纷案件解释）第八条、第九条的规定，在与外观设计相同或者相近种类产品上，采用与外观设计相同或近似外观设计的，人民法院应当认定被诉侵权设计落入外观设计专利权的保护范围。该案中，被诉侵权产品与涉案外观设计专利产品均为订书机，属同类产品，可以进行比对认定二者是否相同或者近似。根据专利权纠纷案件解释中第十条、第十一条的规定，人民法院认定外观设计是否相同或近似时，应当以一般消费者的知识水平和认知能力，根据授权外观设计、被诉侵权设计的设计特征，以外观设计的整体视觉效果进行综合判断。该案中，人民法院经审理，根据整体观察、综合判断的原则，并结合原被告的比对意见，被诉侵权设计与涉案专利设计 1 在整体视觉效果上并无实质性的差异，构成相同，因此，人民法

---

① 案号：（2019）粤 73 民初 1464 号

院认定被诉侵权设计落入涉案专利权的保护范围。

对于争议焦点 2，法院认为，该案中，被告主张作为现有设计对比文件的是（2019）粤广南沙第××号《公证书》记载的优酷网中《××救援》电影片段里出现的订书机，根据公证书截图显示上述电影片段的上传公开时间为 2015 年 9 月 14 日，而百度百科显示电影《××救援》的上映时间为 2015 年 10 月 2 日，故在没有相反证据的情况下，法院认定上述《××救援》电影片段的上传公开时间是对比文件的公开时间，由于该时间早于涉案专利申请日，故该电影中出现的订书机可以作为现有设计的对比文件，将该对比文件与被诉侵权产品进行对比可见，二者并无实质性差异，故法院认为被告主张的现有设计抗辩成立。

对于争议焦点 3，法院认为，根据涉案公证书记载的内容以及被告的自认，可以认定被诉侵权产品为被告制造、销售、许诺销售的。但鉴于被告的现有设计抗辩成立，故被告制造、销售、许诺销售被诉侵权产品的行为不构成侵权，人民法院对原告的诉讼请求均不予支持。

【律师点评】

本案被诉侵权设计虽落入涉案专利权的保护范围，但因被告主张现有设计抗辩成立，法院作出了驳回原告全部诉讼请求的判决。

审判实践中，现有设计抗辩是外观设计专利侵权诉讼中常见的一类抗辩事由。根据专利权纠纷案件解释中第十四条第二款的规定，被诉侵权设计与现有设计相同或者无实质性差异的，人民法院应当认定被诉侵权人实施的设计属于专利法第六十二条规定的现有设计。也就是说，即便被诉侵权设计落入案涉专利权的保护范围，被诉（控）侵权外观与一项现有设计相同或相近似，则被诉（控）侵权外观构成现有设计，被诉（控）侵权人的行为不构成侵权外观设计专利。

根据《专利法》第四十条可知，外观设计专利申请经初步审查没有发现驳回理由的，由国务院专利行政部门作出授予外观设计专利权的决定，发给相应的专利证书，同时予以登记和公告。由此可知，现有设计抗辩制度产生的原因主要是由于外观设计专利在授权过程中不经过实质审查，专利行政部门的评价报告仅是对于专利稳定性的最初级检索报告，不能保证结果的正确性，因此，虽作出了授予外观设计专利权的决定，但完全可能存在已被授权的外观设计专利因缺乏新颖性却被不当授权的情形。这时，被诉侵权人可以使用现有设计抗辩进行救济，若成立，则法院依法认定不侵权，从而减轻被诉侵权人另行提起专利无效的诉累，更有利于公众简便、高效地使用现有设计。

三、律师提示

（1）专利纠纷案件中，原告在获得专利侵权产品后，只要证明侵权技术方案包含了原告所主张的任意一项专利权利要求的全部技术特征，就可以达到证明其落入涉案专利权保护范围的目的。若原告主张被告侵犯了专利权中的多个权利要求，只要被诉侵权技术方案的技术特征全面覆盖其中一个权利要求，则可认定落入专利权的保护范围。

（2）原告在搜集相关侵权证据时，可以进行相应的公证，如购买公证（证明侵权责任人已经营为目的销售侵权产品）、网页公证（证明侵权责任人以经营为目的许诺销售侵权产品）等。

（3）对于被告来说，在专利侵权诉讼中，当原告主张被告的行为侵犯其专利权时，被告方都会打出一套组合拳，同时提出多种抗辩理由。被告抗辩理由一般包括不侵权抗辩、专利权用尽抗辩、先用权抗辩、临时过境抗辩、科研目的抗辩、Bolar 例外抗辩、现有技术抗辩、合法来源抗辩等，但根据上文案例解读可知，合法来源抗辩仅仅是不承担赔偿责任，但仍须承担停止侵权、消除影响等责任。

① 被告在提出权利用尽抗辩时，一般围绕涉案专利权人或者被许可人出售其专利产品（包括免费发放、赠与等）的事实进行举证。可能包括采购合同、转让合同、赠与合同、授权书等。

② 被告提出先用权抗辩的，应围绕以下事实提供证据：

第一，已经完成实施发明创造所必需的主要技术图纸或者工艺文件，或者已经制造或者购买实施发明创造所必需的主要设备或者原材料。

第二，仅在专利申请日前已有的生产规模内，以及利用已有的生产设备或者在根据已有生产准备可以达到的生产规模内继续制造、使用，例如报价单、验收单、租赁合同等证明生产规模和生产范围的证据。

第三，在先制造的产品、在先使用的方法或设计，是被告独立研究完成或者以其他合法手段取得。但原告提出被告先用权抗辩不成立的，原告应提供证据证明被告援引的在先技术或设计为在专利申请日前抄袭、窃取或者以其他不正当手段获取的。

③ 被告提出科研目的的抗辩的，应提供证据证明被诉侵权行为为专门针对涉

案专利技术方案本身进行的科学研究和实验，其目的是研究、验证、改进他人专利技术，在已有专利技术的基础上产生新的技术成果，达到生产经营目的。原告则应针对被诉侵权行为是否参与市场活动、是否影响专利权人市场利益等因素进行举证。

④ 被告提出现有技术抗辩的，应提供证据证明被诉落入专利权保护范围的技术方案的全部技术特征与一项现有技术方案中的相应技术特征相同，或者其所属的技术领域的技术人员认为被诉侵权技术方案属于广为熟知的、常识的简单组合。

第四节　损害赔偿认定与审判思路

一、数据分析

在本书关注的科幻领域专利权侵权的 15 起案件中，全部案件的原告在起诉时均主张原告损失及合理支出。

13 起案件判决赔偿了原告损失及合理支出，但均为法院酌定，有 1 起案件因被告合法来源抗辩成立，仅支持了原告的合理支出部分的诉讼请求，还有 1 起案件驳回了原告的诉讼请求（见图 4-2）。

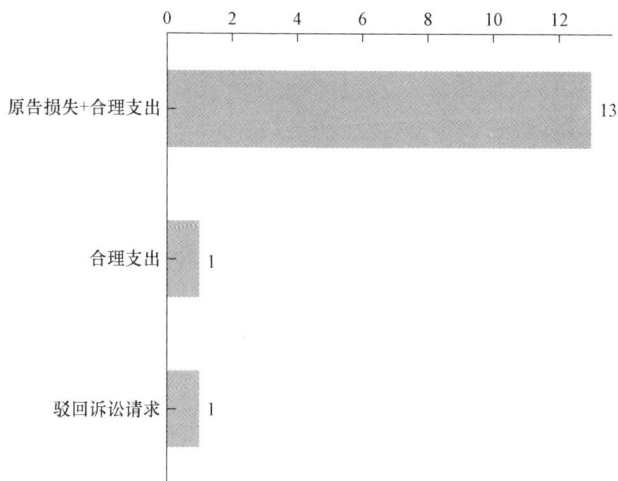

图 4-2　判决结果对比图三

在以酌定的方式确认被告赔偿数额的 12 起案件中：

该 12 起案件的原告相同，且原告均无举证证实其因被侵权所受到的实际损失，也无证据证实被告因侵权所获得的利益。13 起案件的原告还在庭审中明确表示希望由法院在法定赔偿的范围内酌定其损失。

可以看出，专利侵权的涉及面广泛，原告证明其损失与被告获利的难度巨大，原告以类似的方式对多个被告提起批量诉讼，既是"走量"的策略，又体现出权利人维权过程中的无奈，而且批量诉讼更是为法院制造了不小的负担。

二、案例解读

【案例 3】[①]

本案原告于 2017 年 2 月立案，2017 年 7 月 19 日一审法院作出判决。

从判决书中可知，原告的诉讼请求为：（1）判令北京某网络科技有限公司、被告北京某电子商务有限公司停止对原告专利权（××）的侵犯，立即停止制造、销售、许诺销售的侵权行为，赔偿原告经济损失及因调查、制止侵权所支付的合理费用共计人民币 80 万元整，三被告承担连带赔偿责任；（2）判令三被告承担本案全部诉讼费用。

但是，最终法院只支持了其为制止侵权所支出的合理费用 1 万元，这无疑是出现了极大的悬殊。法院认为，本案的争议焦点为：（1）被诉侵权产品是否落入涉案发明专利的保护范围？（2）原告诉称被告制造、销售、许诺销售侵权是否成立？（3）被告的合法来源抗辩是否成立？（4）三被告应如何承担民事责任？

关于争议焦点（1），法院认为，判定被诉侵权技术方案是否落入专利权的保护范围，应当审查权利人主张的权利要求所记载的全部技术特征。被诉侵权技术方案包含与权利要求记载的全部技术特征相同或等同的技术特征的，人民法院应当认定其落入专利权的保护范围；被诉侵权技术方案的技术特征与权利要求记载的全部技术特征相比，缺少权利要求记载的一个以上的技术特征，或者有一个以上技术特征不相同也不等同的，法院应当认定其没有落入专利权的保护范围。将被诉侵权产品的技术方案与原告要求保护的发明专利权利要求进

[①] 案号：（2017）粤 03 民初 367 号

行对比，人民法院认定被诉侵权产品技术方案与原告主张的八个技术特征一一对应，落入原告涉案专利的保护范围。

关于争议焦点（2），法院认为，被告公司工商登记的经营范围均不包括玩具的生产（包括磁悬浮产品），且被诉侵权产品的包装盒、说明书上的信息显示另有其他制造者，因此，法院认定被告均未从事"制造"被诉侵权产品。但被告北京某网络科技有限公司商城上有被诉侵权产品的宣传介绍，公证购买的被诉侵权产品的订单详情上亦有显示为被告的寄件人，且被诉侵权产品购物清单上标有北京某电子商务有限公司的商标及出品字样，且两被告为关联公司，因此，法院认定两被告共同实施了销售、许诺销售被诉侵权产品的行为。

关于争议焦点（3），法院认为，根据《专利法》第 77 条的规定，为生产经营目的使用、许诺销售或者销售不知道是未经专利权人许可而制造并售出的专利侵权产品，能证明该产品合法来源的，不承担赔偿责任。在本案中，被告辩称不知道其销售的涉案产品是专利侵权产品，而且在收到起诉状后已及时将侵权产品下架。人民法院经审查相关证据后认为，两名被告为销售者，且提交的证据能够证明其已尽到合理的审查义务，对售卖的产品属侵权物品并不知情，能证明涉案产品的来源。对一般经营者不能课以审查专利侵权的注意义务，过于严苛的注意标准显然会超出其能力范围。因此，认定本案被告销售被诉侵权产品已尽合理的注意义务，应不知道所售产品为专利侵权产品，属于善意。

关于争议焦点（4），法院认为，因被告未实施制造被诉侵权产品的行为，故对原告要求本案被告停止制造侵权的诉讼请求，人民法院不予支持；被告的行为属销售、许诺销售了被诉侵权产品。因此，对原告要求被告停止销售、许诺销售被诉侵权产品的诉讼请求，法院予以支持。因被告所提合法来源抗辩成立，因此，被告销售、许诺销售被诉侵权产品不承担损害赔偿责任。但赔偿经济损失责任的免除，并不意味着合理开支费用的当然免除，本案原告主张合理开支费用，且合理开支基于被告销售、许诺销售被诉侵权产品而发生，故被告仍应承担赔偿原告合理开支的相关责任。对原告要求赔偿维权合理开支的诉讼请求，虽原告未提供直接证明合理开支的相关票据，但法院仍酌定两被告共同向原告支付其为制止侵权所支出的合理费用人民币 1 万元。

【律师点评】

对于善意情况下销售侵权产品销售者来说，《专利法》第 77 条无疑是被告可以用来免于金钱索赔的有效抗辩事由。但这并不意味着善意销售侵权产品的销售者绝对不承担责任，善意销售者仍应承担停止售卖相关侵权产品、支付专利权人维权的合理支出。因此，销售者在进货时保留相关单据、合同、权利证明的副本或复印件，记录交易相对方的情况或可避免自身在诉讼中陷入不利的境地。对于希望借法律途径维权的原告而言，被驳回诉讼请求也无需灰心丧气，可以通过善意销售侵权产品方提供直接的故意侵害其专利权的生产者。

三、律师提示

从诉讼请求及法院判决结果对比可知，在侵害专利权纠纷案件中，因主张获赔的证据较少，因此原告很难获得高额的赔偿。笔者总结了侵害专利权纠纷案件的赔偿计算公式，供权利人学习掌握并有效使用。

（1）原告损失：每件专利产品合理利润×销售量减少的总数。

（提示：权利人销售量减少的总数难以确定的，可以采用侵权产品在市场上销售的总数，如：网站销量等）

（2）被告获利：每件侵权产品合理利润×侵权产品销售的总数

（提示：合理利润，一般按照侵权人的营业利润计算，对于完全以侵权为业的侵权人，可以按照销售利润计算）

（3）许可使用费：参照许可使用费的倍数予以确定。

（4）惩罚性赔偿：对恶意侵权，情节严重的，可以按照上述方法确定数额的一倍以上五倍以下确定赔偿数额。譬如：行为系制造行为还是销售行为、侵权次数、侵权时长、侵权产品生产与销售规模等证据。

（5）合理开支：如因维权产生的公证费、认证费、符合司法行政部门规定的律师费、调查、取证费、翻译费、其他为制止侵权、消除影响而支付的合理费用。

在专利侵权案件中，以侵权人因侵权所获得的利益为依据计算侵权赔偿时，还可以依据专利的贡献度来计算。即，被告获利=每件侵权产品合理利润×侵权产品销售的总数×专利贡献率。

另外，在原告出示一定证据后，要充分利用好举证责任转至被告的时机，要求被告对其销售成本、税收附加管理费用等成本支出的证据承担举证责任。

第五章 科幻不正当竞争案例数据分析与审判思路

第一节 原告诉讼请求与法院判决结果对比

一、数据分析

在本节举出的 9 起诉讼请求案件中，原告诉讼请求：最低金额为 10 万元；最高金额为 400 万元；全部案件的原告都主张按照其实际损失和合理支出予以赔偿。

9 起案件中，法院判决被告赔偿的最低金额是 6 万元，包括了合理支出；最高判决赔偿的金额是 1 353 188 元。7 起案件的判决完全是法院的酌定，其余案件中，2 起案件为法院驳回原告的诉讼请求。

9 起案件中，原告的诉讼请求集中在以下三项：第一，停止侵犯原告手机游戏相关权利的不正当竞争行为；第二，立即停止商标侵权及不正当竞争行为判令被告立即停止侵害注册商标专用权的行为；第三，停止侵害原告著作权的行为及不正当竞争行为，删除涉案侵权内容，停止销售并销毁侵犯原告著作权的产品（见图 5-1、表 5-1）。

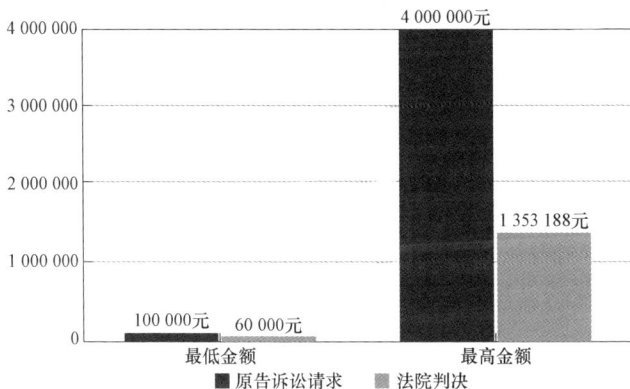

图 5-1 不正当竞争纠纷诉讼请求与判决金额对比

表 5-1 诉讼请求与判决结果对比

案号	原告全部/部分诉讼请求	法院判决（赔偿）
【案例 1】 大连市西岗区人民法院民事判决书（2014）西民初字第 1001 号	1. 被告立即停止侵犯原告《银河帝国》手机游戏相关权利的不正当竞争行为； 2. 被告赔偿原告因侵权行为所遭受的经济损失 300 000 元； 3. 被告向原告支付因制止不正当竞争行为所支出的合理费用 64 539.5 元	驳回原告成都某科技有限公司的诉讼请求
【案例 2】 上海市浦东新区人民法院"民事判决书"（2015）浦民三（知）初字第 1896 号	1. 判令两名被告连带赔偿两名原告经济损失人民币 300 万元； 2. 判令两名被告连带赔偿两名原告支出的律师费、公证费、调查费及其他相关合理费用共计人民币 100 万元	一、被告 1 于本判决生效之日起十日内赔偿两名原告经济损失人民币 100 万元，另一被告对上述赔偿金额中的人民币 80 万元承担连带赔偿责任； 二、两名被告于本判决生效之日起十日内赔偿两名原告为制止本案侵权行为所支付的合理开支人民币 353 188 元
【案例 3】 上海市浦东新区人民法院民事判决书（2016）沪 0115 民初 37026 号	1. 判令被告某公司立即停止商标侵权及不正当竞争行为； 2. 判令被告在涉案网站首页顶部居中通栏位置刊登以全文显示、五号字体形式、不小于 960 px×120 px（长×宽）的声明以消除影响，声明的刊登时间不少于 30 日，声明显示范围为全国，被告不得采取任何技术措施干扰该声明的显示范围； 3. 判令被告赔偿原告因侵权所致经济损失（以下币种相同）人民币 50 万元； 4. 判令被告赔偿原告为制止侵权所支出的合理费用律师费 1 万元。诉讼过程中，因涉案的推广链接已下线，原告放弃第 1 项诉讼请求	一、被告深圳某网络技术有限公司于本判决生效之日起十日内在网站首页顶部居中通栏位置以五号字体全文显示形式刊登声明，消除因对原告上海某娱乐信息科技有限公司实施商标侵权、不正当竞争行为而造成的不良影响，声明的内容、位置须经本院审核，声明须连续保留三十日。如不履行，本院将在相关媒体发布本判决的主要内容，费用由被告深圳某网络技术有限公司承担； 二、被告深圳某网络技术有限公司于本判决生效之日起十日内赔偿原告上海某娱乐信息科技有限公司经济损失人民币 5 万元； 三、被告深圳某网络技术有限公司于本判决生效之日起十日内赔偿原告上海某娱乐信息科技有限公司合理费用人民币 1 万元
【案例 4】 广东省深圳市福田区人民法院民事判决书（2020）粤 0304 民初 25629 号	1. 判令被告某玩具厂、某公司立即停止侵害第××号及第××号注册商标专用权的行为； 2. 判令被告某玩具厂、某公司赔偿原告经济损失以及公证费、律师费等合理维权费用共计 10 万元； 3. 判令被告某玩具厂、某公司在《法制日报》《中国知识产权报》《深圳特区报》及其经营的网店显著位置刊登声明消除影响、赔礼道歉； 4. 判令被告黄某某对被告某公司的上述义务承担连带责任	驳回原告上海某文化发展有限公司的诉讼请求
【案例 5】 北京互联网法院民事判决书（2020）京 0491 民初 2234 号	1. 判令被告立即停止侵犯"奥特曼"系列影视作品及其人物形象著作权的侵权行为，并立即停止不正当竞争行为； 2. 判令被告赔偿原告 1 497 500 元以及合理开支（公证费）2 500 元，共计 1 500 000 元； 3. 判令被告承担本案诉讼费	一、被告某（北京）影视文化传播有限公司于本判决生效之日起立即停止在腾讯视频及涉案微信公众号中使用"奥特曼"系列作品的人物形象； 二、被告某（北京）影视文化传播有限公司于本判决生效之日起十日内赔偿原告上海某文化发展有限公司经济损失 320 000 元及公证费 2 500 元

续表

案号	原告全部/部分诉讼请求	法院判决（赔偿）
【案例6】 上海市浦东新区人民法院民事判决书（2020）沪0115民初3818号	1. 被告停止侵害原告著作权的行为及不正当竞争行为，删除涉案侵权内容，停止销售并销毁侵犯原告著作权的产品； 2. 被告白某在拼多多官方网站首页、人民法院报上公开发表声明消除影响，并赔礼道歉（声明内容需经人民法院审核，30日内不得删除或撤销）； 3. 两被告赔偿原告经济损失人民币70万元，并承担原告为制止被告侵权行为而支出的合理费用2万元（包含公证费3000元，购买侵权商品499.2元）； 4. 本案诉讼费由两被告共同承担。案件审理中原告进一步明确：原告主张被告白某侵权原告享有权利之作品类型为美术作品，共计包括十二个美术作品，分别为《戴拿奥特曼》《迪迦奥特曼》《赛罗奥特曼》《捷德奥特曼》《罗索奥特曼》《布鲁之环》《欧布圣剑》《罗布光轮》《梦比优斯奥特曼》《布鲁罗布头镖》《罗布回旋闪光》。原告主张被告白某侵犯了其对上述美术作品享有的信息网络传播权和发行权。原告认为被告白某的销售行为违反了诚信原则和商业道德，实施了混淆行为，为依据《反不正当竞争法》第二条、第六条第四款要求认定被告白某构成不正当竞争行为并承担相应侵权责任	一、被告白某于本判决生效之日起十日内赔偿原告上海某文化发展有限公司经济损失及合理开支10万元； 二、驳回原告上海某文化发展有限公司其他诉讼请求
【案例7】 上海市浦东新区人民法院民事判决书（2020）沪0115民初3819号	1. 判令两被告停止侵害原告著作权的行为及不正当竞争行为，删除涉案侵权内容，停止销售并销毁侵犯原告著作权的产品； 2. 判令被告杜某某在拼多多官方网站首页、人民法院报上公开发表声明消除影响，并赔礼道歉（声明内容需经人民法院审核，30日内不得删除或撤销）； 3. 判令两被告赔偿原告经济损失人民币100万元，并承担原告为制止被告侵权行为而支出的合理费用2万元（其中公证费3000元，购买被诉侵权产品费用476.9元，其余为律师费）； 4. 本案诉讼费由两被告共同承担。因被告涉案链接已经下线，不再坚持删除涉案侵权内容，停止销售侵犯原告著作权的产品	一、被告杜某某于本判决生效之日起十日内赔偿原告上海某文化发展有限公司经济损失及合理开支80万元； 二、驳回原告上海某文化发展有限公司其他诉讼请求
【案例8】 上海知识产权法院民事判决书（2021）沪73民终605号	诉讼请求： 一审： 1. 白某、某梦公司停止侵害某华公司著作权的行为及不正当竞争行为，删除涉案侵权内容，停止销售并销毁侵犯新创华公司著作权的产品； 2. 白某在拼多多官方网站首页、人民法院报上公开发表声明消除影响，并赔礼道歉（声明内容需经人民法院审核，30日内不得删除或撤销）；	审判决： 一、白某于判决生效之日起十日内赔偿某华公司经济损失及合理开支10万元；

案号	原告全部/部分诉讼请求	法院判决（赔偿）
【案例8】上海知识产权法院民事判决书（2021）沪73民终605号	3. 白某、某梦公司赔偿某华公司经济损失人民币70万元，并承担某华公司为制止侵权行为而支出的合理费用2万元（包含公证费3000元，购买侵权商品499.2元）； 4. 本案诉讼费由白某、某梦公司共同承担。 案件审理过程中，某华公司进一步明确诉讼请求：某华公司主张白某侵权某华公司享有权利之作品类型为美术作品，共计包括十二个美术作品，分别为《戴拿奥特曼》《迪迦奥特曼》《赛罗奥特曼》《捷德奥特曼》《罗索奥特曼》《布鲁奥特曼》《欧布之环》《欧布圣剑》《罗布光轮》《梦比优斯奥特曼》《布鲁罗布头镖》《罗布回旋闪光》。某华公司主张白某侵犯了其对上述美术作品享有的信息网络传播权和发行权。某华公司认为白某的销售行为违反了诚信原则和商业道德，实施了混淆行为，为依据《反不正当竞争法》第二条、第六条第四款要求认定白某构成不正当竞争行为并承担相应侵权责任	二、驳回某华公司其他诉讼请求。 二审判决： 驳回上诉，维持原判
【案例9】上海市浦东新区人民法院民事判决书（2021）沪0115民初64459号	1. 判令两被告停止侵害原告某公司著作权的行为及不正当竞争行为，被告陈某某和被告某公司删除网店涉案侵权内容，被告陈某某停止生产、销售并销毁侵犯原告某华公司著作权的产品； 2. 判令被告陈某某提供其掌握的与侵权行为相关的账簿、资料，被告某公司提供涉案侵权销售链接（含子链接）的销售记录及被告陈某某注册和备案的与侵权产品、侵权人相关的信息； 3. 判令两被告连带赔偿原告某公司经济损失人民币（以下币种同）100万元及为制止侵权行为而支出的合理费用2万元； 4. 本案诉讼费由两被告共同承担	一、被告陈某某应于本判决生效之日起十日内赔偿原告上海某文化发展有限公司经济损失以及为制止侵权行为而支付的律师费、公证费、公证购买费等合理开支共计人民币200000元； 二、驳回原告上海某文化发展有限公司的其余诉讼请求

二、案例解读

【案例2】[①]

本案原告诉称共同拥有动画电影《赛车总动员》（英文名称为 Cars）、《赛车总动员2》（英文名称为 Cars 2）及其中单个动画形象的著作权。被告1是动画电影《汽车人总动员》的制作方，被告2是该电影的发行方。原告认为，《汽车人总动员》的主要汽车动画形象使用和剽窃了原告涉案电影中"闪电麦坤"及

---

① 案号：（2015）浦民三（知）初字第1896号

"法兰斯高"的形象；《汽车人总动员》的电影海报与《赛车总动员 2》的电影海报亦构成实质性近似；原告动画电影是知名商品，被告使用与原告电影名称近似的名称，构成擅自使用知名商品特有名称的不正当竞争。因此，原告认为被告实施了著作权侵权及不正当竞争行为，要求被告赔偿损失 300 万元和合理费用 100 万元。最终法院支持了 100 万赔偿和 353 188 元合理费用，原告诉讼请求和法院的判决结果均比较高。

【律师点评】

本案中，原告的诉讼请求虽然未被完全支持，但判决金额相对较高，原因是原告的诉讼请求完整、证据比较充分。针对损害赔偿部分，原告提交了截止到 2015 年 7 月 14 日《汽车人总动员》的票房已经达到人民币 563 万元的相关证据、原告为本案支出公证费人民币 44 000 元、工商调查费人民币 2 150 元、购票费人民币 340 元、翻译费人民币 5 375 元、上海图书馆文件提取费人民币 1 323 元，以及律师费的证据。

三、律师提示

不正当竞争诉讼请求的提起一般包括：

（1）判令被告立即停止××××（侵权方式描述）的不正当竞争行为；

（2）判令被告在××网站、×××报纸连续××日刊登声明以消除影响，被告不得采取任何技术措施干扰该声明的显示范围；

（3）判令被告赔偿原告因侵权所致经济损失人民币××万元；

（4）判令被告赔偿原告为制止侵权所支出的合理费用（律师费×万元、公证费、鉴定费、诉讼费、保全费、交通差旅费等）。

第二节 不正当竞争权属认定与审判思路

一、数据分析

本节所举 5 起案例法院均认定了原告具有案涉作品的著作权，并有权提起该案诉讼，是案件的适格原告。即使是两起驳回原告诉讼请求的案件，法院也认可了原告主体适格的证据，只是在是否构成侵权上未予以支持（见表5-2）。

表5-2　法院对原告是否适格的阐述观点汇总

案号	法院观点
【案例1】 《奥特曼》知识产权与竞争纠纷北京互联网法院民事判决书（2020）京0491民初2234号	某公司是否为本案适格原告，法院认为： 原告是与本案有直接利害关系的公民、法人和其他组织。经法庭询问，某公司在本案主张的作品类型是奥特曼系列人物美术作品。故，判断某公司是否为本案适格原告，应判定某公司是否为其主张权利的奥特曼系列人物美术作品的著作权人。 如无相反证据，在作品上署名的公民、法人或者其他组织为作者，当事人提供的涉及著作权的著作权登记证书、底稿、公证书、合法出版物、取得权利的合同等，可以作为认定作品著作权的证据。 从本案中原告提交的一系列证据可知，表明原告在授权期限内获得了奥特曼形象系列美术作品的著作权，享有奥特曼形象系列美术作品的著作权，有权以自己的名义提起诉讼。 原告经授权，在取得奥特曼系列影视作品的著作权的同时也取得了该系列影视作品中所涵盖的人物形象的著作权
【案例2】 《奥特曼》侵害著作权及不正当竞争纠纷上海市浦东新区人民法院民事判决书（2020）沪0115民初3818号	某公司是否为本案适格原告，法院认为： 1. 某株式会社系奥特曼系列影视及人物形象的著作权人。 《中华人民共和国著作权法》（以下简称《著作权法》）第十一条第四款，如无相反证据，在作品上署名的自然人、法人或者其他组织为作者。当事人提供的涉及著作权的底稿、原件、合法出版物等，可以作为证明著作权的证据。本案中，原告提交的"奥特曼"系列（捷德奥特曼、赛罗奥特曼、罗布奥特曼、布鲁奥特曼、戴拿奥特曼、迪迦奥特曼、欧布之环、欧布圣剑等）作品登记证书及作品图，著作权人均为××制作株式会社。在无有效相反证据证明××制作株式会社对原告举证的奥特曼及其道具的美术作品形象不享有著作权的情况下，应认定××制作株式会社对这些美术作品享有著作权。 2. 原告依据××制作株式会社授权享有涉案"奥特曼"系列作品维权权利。 《著作权法》第十条第二款，著作权人可以许可他人行使前款第（五）项至第（十七）项规定的权利。本案中，原告提交的证据材料之授权证明说明原告自2014年11月1日起至2024年3月31日止在中国大陆地区独占享有"奥特曼"系列影视作品及人物形象（包含捷德奥特曼、赛罗奥特曼、罗布奥特曼、迪迦奥特曼等56个作品）的复制权、发行权、信息网络传播权、商标权等权利，且有权依法追究侵权者法律责任，故原告有权提起本案诉讼。原告经授权获得上述作品在中国大陆地区的独占性授权，并有权单独以自己的名义对侵犯涉案美术作品的侵权行为提起诉讼，涉案被控侵权行为发生在其被授权期间，其合法权益应受法律保护
【案例3】 《奥特曼》侵害著作权及不正当竞争纠纷上海市浦东新区人民法院"民事判决书"（2020）沪0115民初3819号	原告是否享有涉案作品的著作权，是否有权提起本案诉讼 法院的观点与结论，【案例1】和【案例2】相同
【案例4】 《奥特曼》著作权侵权及不正当竞争上海知识产权法院"民事判决书"（2021）沪73民终605号	原告是否享有涉案作品的著作权，是否有权提起本案诉讼 法院的观点与结论，【案例1】和【案例2】相同

案号	法院观点
【案例 5】 《奥特曼》著作权侵权及不正当竞争上海市浦东新区人民法院"民事判决书"（2021）沪 0115 民初 64459 号	原告是否享有涉案作品的著作权，是否有权提起本案诉讼 法院的观点与结论，【案例 1】和【案例 2】相同

二、案例解读

【案例 9】①

原告称，圆某公司在全球范围内独占性拥有"奥特曼"系列视听作品及作品内相关形象的著作权。经圆某公司合法授权，原告于 2014 年 11 月 1 日起独占性地获得 60 余部奥特曼系列视听作品及作品内相关形象在中国大陆地区的商品化权、复制权、发行权、出租权、展览权、表演权、放映权、广播权、信息网络传播权、翻译权、汇编权、改编权等，以及上述权利的再许可权及维权权利。原告发现被告未经许可在被告经营的网店里使用大量"奥特曼"系列相关形象的美术作品作为售卖商品展示、销售页面的包装或装潢，也将其用于其他形式的商业广告宣传。同时，该网店内亦陈列有侵害"奥特曼"系列相关形象的侵权商品链接，大量消费者通过该网店购买侵权商品并公开评论。因此，原告提起本案诉讼。

对原告的权属问题，被告提供了第 259 号裁定书等证据欲证明案外人圆某公司无权享有涉案作品在中国地区的著作权并对外授权，然而第 259 号裁定书不仅确认奥特曼系列特摄作品原系由案外人圆某公司制作，而且该案所涉及的案外人辛某某从圆某公司处所获授权的奥特曼形象与本案原告新创华公司从圆某公司处所获授权的涉案作品均不一致；同时，作品即使不登记，创作完成后作者仍享有著作权，故著作权登记证书仅起到自行登记进行公示作用，而被告并未提供证据证明其在案外人圆某公司登记的创作完成日期之前就已享有涉案作品著作权或者其从其他案外人处获得有效授权；因此，被告对于案外人圆某公司不享有涉案作品著作权的抗辩理由，缺乏事实和法律依据，法院不予认同。

---

① 案号：（2021）沪 0115 民初 64459 号

【律师点评】

如无相反证据，在作品上署名的自然人、法人或者其他组织为作者。作者等著作权人可以向国家著作权主管部门认定的登记机构办理作品登记。本案中，原告提交的"奥特曼"系列作品登记证书及作品图，著作权人均为圆某公司。在无有效相反证据证明圆某公司对案涉奥特曼及道具的美术作品形象不享有著作权的情况下，应认定圆某公司对这些美术作品享有著作权。

本案中，原告提交的两份证据材料之授权证明说明其自 2019 年 4 月 1 日起至 2024 年 1 月 31 日止在中国大陆地区独占享有"奥特曼"系列影视作品及人物形象的复制权、发行权、信息网络传播权等权利，且有权依法追究侵权者法律责任，故综合在案全部证据，应确认原告有权提起本案诉讼。

三、律师提示

是否存在竞争关系是认定构成不正当竞争的首要条件。

根据《反不正当竞争法》第二条规定："经营者在生产经营活动中，应当遵循自愿、平等、公平、诚信的原则，遵守法律和商业道德。"因此，构成不正当竞争的主体为经营者，即从事商品生产、经营或者提供服务的自然人、法人和非法人组织。笔者认为，构成不正当竞争的主体，主要看其是否从事了经营活动，而不论其是否有法定的资质或能力，因此也包括非法经营者和政府及其所属部门等；市场主体之间竞争关系的存在，也并非仅以相同行业或服务类别为限。经营业务虽不相同，但其行为违背了反不正当竞争法第 2 条规定的竞争原则，也可以认定具有竞争关系。《最高人民法院关于适用〈中华人民共和国反不正当竞争法〉若干问题的解释》第二条对此也进行了进一步的解释：与经营者在生产经营活动中存在可能的争夺交易机会、损害竞争优势等关系的市场主体，人民法院可以认定为反不正当竞争法第二条规定的"其他经营者"。

第三节　不正当竞争侵权认定与审判思路

一、数据分析

本节列举的 9 起案例中，有 7 起案例法院认定了侵权成立，其余 2 起是驳回原告诉讼请求的案例。

可以看到，在不正当竞争纠纷案例当中，越来越多的权利人在提起著作权侵权、商标权侵权赔偿的诉讼请求时，同时要求被告按照反不正当竞争法的规定，承担因不正当竞争行为给权利人造成的损失，当事人在一个案件中并列主张侵害著作权、商标权以及不正当竞争两个案由的诉讼。不同法院在认定侵犯著作权和不正当竞争赔偿竞合的问题上，裁判结果各不相同。笔者认为，一般来说，基于同一违法行为，产生两种受不同法律规范调整的法律责任，发生了法律责任竞合，此时，权利人应择一提出请求。

二、案例解读

【案例1】[①]

原告认为，原被告构成软件开发行业的同业竞争者，且在同一平台上发布与原告极为相似的手机游戏，该发布行为存在主观过错。同时，鉴于两款手机游戏极为相似，足以使相关公众对原、被告的市场主体及其商品或者服务的来源产生混淆。被告的行为违背了民事活动应当遵循的公平、诚实信用原则以及公认的商业道德，损害了原告的合法权益，破坏了公平的竞争秩序，构成对原告的不正当竞争。

法院的审理思路是：

（1）案涉商品是否为知名商品。

法院认为根据原告的证据无法认定是知名商品。

法院认为，案涉《银河帝国》游戏软件虽然于2012年登上苹果AppStore美国区收入榜排行排名第一名，但并非中国市场，不同的国家地区对《银河帝国》游戏的热度、知名度不尽相同，且对于《银河帝国》游戏软件相关报道均为2012年4月左右，再无其他时间的相关报道。原告提交（2014）川国公证字第183、第184号公证书，拟证明《银河帝国》游戏软件收入情况，但通过上述证据无法推断出《银河帝国》游戏软件的销售额，且原告未能提供证据证实其对《银河帝国》游戏软件进行广告宣传的持续时间、地域及程度和作为知名商品受保护的情况。综上，无法认定《银河帝国》游戏软件系知名商品。

---

① 案号：（2014）西民初字第1001号

（2）原告的游戏软件装潢是否构成特有装潢。

法院认为，《银河帝国》游戏界面并不具备特有装潢所要求的与众不同的显著特征，不能起到区分商品来源的作用。

（3）是否构成实质性相似。

法院还对被告的游戏界面与原告的游戏界面进行了比对，认为两者不存在实质性相似，原告未能举证证明被告通过不正当手段抄袭原告的智力成果。法院认为被告的《Galaxy at War Online》游戏软件系其独立开发、设计，拥有完整的知识产权，故被告游戏软件的开发、上线属于正常的商业竞争范畴。

最终，对原告要求被告立即停止侵犯原告《银河帝国》手机游戏相关权利的不正当竞争行为及赔偿经济损失、维权合理支出的主张，法院未予支持。

【律师点评】

从该案的全文裁判文书中可以看出，原告就其每个主张上基本都向法院提交了证据，比如知名商品的证据、特有装潢的证据。但法院最终未予采信。

笔者认为，这样的判决结果一方面是因为该类案件的法官的自由裁量权大，另一方面是知识产权案件中的很多法律结论的判断，比如是否知名、是否相似等存在"仁者见仁，智者见智"的可能。因此，该类案件对于原告及代理人就提出了更高的要求。第一，要拥有并提交更多数量的证据。比如证明是否为知名商品时，若原告的证据显得过少，就很难达到证明目的，这就提示更多的权利人，要在日常经营中广泛宣传、推广的同时，留存相关证据。第二，要加强说理。要对自己的主张做全面的论述，不要吝啬自己的语言。还要辅助提供相关的判例。类案同判，现在是司法实践中的常态。

【案例 2】①

该案中的不正当竞争行为涉及对电影的知名商品特有名称的侵害。

原告主张，原告拥有的影片《赛车总动员》《赛车总动员 2》，又译为《汽车总动员》《汽车总动员 2》，故《汽车总动员》《汽车总动员 2》亦属于原告的知名商品特有名称，被告电影及海报不应使用"汽车总动员"。

法院认为，知名商品特有名称受法律保护的前提是，对该标识主张权利的人必须有实际使用该标识的行为，且该标识已能够识别其商品来源。《电影管理条例》第五条规定，国家对电影摄制、进口、出口、发行、放映和电影片公映

---

① 案号：（2015）浦民三（知）初字第 1896 号

实行许可制度。涉案电影的名称是原告经过有关部门批准在国内使用的电影名称。虽然有的报刊、网站有时将电影译为其他名称，但原告在国内仅使用了经有关部门批准的特定电影名称。由于原告未将其他的非官方译名作为电影名称进行商业性的使用，因此，上述两个名称不具有作为知名商品特有名称进行保护的基础。原告认为非官方译名属于知名商品特有名称的主张，依据不足，法院最终对原告的此项主张不予支持。

【律师点评】

该案例的启示在于，第一，原告主张其拥有的知名商品特有名称必须特定化；第二，原告必须证明被告从事了对原告知名商品特有名称的商业使用的行为；第三、原告还要阐述清楚被告的使用行为上已经引起了消费者的混淆误认。

三、律师提示

在法院认定侵犯著作权及不正当竞争纠纷案时，通常会进行以下审查内容：

（1）是否存在著作权。

法院会审查原作品是否符合著作权法的保护标准，包括是否属于可享受著作权保护的作品，如文学、艺术、科技创作等。

（2）被告是否实施了侵害原告著作权的行为。

如两作品是否构成实质性相似、被告实施了侵害著作权的具体行为等。

（3）被诉侵权行为是否已经落入著作权法的保护范围。

若著作权侵权和不正当竞争行为所涉行为表现相同，针对同一保护对象和同一被诉行为，反不正当竞争法仅在原告依据著作权法的相应主张无法获得支持且二者立法政策不冲突的情况下，才存在适用的必要和空间。若涉案权利作品已通过著作权法加以保护，则不应再适用反不正当竞争法予以附加保护。

（4）被告是否实施了不正当竞争行为。

法院会审查被诉行为是否属于不正当竞争行为，例如利用未经授权的著作权作品进行混淆误认、冒名侵用等行为，从而导致市场秩序被破坏或权利人利益受损。

（5）是否产生误导、混淆。

法院会审查涉案行为是否容易导致公众对其宣传商品与原作品的混淆、误认为有关联关系，进而对消费者的选择产生误导和影响。

（6）实际损失。

法院会审查被诉行为对权利人的合法权益是否造成了实际的经济损失，如市场份额、商誉等方面的影响。

（7）被告是否存在过错。

法院会审查被告是否存在故意或过失的行为，例如是否明知他人享有相应著作权而擅自使用，或者没有尽到合理的注意义务。

第四节　损害赔偿认定与审判思路

一、数据分析

本节列举的 9 起案例中，有 7 起案例法院认定了侵权成立，其余 2 起是驳回诉讼请求的案例。在确定赔偿时，7 起案例都是法院根据案情酌情确定的赔偿数额。原告很难提供相关证据证明损失，所以法院基本是酌定赔偿数额。

二、案例解读

【案例 7】①

从该案的法院裁判文书中看出，法院认定的案由是著作权侵权和不正当竞争。但法院判决书主文后附的法律规定，却没有引用《反不正当竞争法》的具体条款。

该案中的科幻作品是世界知名科幻 IP 奥特曼。原告的诉讼请求提出了要求被告停止不正当竞争行为：（1）判令两被告停止侵害原告著作权的行为及不正当竞争行为；（2）判令被告公开发表声明消除影响，并赔礼道歉；（3）判令两被告赔偿原告经济损失人民币 100 万元，并承担原告为制止被告侵权行为而支出的合理费用 2 万元（其中公证费 3 000 元，购买被诉侵权产品费用 476.9 元，其余为律师费）；（4）本案诉讼费由两被告共同承担。

---

① 案号：（2020）沪 0115 民初 3819 号

　　法院的审理思路是：先查实各方当事人提供的证据，据此查实案件的事实。再确定案件的争议焦点：（1）原告是否享有涉案作品的著作权，是否有权提起本案诉讼；（2）两名被告是否实施了侵害原告涉案作品信息网络传播权和发行权的行为；（3）两名被告是否实施了对原告的不正当竞争行为；（4）两名被告行为如构成著作权侵权或不正当竞争，被告应承担何种民事责任。

　　关于原告是否享有涉案作品的著作权，是否有权提起本案诉讼，法院认为：（1）某株式会社系奥特曼系列影视及人物形象的著作权人。（2）原告依据某株式会社授权享有涉案"奥特曼"系列作品维权权利。

　　关于两被告是否实施了侵害原告涉案作品著作权的行为，法院就原告主张的权利作品与被诉10个侵权形象做了比对和阐述。因此认定：被告以营利性销售宣传为目的，在拼多多平台设立的店铺中上传并使用与原告涉案作品相同或实质性相似的奥特曼及其道具形象，使公众可在选定的时间和地点获取该内容，侵害了原告的信息网络传播权。其向公众售卖与原告奥特曼及其道具形象构成相同或实质性相似的复制件，侵犯了原告涉案作品的发行权。

【律师点评】

　　对于本节的主题，本书关注的是法院对损害赔偿的判决。显然，原告提出的诉讼请求是要求被告赔偿原告的实际损失100万元，法院支持了80万元，与原告的诉讼请求十分接近。这在科幻领域知识产权纠纷案件审判中是不多见的。

　　关于赔偿部分，在判决书中，法院从以下几个方面阐述其支持和不支持的理由：

　　（1）因原告的损失、被告的获利均无法实际查清，亦无相关的许可费用可供参考。法院将根据原告涉案作品的知名度、被告的侵权时间、规模、主观状态等因素酌情确定。

　　（2）法院重点考虑如下因素：

　　① 法院将以寻某公司提供的被诉侵权产品的销售额作为确定赔偿数额的重要参考。

　　② 关于原告为本案支付的公证费、购买侵权商品费用，该费用系原告为维权取证所支出的合理开支，法院予以支持。关于原告主张的律师费，原告未提交相关票据，但原告确为本案聘请了律师并出庭支持诉讼，法院予以酌情确定。

三、律师提示

根据《著作权法》《商标法》《反不正当竞争法》等相关规定以及各地人民法院的司法判例可知，侵害著作权、侵害商标权、不正当竞争的赔偿数额，一般按照如下方式确定，权利人应按照下列审判要点注重证据搜集：

（1）权利人的实际损失。

权利人实际损失的举证绝非易事，很难举证证明侵权行为的存在与销售额、销售量的减少之间具有必然的因果关系。

（2）侵权人因侵权所获得的利益。

（3）法定赔偿。

前两种方式均难以确定的，由人民法院根据侵权行为的情节判决给予权利人一定金额的赔偿。实际上，由于前述两种方式的"举证难"问题，法定赔偿成为最为常见及主流的侵权损害赔偿计算方法。

在适用法定赔偿确定侵害商标权及不正当竞争纠纷的赔偿数额时，法院一般从以下几个方面进行考量：

① 侵权行为的性质。

权利人应重点搜集如下证据：侵权人在侵权环节中的作用（如：侵权人是制造方、销售方还是其他角色），侵权人的经营规模，侵权的次数，侵权的时长，侵权行为经权利人通知后是否仍持续等。

② 侵权人的主观恶意。

侵权人是否已尽到注意义务、是否有合法来源等证据，该类免责证据由被告举证。

③ 产品的知名度。上文已提及，此处不再赘述。

④ 权利人为制止侵权而支出的合理费用。上文已提及，此处不再赘述。

（4）惩罚性赔偿。

对恶意侵犯商标权或者经营者恶意实施侵犯商业秘密行为，情节严重的，可以按照上述方法确定数额的规定倍数范围内确定赔偿数额。

原告应重点搜集下列证据：被告侵权手段、次数、频率，侵权行为的持续时间、地域范围、规模、后果等。

第六章　科幻行政和刑事案例数据与审判思路分析

第一节　科幻行政纠纷案例数据与审判思路分析

一、数据分析

本节列举的 34 起案例都是有关商标的行政诉讼案例。原告更多是公司，极个别的案件原告为自然人。有 16 起案件法院作出了驳回诉讼请求的判决，几乎占据了案件的一半（见表 6-1）。

表 6-1　诉讼请求与判决结果对比

案号	原告诉讼请求	法院判决
【案例 1】 北京知识产权法院行政判决书（2015）京知行初字第 5031 号	请求法院判决撤销被诉决定，并责令被告重新作出决定	驳回原告的诉讼请求
【案例 2】 北京知识产权法院行政判决书（2016）京 73 行初 1260 号	被诉决定认定事实不清，适用法律有误，请求法院依法撤销被诉决定，并责令被告重新作出决定	驳回原告的诉讼请求
【案例 3】 北京知识产权法院行政判决书（2016）京 73 行初 1006 号	请求法院撤销被诉裁定，并判令商标评审委员会重新做出裁定	驳回原告的诉讼请求
【案例 4】 北京高级人民法院一审行政判决书（2017）京行终 2672 号	请求撤销国家知识产权局第 104394 号裁定，判令商标评审委员会重新作出裁定	驳回上诉，维持原判
【案例 5】 最高人民法院再审审查与审判监督行政裁定书（2018）最高法行申 4032 号	请求本院再审本案	驳回申请人的再审申请

案号	原告诉讼请求	法院判决
【案例6】 北京高级人民法院行政判决书（2017）京行终 874 号	请求撤销原审判决，维持被诉决定	一、撤销中华人民共和国北京知识产权法院（2016）京 73 行初 2049 号行政判决； 二、驳回原告的诉讼请求
【案例7】 最高人民法院再审审查与审判监督行政裁定书（2018）最高法行申 677 号	裁定提审本案，中止二审判决的执行；改判撤销二审判决和商标评审委员会于 2015 年 12 月 21 日作出的商评字［2015］第 100822 号决定，维持北京知识产权法院作出的一审判决；判令商标评审委员会重新作出决定	驳回原审原告的再审申请
【案例8】 北京知识产权法院行政判决书（2015）京知行初字第 4365 号	撤销被诉决定并判令被告重新作出决定	一、撤销被告中华人民共和国原国家工商行政管理总局商标评审委员会作出的商评字［2015］关于第××号关于第××号"变形金刚××"商标撤销复审决定； 二、被告中华人民共和国原国家工商行政管理总局商标评审委员会就原告针对第××号"变形金刚××"商标提出的撤销复审申请重新作出决定
【案例9】 北京高级人民法院行政判决书（2017）京行终 5269 号	商标评审委员会不服原审判决，向本院提起上诉，请求撤销原审判决，维持第 17397 号决定	驳回上诉，维持原判
【案例10】 北京高级人民法院行政判决书（2016）京行终 5372 号	请求撤销原审判决和被诉裁定	驳回上诉，维持原判
【案例11】 北京知识产权法院行政判决书（2016）京 73 行初 2069 号	请求法院撤销被诉裁定，并责令被告重新作出裁定	一、撤销被告中华人民共和国原国家工商行政管理总局商标评审委员会作出的商评字［2016］第××号关于第××号"阿童木"商标无效宣告请求裁定； 二、被告中华人民共和国原国家工商行政管理总局商标评审委员会于本判决生效后针对原告就第××号"阿童木"商标提出的无效宣告请求重新作出裁定
【案例12】 北京高级人民法院行政判决书（2018）京行终 1310 号	国家知识产权局、某公司不服原审判决，向本院提起上诉，请求：撤销原审判决，维持被诉裁定	驳回上诉，维持原判
【案例13】 北京知识产权法院行政判决书（2016）京 73 行初 1823 号	原告请求法院撤销被诉裁定，并责令被告重新作出裁定	一、撤销被告中华人民共和国原国家工商行政管理总局商标评审委员会作出的商评字［2016］第××号关于第 4553473 号"铁臂阿童木"商标无效宣告请求裁定； 二、被告中华人民共和国原国家工商行政管理总局商标评审委员会于本判决生效后针对原告就第××号"铁臂阿童木"商标提出的无效宣告请求重新作出裁定

续表

案号	原告诉讼请求	法院判决
【案例 14】 北京知识产权法院行政判决书（2016）京 73 行初 1822 号	原告请求法院撤销被诉裁定，并责令被告重新作出裁定	一、撤销被告原国家工商行政管理总局商标评审委员会作出的商评字［2016］第××号关于第××号"阿童木卡通"商标无效宣告请求裁定； 二、被告原国家工商行政管理总局商标评审委员会于本判决生效后针对原告就第××号"阿童木卡通"商标提出的无效宣告请求重新作出裁定
【案例 15】 北京高级人民法院二审行政判决书（2018）京行终 1245	国家知识产权局不服原审判决，向本院提起上诉，请求：撤销原审判决，维持被诉裁定	驳回上诉，维持原判
【案例 16】 北京知识产权法院行政判决书（2016）京 73 行初 3408 号	原告请求法院依法撤销被诉裁定，判令被告重新作出裁定	驳回原告的诉讼请求
【案例 17】 北京知识产权法院行政判决书（2018）京 73 行初 6449 号	请求法院撤销被诉决定	一、撤销被告原国家工商行政管理总局商标评审委员会作出的商评字［2018］第××号关于第××号机动战士商标驳回复审决定； 二、被告原国家工商行政管理总局商标评审委员会就原告针对第××号机动战士商标所提出的驳回复审申请重新作出决定
【案例 18】 北京市高级人民法院二审行政判决书（2019）京行终 2758 号	某公司升不服原审判决，向本院提起上诉，请求撤销原审判决，判令国家知识产权局重新作出决定	驳回上诉，维持原判
【案例 19】 北京知识产权法院行政判决书（2017）京 73 行初 7024 号	请求法院依法撤销被诉决定，并判令被告重新作出决定	驳回原告的诉讼请求
【案例 20】 北京知识产权法院行政判决书（2016）京 73 行初 2598 号	请求法院依法撤销被诉裁定，判令被告重新作出裁定。 案件受理费人民币一百元，由原告负担（已交纳）	驳回原告的诉讼请求
【案例 21】 北京知识产权法院行政判决书（2017）京 73 行初 9183 号	请求法院撤销被诉裁定，并责令被告重新做出裁定	一、撤销原国家工商行政管理总局商标评审委员会作出的商评字［2017］第××号关于第××号"××"商标无效宣告请求裁定； 二、被告国家知识产权局就原告针对第××号"××"商标提出的无效宣告请求重新作出裁定
【案例 22】 北京市高级人民法院行政判决书（2019）京行终 9874 号	上诉人不服原审判决，向本院提起上诉，请求撤销原审判决，维持被诉裁定	驳回上诉，维持原判
【案例 23】 北京知识产权法院行政判决书（2018）京 73 行初 6797 号	请求法院撤销被诉裁定，并责令被告重新作出裁定	驳回原告的诉讼请求

案号	原告诉讼请求	法院判决
【案例 24】 北京市高级人民法院二审行政判决书（2020）京行终 1133 号	上诉人不服原审判决，向本院提起上诉，请求撤销原审判决，判令国家知识产权局重新作出裁定	驳回上诉，维持原判
【案例 25】 北京知识产权法院行政判决书（2019）京 73 行初 10876 号	请求法院撤销被诉决定，判令被告重新作出决定	驳回原告的诉讼请求
【案例 26】 北京市高级人民法院二审行政判决书（2019）京行终 7670 号	请求撤销原审判决并依法改判、撤销被诉决定并判令国家知识产权局重新作出决定	一、撤销北京知识产权法院（2018）京 73 行初 12079 号行政判决书； 二、撤销原国家工商行政管理总局商标评审委员会作出的商评字［2018］第××号《关于第××号"阿凡达影业"商标驳回复审决定书》； 三、国家知识产权局就上诉人针对第××号"阿凡达影业"商标提出的驳回复审申请重新作出决定
【案例 27】 北京知识产权法院一审行政判决书（2019）京 73 行初 11930 号	请求法院撤销被诉决定，判令被告重新作出决定	驳回原告的诉讼请求
【案例 28】 北京市高级人民法院二审行政判决书（2020）京行终 6368 号	撤销原审判决及被诉决定，判令国家知识产权局重新作出决定	一、撤销北京知识产权法院（2019）京 73 行初 11930 号行政判决； 二、撤销国家知识产权局作出的商评字［2019］第××号关于第××号图形商标驳回复审决定； 三、国家知识产权局针对上诉人就第××号图形商标提出的驳回复审申请重新作出决定
【案例 29】 北京知识产权法院一审行政判决书（2020）京 73 行初 5769 号	请求法院撤销被诉决定，并判令被告重新作出决定	驳回原告的诉讼请求
【案例 30】 北京知识产权法院行政判决书（2020）京 73 行初 13232 号	请求法院判决撤销被诉决定，并判令被告重新作出决定	驳回原告的诉讼请求
【案例 31】 北京知识产权法院行政判决书（2018）京 73 行初 9034 号	请求法院依法撤销被诉裁定，判令被告重新作出裁定	驳回原告的诉讼请求
【案例 32】 北京知识产权法院行政判决书（2020）京 73 行初 12364 号	请求法院撤销被诉决定，并判令被告重新作出决定	一、撤销被告国家知识产权局作出的商评字［2020］第××4 号《关于第××号阿斯特拉商标驳回复审决定书》； 二、被告国家知识产权局就原告针对第××号阿斯特拉商标提出的驳回复审申请重新作出决定

案号	原告诉讼请求	法院判决
【案例33】 北京市高级人民法院二审行政判决书（2016）京行终4291号	上诉人因商标争议行政纠纷一案，不服北京市第一中级人民法院（2014）一中行（知）初字第9585号行政判决，向本院提起上诉。请求依据2001年《商标法》对争议商标予以撤销	一、撤销北京市第一中级人民法院（2014）一中行（知）初字第9585号行政判决； 二、撤销原国家工商行政管理总局商标评审委员会作出的商评字[2014]第××号《关于第××号"霸天虎××及图"商标争议裁定书》； 三、原国家工商行政管理总局商标评审委员会就某宝有限公司针对第××号"霸天虎××及图"商标提出的注册商标争议裁定申请重新作出裁定
【案例34】 北京市高级人民法院行政判决书（2018）京行终1254号	某公司请求依据2014年修正的《商标法》以及《著作权法》和《伯尔尼公约》等条款宣告诉争商标无效。 国家知识产权局不服原审判决，向本院提起上诉，请求：撤销原审判决，维持被诉裁定	一审判决： 一、撤销被诉裁定； 二、商标评审委员会重新作出裁定。 二审判决： 驳回上诉，维持原判

二、案例解读

【案例1】[①]

某公司不服原国家工商行政管理总局商标评审委员会于2015年5月6日作出的商评字（2015）第××号关于第××号"××"商标驳回复审决定，于法定期限内向北京知识产权法院提起行政诉讼。

某公司诉称：（1）诉争商标与引证商标二、三从文字构成及整体外观、读音、含义等方面相比，二者不近似，不构成类似商品上的近似商标；（2）诉争商标经过原告的长期使用和广泛宣传，已经具有了极高的知名度，并已与原告形成了一一对应关系，能够与引证商标二、三相区分；（3）引证商标一的注册人为原告的全资子公司，故二者不存在权利冲突。且原告已经与引证商标一的注册人签订了该商标的转让文件，并已于2014年10月提交商标局，目前在待核准；（4）从指定使用商品来讲，引证商标二、三不构成诉争商标在"服装、牛仔裤、裤子、裙子、衬衫、T恤衫、夹克（服装）、童装、成人服装、婴儿全

---

① 案号：（2015）京知行初字第5031号

套衣、游泳衣、雨衣、戏装、帽、短袜"商品上的注册障碍，诉争商标在上述商品上的注册申请应当予以核准。综上，请求法院判决撤销被诉决定，并责令被告重新作出决定。

商评委认为，诉争商标与引证商标二，引证商标三在呼叫、字母组成、整体外观等方面相近，上述商标若同时使用在服装等同一种或类似商品上，易导致消费者对商品的来源产生混淆和误认，已构成使用在同一种或类似商品上的近似商标。原告提交证据不足以证明诉争商标经使用已产生足以与引证商标二、三相区分的显著特征，从而不致与引证商标二、三相混淆。鉴于引证商标二、三核定使用的商品完整包含了诉争商标指定使用的商品，故引证商标的最终权利状态对诉争商标获准注册的情形没有实质性影响，故诉争商标与引证商标一是否构成近似商标不再予以讨论。依照《商标法》第三十条和第三十四条的规定，商标评审委员会决定：诉争商标在复审商品上的注册申请予以驳回。

法院认为，本案中，诉争商标与引证商标二及引证商标三相比，二者均完整包含有"TRANSFORMER"，其呼叫、含义及整体外观等方面相近，同时，诉争商标指定使用的商品"服装；牛仔裤；裤子；裙子；衬衫；T 恤衫；夹克（服装）；童装；成人服装；婴儿全套衣；游泳衣；雨衣；戏装；帽；短袜；手套（服装）；围巾；服装（衣服）"与引证商标二核定使用商品"皮带（服饰用）"及引证商标三核定使用商品"围巾；领带；手套（服装）"虽不为同一类似群组，但均为穿戴类商品，商品的功能、用途、生产部门、销售渠道、消费群体基本相同，其在市场上的共同使用易使消费者对其商品来源产生混淆、误认，二者已构成使用在同一种或类似商品上的近似商标。

另外，本案中原告提交的证据不足以证明诉争商标经使用已产生足以与引证商标二、三相区分的显著特征，从而不致与引证商标二、三相混淆。因此，法院驳回了原告的全部诉讼请求。

【律师点评】

本案应关注以下两个问题。

（1）原告以其诉争商标的知名度来证明不构成混淆的理由，在行政诉讼中法院一般不予考虑。

在商标驳回复审案件中，法院一般认为，诉争商标具有一定知名度并不意味着相关公众必然不会将诉争商标与引证商标相混淆，亦不意味着诉争商标依据《商标法》第三十条的规定必然能够获得注册。

在诉争商标与引证商标的标识本身较为近似的情况下，在判断相关公众是否会将诉争商标与引证商标指示的商品或服务来源相混淆时，诉争商标是否具有知名度仅是考虑因素之一，而非唯一考虑因素，除此之外，引证商标是否具有知名度及引证商标的其他相关情形亦可能对混淆可能性的判断产生实质影响。只有在综合考虑各因素的情况下，才能对相关公众是否会对诉争商标与引证商标指示的商品或服务来源产生混淆作出认定。但在商标驳回复审案件中，因引证商标所有人并不会参加到复审程序中来，其并无机会向商标评审委员会及法院提交证据证明引证商标的知名度及其他相关事实，故在无法考虑引证商标知名度及相关事实的情况下，即便诉争商标具有一定知名度，商标评审委员会及法院亦无法对相关公众是否会将诉争商标与引证商标指示的商品或服务来源相混淆作出判断，据此，在商标驳回复审案件中诉争商标是否具有知名度与诉争商标是否可以依据《商标法》第三十条规定获得注册并无必然联系。

此观点，在《北京市高级人民法院商标授权确权行政案件审理指南》第15.3条中也有相应的规定："【商标申请驳回复审行政案件中商标近似性的判断】商标申请驳回复审行政案件中，诉争商标与引证商标是否近似，主要根据诉争商标标志与引证商标标志近似程度等因素进行认定。诉争商标的知名度可以不予考虑。"

（2）如原告发现引证商标权利不稳定时，原告应据此提起行政诉讼请求法院作出撤销商标评审部门的原裁决并作出新裁决。

虽然本案法院最终认定诉争商标与引证商标二、引证商标三构成相同、近似，但值得注意的是，引证商标一已经因连续三年停止使用已被商标评审委员会依法撤销。实践中，商标诉讼案件会出现一种情况，即在商标评审程序中认定的事实和适用的法律正确，但在诉讼中，作出诉争裁决的事实基础却发生了变化的情形。人民法院审理商标授权确权行政案件的过程中，若商标评审部门对诉争商标予以驳回、不予核准注册或者予以无效宣告的事由不复存在的，人民法院可以依据新的事实撤销商标评审部门相关裁决，并判令其根据变更后的事实重新作出裁决。

【案例 13】[①]

原告因商标无效宣告请求行政纠纷一案，不服被告原国家工商行政管理总

---

① 案号：（2016）京 73 行初 1823 号

局商标评审委员会于 2016 年 2 月 26 日作出的商评字〔2016〕第××号《关于第××号"铁臂阿童木"商标无效宣告请求裁定书》，于法定期限内向北京知识产权法院提起行政诉讼，被诉裁定的利害关系人开某公司作为第三人参加了诉讼。

原告请求法院撤销被诉裁定，并责令被告重新作出裁定。理由是"铁臂阿童木"等作品的著作权及其商品化权已被授权给原告行使，经过对"阿童木"动漫形象的不断商品化，"阿童木"已与聪明、勇敢、正义、拥有十万马力的能量，且会说 60 种语言的可爱的机器人少年形象建立了唯一的对应关系，且拥有极高的知名度。阿童木公司将"阿童木"作为企业名称的核心组成部分，且在未获得原告许可的情况下在其产品、注册商标及网站上大量使用原告的"阿童木"动漫形象作品，诉争商标侵犯了原告在先的著作权。原告在无效宣告请求书中提出的其他各项理由均具有事实和法律依据，商标评审委员会不予支持是错误的。

被诉裁定系商标评审委员会就原告针对阿童木公司注册的第××号"铁臂阿童木"商标提出的无效宣告请求而作出的。商标评审委员会认为，原告提交的证据显示，原告享有在先著作权。但本案中的诉争商标为纯文字商标，原告享有著作权的卡通形象并未体现在诉争商标中，诉争商标的文字"铁臂阿童木"虽然可能引起相关公众对于原告作品的联想，但该文字本身并不构成文字或美术作品，即使其含义指向原告的系列动漫作品，也不会对其发行、改编、获得报酬等权利形成实质性侵害。因此，诉争商标的注册使用未侵犯原告享有的著作权。原告主张诉争商标侵害其角色名称商品化权，但该项权利来源、构成、权利边界范围、受保护程度等并无明确的法律依据，并且在案证据难以认定诉争商标申请注册时原告动漫作品的知名度状况，原告亦未提交其权利之何种利益因诉争商标的注册使用而受到损害的事实证据。综上，原告该项理由事实与法律依据不足，商标评审委员会裁定：诉争商标予以维持。

第三人开某公司认为，被诉裁定认定事实清楚，适用法律正确，审查程序合法。

一审法院判决：（1）撤销被告中华人民共和国原国家工商行政管理总局商标评审委员会作出的商评字〔2016〕第××号关于第××号"铁臂阿童木"商标无效宣告请求裁定；（2）被告中华人民共和国原国家工商行政管理总局商标评审委员会于本判决生效后针对原告就第××号"铁臂阿童木"商标提出的无

效宣告请求重新作出裁定。

二审法院维持原判。

【律师点评】

本案的争议焦点主要为：诉争商标的注册是否违反 2001 年商标法第三十一条"不得损害他人现有的在先权利"的规定。

法院审理的思路是：

第一，释明法律。根据 2001 年商标法第三十一条的规定，申请商标注册不得损害他人现有的在先权利，也不得以不正当手段抢先注册他人已经使用并有一定影响的商标。本条规定的在先权利，是指在诉争商标申请注册日之前已经取得的，除商标权以外的其他权利，包括姓名权、著作权等。

第二，审查原告依法享有著作权。

第三，关于在先作品名称，法院认为，根据在案证据，"阿童木"既是作品《铁臂阿童木》的片名，也是动漫作品中主要人物的名称。原告提交的证据完全可以证明作品《铁臂阿童木》以及"铁臂阿童木"的角色取得了一定的知名度。在诉争商标申请日前，该动漫已经在中国大陆地区进行了广泛的宣传并已播出，"铁臂阿童木""阿童木"作为动漫作品的名称以及动漫的角色名称已为相关公众所了解，具有较高知名度，且该知名度的取得是原告创造性劳动的结晶，其所带来的商业价值和商业机会亦由原告投入大量劳动和资本所获得。因此，"铁臂阿童木""阿童木"可以作为在先作品名称以及在先作品的角色名称进行保护。

但法院认为，在先作品名称以及在先作品的角色名称权益的保护范围并不当然及于全部商品和服务类别，仍应以限于相同或类似商品或服务为原则。从现有证据来看，第三人在网站、某商场、某网上销售标有"阿童木"形象的童鞋等商品，虽然在诉争商标申请日之前原告并未在鞋等商品上使用阿童木形象，但原告在第 25 类商品上注册有"铁臂阿童木"商标，且鞋等商品系生活必需品，第三人在销售诉争商标核定使用的鞋等商品时，必定借用了在先作品名称及角色名称所形成的市场声誉或不当损害了其商业利益，使相关公众对诉争商标核定使用的商品来源与在先作品名称及角色名称的所有人产生混淆误认，从而挤占了在先作品名称及角色名称所有人基于该在先作品名称及角色名称而享有的市场优势地位和交易机会，故诉争商标的注册申请损害了原告的在先权益。

三、律师提示

针对本章第一节商标行政诉讼纠纷案件的起诉和应诉事项，诉讼当事人应从下列几个环节做好准备。

（一）诉讼主体

商标行政诉讼中的原告，是指行政机关具体行政行为的相对人。原告可以是自然人、法人或其他组织。原告可能是涉案商标的原权利人，也有可能是涉案商标的继受方（如被许可人、继承人、受让人等）。商标行政诉讼中的被告是作出具体行政行为的行政管理机关。此外，诉讼还会涉及有利害关系的第三人。

（二）诉讼请求

原告的诉讼请求根据下列案由，一般应为：

（1）商标申请驳回复审行政纠纷。

诉讼请求为：请求法院撤销被诉决定，并判令被告重新作出决定。

（2）商标异议复审行政纠纷。

诉讼请求为：请求法院撤销被诉裁定，并责令被告重新作出裁定。

（3）商标无效宣告请求行政纠纷。

诉讼请求为：请求法院撤销被诉裁定，并责令被告重新作出裁定。

（4）商标撤销复审行政纠纷。

诉讼请求为：请求法院撤销被诉决定，并判令被告重新作出决定。

（三）期限

1. 商标申请驳回复审行政纠纷

对驳回申请、不予公告的商标，商标局应当书面通知商标注册申请人。

商标注册申请人不服的，可以自收到通知之日起十五日内向商标评审委员会申请复审。

商标评审委员会应当自收到申请之日起九个月内做出决定，并书面通知申请人。有特殊情况需要延长的，经国务院工商行政管理部门批准，可以延长三个月。

当事人对商标评审委员会的决定不服的，可以自收到通知之日起三十日内向人民法院起诉。

2. 商标异议复审行政纠纷

对初步审定公告的商标提出异议的，商标局应当听取异议人和被异议人陈述事实和理由，经调查核实后，自公告期满之日起十二个月内做出是否准予注册的决定，并书面通知异议人和被异议人。有特殊情况需要延长的，经国务院工商行政管理部门批准，可以延长六个月。

商标局做出准予注册决定的，发给商标注册证，并予公告。异议人不服的，可以依照商标法第四十四条、第四十五条的规定向商标评审委员会请求宣告该注册商标无效。

商标局做出不予注册决定，被异议人不服的，可以自收到通知之日起十五日内向商标评审委员会申请复审。商标评审委员会应当自收到申请之日起十二个月内做出复审决定，并书面通知异议人和被异议人。有特殊情况需要延长的，经国务院工商行政管理部门批准，可以延长六个月。被异议人对商标评审委员会的决定不服的，可以自收到通知之日起三十日内向人民法院起诉。人民法院应当通知异议人作为第三人参加诉讼。

商标评审委员会在依照前款规定进行复审的过程中，所涉及的在先权利的确定必须以人民法院正在审理或者行政机关正在处理的另一案件的结果为依据的，可以中止审查。中止原因消除后，应当恢复审查程序。

3. 商标无效宣告请求行政纠纷

（1）已经注册的商标，违反商标法第四条、第十条、第十一条、第十二条、第十九条第四款规定的，或者是以欺骗手段或者其他不正当手段取得注册的，由商标局宣告该注册商标无效；其他单位或者个人可以请求商标评审委员会宣告该注册商标无效。

商标局做出宣告注册商标无效的决定，应当书面通知当事人。当事人对商标局的决定不服的，可以自收到通知之日起十五日内向商标评审委员会申请复审。商标评审委员会应当自收到申请之日起九个月内做出决定，并书面通知当事人。有特殊情况需要延长的，经国务院工商行政管理部门批准，可以延长三个月。当事人对商标评审委员会的决定不服的，可以自收到通知之日起三十日内向人民法院起诉。

其他单位或者个人请求商标评审委员会宣告注册商标无效的，商标评审委员会收到申请后，应当书面通知有关当事人，并限期提出答辩。商标评审委员会应当自收到申请之日起九个月内做出维持注册商标或者宣告注册商标无效的裁定，并书面通知当事人。有特殊情况需要延长的，经国务院工商行政管理部门批准，可以延长三个月。当事人对商标评审委员会的裁定不服的，可以自收到通知之日起三十日内向人民法院起诉。人民法院应当通知商标裁定程序的对方当事人作为第三人参加诉讼。

（2）已经注册的商标，违反本法第十三条第二款和第三款、第十五条、第十六条第一款、第三十条、第三十一条、第三十二条规定的，自商标注册之日起五年内，在先权利人或者利害关系人可以请求商标评审委员会宣告该注册商标无效。对恶意注册的，驰名商标所有人不受五年的时间限制。

商标评审委员会收到宣告注册商标无效的申请后，应当书面通知有关当事人，并限期提出答辩。商标评审委员会应当自收到申请之日起十二个月内做出维持注册商标或者宣告注册商标无效的裁定，并书面通知当事人。有特殊情况需要延长的，经国务院工商行政管理部门批准，可以延长六个月。当事人对商标评审委员会的裁定不服的，可以自收到通知之日起三十日内向人民法院起诉。人民法院应当通知商标裁定程序的对方当事人作为第三人参加诉讼。

商标评审委员会在依照前款规定对无效宣告请求进行审查的过程中，所涉及的在先权利的确定必须以人民法院正在审理或者行政机关正在处理的另一案件的结果为依据的，可以中止审查。中止原因消除后，应当恢复审查程序。

4. 商标撤销复审行政纠纷

注册商标成为其核定使用的商品的通用名称或者没有正当理由连续三年不使用的，任何单位或者个人可以向商标局申请撤销该注册商标。商标局应当自收到申请之日起九个月内做出决定。有特殊情况需要延长的，经国务院工商行政管理部门批准，可以延长三个月。

注册商标被撤销、被宣告无效或者期满不再续展的，自撤销、宣告无效或者注销之日起一年内，商标局对与该商标相同或者近似的商标注册申请，不予核准。

对商标局撤销或者不予撤销注册商标的决定，当事人不服的，可以自收到通知之日起十五日内向商标评审委员会申请复审。商标评审委员会应当自收到申请之日起九个月内做出决定，并书面通知当事人。有特殊情况需要延长的，经国务院工商行政管理部门批准，可以延长三个月。当事人对商标评审委员会的决定不服的，可以自收到通知之日起三十日内向人民法院起诉。

申请人应当密切关注商标复审的审理进度，及时查询评审决定是否已经下发，防止错过上述法定起诉期限。在商标评审委员会作出的决定书的尾部也会告知申请人的救济途径和时限，申请人应注意查看。

（四）诉讼管辖

下列第一审行政案件由北京知识产权法院管辖：

（1）不服国务院部门作出的有关专利、商标、植物新品种、集成电路布图设计等知识产权的授权确权裁定或者决定的；

（2）不服国务院部门作出的有关专利、植物新品种、集成电路布图设计的强制许可决定以及强制许可使用费或者报酬的裁决的；

（3）不服国务院部门作出的涉及知识产权授权确权的其他行政行为的。

（五）起诉应提交的基础材料

（1）行政起诉状。

① 原告是自然人的，应当签名或捺印。

② 原告是法人或其他组织的，盖单位公章，并由法定代表人或负责人签名。

（2）原告的主体资格证明。

① 原告是自然人的，提供身份证复印件。

② 原告是法人或其他组织的，提供营业执照和法定代表人或主要负责人身份证明书、身份证复印件。营业执照复印件须加盖单位公章。

（3）国家知识产权局作出的决定书原件及复印件，以及送达信封或电子送达日期截图也应提供，以证明起诉符合法定期限。

（4）证据材料。

（5）授权委托手续材料，如果原告委托诉讼代理人的，提交诉讼代理人的授权委托书以及相应证明文件。

第二节　科幻刑事案例数据与审判思路分析

一、数据分析

本节共查询出 20 起与科幻著作权有关的侵犯著作权罪的刑事案件起诉书或判决书。

从下列案件中可以得到如下数据：

（1）从罪名来看，几乎全部文书中都认为犯罪嫌疑人或被告人的行为涉嫌或构成侵犯著作权罪，尚未查询到科幻领域的其他知识产权犯罪，如假冒注册商标罪、假冒专利罪、销售侵权复制品罪等案件信息。

（2）从涉及的作品来看，13 起案件涉及的作品为影视作品，有 4 起案件涉及书籍，有 1 起案件涉及计算机软件（游戏），还有 1 起涉及拼装玩具。

（3）从法律适用来看，所有案件都适用了《中华人民共和国刑法》第 217 条第 1 款的规定，即"未经著作权人许可，复制发行、通过信息网络向公众传播其文字作品、音乐、美术、视听作品、计算机软件及法律、行政法规规定的其他作品"。

（4）从是否构成共同犯罪来看，有 8 起案件涉及共同犯罪，12 起案件不涉及共同犯罪。涉及共同犯罪的案件中，主要包括共同正犯和帮助犯。形成犯罪集团的有 2 起案件。

（5）从刑罚上看，上述案件中，主刑最高者为 5 年，最低者为 6 个月，附加刑罚金最高者为 880 万元，最低者为 2 000 元（见表6-2）。

表 6-2　侵权著作权罪案例汇总表

案号	主刑	附加刑
【案例1】 北京市海淀区人民法院一审刑事判决书（2014）海刑初字第 1633 号	被告人 1：有期徒刑 5 年 被告人 2：有期徒刑 3 年 6 个月 被告人 3：有期徒刑 2 年 6 个月 被告人 4：有期徒刑 2 年 6 个年 被告人 5：有期徒刑 2 年 6 个月	1. 被告人 1：罚金 100 万元 2. 被告人 2：罚金 20 万元 3. 被告人 3：罚金 10 万元 4. 被告人 4：罚金 10 万元 5. 被告人 5：罚金 10 万元

续表

案号	主刑	附加刑
【案例2】 武汉市江岸区人民法院一审刑事判决书（2016）鄂 0102 刑初 866 号	被告人1：有期徒刑3年缓刑4年 被告人2：有期徒刑3年缓刑3年 被告人3：有期徒刑2年缓刑2年	1. 被告人1：罚金7万元 2. 被告人2：罚金6万元 3. 被告人3：罚金4万元
【案例3】 河北省保定市竞秀区 人民检察院起诉书 保竞检公诉刑（2019） 268 号 保定市竞秀区人民法院一审刑事判决书（2019）冀 0602 刑初 329 号	马某某：有期徒刑4年 任某某：有期徒刑2年6个月 李某甲：有期徒刑1年 赵某某：有期徒刑1年缓刑2年 李某乙：有期徒刑1年缓刑2年 肖某某：有期徒刑10个月 高某某：有期徒刑10个月缓刑1年 李某：有期徒刑10个月，缓刑1年	1. 马某某：罚金360万元 2. 任某某：罚金120万元 3. 李某甲：罚金2万元 4. 赵某某：罚金1万元 5. 李某乙：罚金1万元 6. 肖某某：罚金8千元 7. 高某某：罚金5千元 8. 李某：罚金5千元
【案例4】 河北省石家庄市长安区人民检察院起诉书 石长检刑诉（2019）420 号 石家庄市长安区人民法院一审刑事判决书（2019）冀 0102 刑初 478 号	被告人孙某：有期徒刑1年6个月，缓刑2年	被告人孙某：罚金1万元
【案例5】 中山市第二人民法院一审刑事判决书（2019）粤 2072 刑初 1438 号	被告人梁某某：有期徒刑1年9个月	被告人梁某某：罚金10万元
【案例6】 上海市人民检察院第三分院起诉书沪检三分金融刑（2019）8 号		
【案例7】 浙江省杭州市西湖区人民检察院起诉书 西检公诉刑诉（2019）696 号 杭州市西湖区人民法院一审刑事判决书（2019）浙 0106 刑初 788 号	蔡某某：有期徒刑3年 吴某某：有期徒刑2年2个月 张某某：有期徒刑2年6个月	1. 蔡某某：罚金20万元 2. 吴某某：罚金10万元 3. 张某某：罚金3万元
【案例8】 陕西省勉县人民检察院起诉书（王某某侵犯著作权罪、传播淫秽物品案）勉检公诉刑诉（2019）137 号 陕西省勉县人民法院一审刑事判决书（2020）陕 0725 刑初 19 号	被告人王某某：侵犯著作权罪，有期徒刑1年6个月；传播淫秽物品罪：有期徒刑8个月。并罚，有期徒刑2年，缓刑2年6个月	被告人王某某：罚金5千元
【案例9】 北京市海淀区人民检察院起诉书京海检二部知产刑诉（2019）27 号	1. 陈某某：有期徒刑1年6个月 2. 张某某：有期徒刑1年3个月	1. 陈某某：罚金5万元 2. 张某某：罚金3万元
【案例10】 北京市海淀区人民法院一审刑事判决书（2020）京 0108 刑初 192 号		
【案例11】 上海市人民检察院第三分院起诉书沪检三分金融刑诉（2019）21 号		

案号	主刑	附加刑
【案例 12】 江苏省仪征市人民检察院起诉书 仪检刑诉（2020）43 号		
【案例 13】 江苏省扬州市人民检察院起诉书扬检刑诉（2020）7 号		
【案例 14】 北京市朝阳区人民法院一审刑事判决书（2020）京 0105 刑初 369 号	被告人赵某：有期徒刑 3 年 6 个月	被告人赵某：罚金 25 万元
【案例 15】 惠水县人民法院一审刑事判决书（2020）黔 2731 刑初 79 号	被告人范某某：有期徒刑 2 年	被告人范某某：罚金 10 万元
【案例 16】 江苏省仪征市人民检察院起诉书仪检刑诉（2020）44 号 江苏省仪征市人民法院一审刑事判决书（2020）苏 1081 知刑初 3 号 江苏省扬州市中级人民法院二审刑事裁定书（2020）苏 10 知刑终 1 号	被告人肖某某：有期徒刑 1 年 6 个月	被告人肖某某：罚金 3 万元
【案例 17】 宁夏回族自治区石嘴山市中级人民法院刑事裁定书（2020）宁 02 刑终 66 号	王某 1：处有期徒刑 3 年 刘某：有期徒刑 3 年	王某 1：罚金 4 000 元 刘某：罚金 3 000 元
【案例 18】 中山市第二人民法院刑事一审判决书（2021）粤 2072 刑初 45 号	易某某：有期徒刑 6 个月，缓刑 1 年	易某某：罚金 2 000 元
【案例 19】 中华人民共和国上海市高级人民法院二审刑事判决书（2021）沪刑终 42 号	被告人李某某：有期徒刑 3 年 7 个月	被告人李某某：罚金 880 万元
【案例 20】 安徽省滁州市南谯区人民检察院起诉书南检一部刑诉（2022）Z5 号		

二、案例解读

【案例 3】①

这是科幻领域侵犯著作权罪中被告人最多的一起刑事案件，共有被告人 8

---

① 案号：（2019）冀 0602 刑初 329 号

名。一审法院根据被告人具体实施的不同的犯罪行为，分别作出了有罪的判决。

法院认定的犯罪事实主要有：

（1）其中两名被告人系以营利为目的，未经著作权人许可，复制书籍，其行为均已构成侵犯著作权罪。

（2）五名被告人明知印制的书籍为非法出版物，仍在工作范围内开展工作，其行为均已构成侵犯著作权罪。

（3）对图书销售公司的法定代表人以侵犯著作权罪追究刑事责任，但以销售公司的主管人员身份判处刑罚。

（4）对印刷公司法定代表人，经查，自其经营公司，以实施犯罪为主要活动，故不应以单位犯罪论处。

（5）对受某图书公司法定代表人的委托管理公司，但此次犯罪活动并未得到法定代表人同意的某被告人，对其行为亦应以个人犯罪论处。

法院判决 8 名被告人均构成侵犯著作权罪，分别判处有期徒刑 4 年、2 年 6 个月、1 年、1 年缓刑 2 年、10 个月、10 个月缓刑 1 年的判决。分别并处罚金 360 万元、120 万元、2 万元、1 万元、8 万元、5 000 元（罚金于本判决生效后二十日内缴纳），缓刑考验期自判决执行之日起计算。扣押的涉案书籍依法没收。

【律师点评】

随着科幻产业的逐渐发展壮大，特别是中国的科幻文字和影视作品在国际上的影响力越来越大，杜绝和打击侵犯科幻著作权犯罪和其他科幻知识产权犯罪的工作，急需加强。

该案的警示作用是企业的法定代表人和普通员工一定要知法懂法，法定代表人以未参加具体的违法犯罪活动的抗辩理由很难为自己脱罪。普通员工以领导"让干啥就干啥"为抗辩理由，也难以为自己脱罪。

【案例 8】[①]

该案法院认定被告人王某以营利为目的，未经著作权人、录音录像制作者许可，通过互联网向公众传播他人电影、电视作品 601 部，情节严重，其行为构成侵犯著作权罪。

值得关注的点之一是法院对"以营利为目的"的认定。法院审理查明，虽然被告人本人未获利，其辩护人也作了无罪辩护，但是，被告人在视频网站网

---

① 案号：（2020）陕 0725 刑初 19 号

页上挂载广告位招租窗口，招商广告中明确载明自己的 QQ 号码为联系方式，还通过视频网站设置了会员注册、在线支付、积分兑换等行为，本身具有营利目的，即使其最终未能从中牟利，也不影响犯罪的认定。据此，法院判决被告人犯有侵犯著作权罪，判处有期徒刑 1 年 6 个月，并处罚金人民币 5 000 元；犯传播淫秽物品罪，判处有期徒刑 8 个月。二罪并罚，决定执行有期徒刑二年，宣告缓刑二年零六个月，并处罚金人民币 5 000 元。

【律师点评】

以营利为目的，是侵犯著作权罪的法定构成要件。本案的被告人虽然没有实际获得利益，但是却有多份证据证明其实施了以营利为目的的行为，故法院仍认定被告人构成了以营利为目的。

【案例 17】[1]

该案值得关注的是法院对"其他特别严重的情节"的认定，从案件的情况看，被告人王某 1 获利 1 910 元、被告人刘某获利 1 280 元，获利金额都不大。但是，法院认为经两名被告传播的他人作品的实际点击数达到 52.68 万次。其行为造成了十分严重的后果，作品借信息网络快速传播，形成了数十万次的点击数。

法院认为虽然两名被告人并非直接造成盗版电影快速传播者，但是证据链条足以证明该电影确系从王某 1 处流出，不影响对二人定罪。52.68 万次的点击属"其他特别严重的情节"，虽然法院综合考虑后，将主刑定为最低的 3 年有期徒刑，对两名被告而言也是严厉的打击。

在信息网络加持下，被侵权的作品极易迅速传播，这提醒我们不要侵犯著作权，侵权行为可能带来严重的刑事处罚。

【律师点评】

情节特别严重是中国刑法意义上加重处罚的依据。该案的被告人获利的金额并不高，但是传播行为造成了十分严重的后果，实际点击人数 52 万多次，法院认定属于情节特别严重。

三、律师提示

《知识产权强国建设纲要（2021—2035 年）》强调，要加大刑事打击力度，

---

[1] 案号：（2020）宁 02 刑终 66 号

完善知识产权犯罪侦查工作制度。修改完善知识产权相关司法解释，配套制定侵犯知识产权犯罪案件立案追诉标准。加强知识产权案件检察监督机制建设，加强量刑建议指导和抗诉指导。

科幻产业要发展，科幻作家等所有的科幻人都需要良好的创作环境和知识产权保护环境，合法有序的市场经济秩序。但是，多年来，著作权侵权等案件的审判耗时长、取证难，知识产权侵权付出的代价小，侵权人有恃无恐，始终是知识产权保护的难点。

从侵犯著作权犯罪案件来看，出现集团化、规模化经营趋势。在部分侵犯著作权刑事案件中，文创产业成为侵权高发领域，除玩具、图书、影视作品、游戏软件等传统被侵权对象外，剧本杀类、医疗软件类、互联网音乐类等新侵权对象开始出现。同时，各种新型侵权方式层出不穷，且范围不断拓展。黑灰产业链条扩张，犯罪呈现集团化、规模化趋势，成员间分工明确，经营规模大，犯罪金额高，社会危害性大。[①]

在此提示一些科幻领域的企业和个人，加强知识产权保护意识，既要保护好自身的科幻知识产权，也要警钟长鸣，杜绝或避免自身触犯刑法，切不可心存侥幸，以身试法，沦为犯罪的不良人。

---

① http://www.mzyfz.com/html/2159/2023-04-23/content-1589143.html

第七章 中国科幻产业知识产权
保护实务

第一节 科幻知识产权保护与运营六大举措

放眼全球，所有知名的影视文化科技类公司都会将知识产权保护和持续的维权工作视为重中之重。他们很清楚，如果知识产权保护不力，自身辛苦所得品牌、IP 等的商业价值就会轻易被他人窃取、滥用，轻则品牌估值缩水，重则影响企业存续。

我国的知识产权保护工作从新中国成立后开始[①]。但知识产权保护工作在商标、专利、著作权等领域的法律法规体系的建立与完善还是在 20 世纪 80 年代以后。

在加强国内知识产权保护工作的同时，我国也注重将知识产权保护工作融入国际规则体系。

2020 年 11 月 11 日《中华人民共和国著作权法》第三次修改。

近年来，我国知识产权事业不断发展，走出了一条具有中国特色的知识产权发展之路。知识产权司法审判得到国家、全社会包括国际社会前所未有的关注，也有了大幅发展。2014 年 11 月 6 日，北京知识产权法院作为首家知识产权专门法院成立，上海和广州知识产权法院也相继成立；2020 年 12 月 31 日，海南自由贸易港知识产权法院成立。自 2016 年以来，南京、苏州、武汉等地的 22 个知识产权法庭陆续成立，知识产权审判体系不断得以完善[②]。2021 年 9 月，中共中央、国务院印发了《知识产权强国建设纲要（2021—2035 年）》。这样良

[①] http://news.cnr.cn/native/gd/20201201/t20201201_525348602.shtml

[②] https://www.chinapeace.gov.cn/chinapeace/c100007/2021-02/09/content_12449523.shtml

好的司法环境，将有助于科幻人和科幻产业的知识产权合法权益得到更好的保障。

中国科幻产业知识产权保护工作应被纳入最重要的议事日程，才能更好地推进产业的发展。2021 年 6 月，国务院印发《全民科学素质行动规划纲要（2021—2035 年）》，明确提出"实施科幻产业发展扶持计划"。一些地区"十四五"时期计划实施科幻产业发展扶持计划，通过"科幻＋文旅""科幻＋会展"等多样化的形式，打造科幻产业集聚区。

为促进石景山区科幻产业创新发展，提升科技文化软实力，北京市石景山区出台了《石景山区加快科幻产业发展暂行办法》（石政办发〔2020〕14 号），聚焦科幻产业关键技术、原创人才、场景建设三大关键要素，设立科幻产业专项资金，用于支持科幻产业发展①。

2023 年 5 月 15 日，作为第 81 届世界科幻大会预热活动，"2023 成都科幻中心产业大会"在成都市郫都区开幕。本次大会的主题词是"科幻产业"，刘慈欣、韩松、董仁威等著名科幻作家与各相关行业代表共聚一堂，围绕成都科幻中心建设和产业发展展开讨论。与会专家的共识是科幻产业已经成为我国文化产业市场中一支不可或缺的力量，未来，科幻产业可以通过与新技术的结合，创造更多的变现模式。

众所周知：科幻产业，是以高新科技作为关键生产力、以知识产权彰显竞争力，依托知识产权保护对各类商品或服务进行转化的产业。科幻产业的一大特征，是通过对文学、艺术、科技、人才、学术、场景、文旅等多要素的交叉融合，促进文化创意、技术开发及其他方面的成果转化。如此热闹非凡的文化大发展、大繁荣的综合性产业，又岂能离开知识产权全方位的保护与助力？然而，纵观中国科幻产业整体的发展过程，版权保护问题始终没有引起足够的关注，更没有被提到应有的高度。

本书关注的案例基本可以反映出国内科幻领域的知识产权纠纷案件的基本情况。结合 243 起科幻纠纷案例的汇总分析，以及自身从事 28 年知识产权法律服务工作的办案体会和实战经验，本书阐述中国科幻知识产权保护的六大举措。

---

① https://baijiahao.baidu.com/s?id=1689947796449515944&wfr=spider&for=pc

一、强化科幻知识产权的保护意识和投入

科幻人应强化知识产权保护意识，先有意识才有随后的保护措施或手段。

将版权保护作为公司发展的重中之重的国外科幻影视公司有很多，迪士尼公司就是最具代表性的一个。迪士尼通过不断强化版权保护意识和打造最强法务团队，以保护自身版权不受侵犯，从而让版权权益最大化，成功打造出了科幻商业帝国。

笔者认为，科幻人应特别强化以下三方面的知识产权保护意识。

第一，要强化科幻作家等科幻著作权人、科幻领域商标、专利等权利人、产业领头人，科幻领域高科技公司、产业投资人的决策人、实控人等的知识产权保护意识。他们的知识产权保护意识强或者不强，直接关系到科幻知识产权商业化价值转化的大还是小、产业发展速度的快与慢、质量的高与低。所以，只有这些领头人有很强的知识产权意识，就会带领员工认真关注和学习研究与科幻知识产权有关的法律知识，并组建专业的法务团队，制定完备的知识产权保护战略和实施方案，并在运营管理的全过程中牢固树立法律风险防控意识并推进各种知识产权保护举措。

第二，要有专门的经费，用于开展知识产权保护方面的学习和研究，必要时聘请专业人士对企业员工、高管进行专业培训。科幻作家也要保持与法律专业人士的沟通与联系，从创作伊始就牢牢树立知识产权保护意识，并设计好自身的保护战略。

第三，要根据科幻作家和科幻产业企业的具体情况，制定出知识产权保护战略和具体的制度，起草好完善的合同，并设计好签订合同的流程，以及做好签署合同后履行合同的监管工作等。

二、组建并拥有强大的专业法务团队

（一）世界科幻大 IP 企业强大的法务团队及惊人的业绩

如前所述，国外知名的科幻 IP 公司无一例外都会拥有一支具备专业法务经验的维权团队。所有知名的知识产权品牌公司包括科幻 IP 品牌公司也都会将维

权工作视为重中之重。"当你在凝视我的版权时,我的法务也在凝视着你。"这应该是这些知名公司的真实写照。

本书重点介绍"最强法务部"迪士尼、"游戏界最强法务部"任天堂、"南山必胜客"腾讯法务部。

(1)"最强法务部"迪士尼。

迪士尼法务部的强悍名声在外多年,即便是再微不足道的侵权行为也有可能引来它的注意。

早在 2011 年,美国《超级律师》杂志就在一文中披露,迪士尼法务部在全球范围内大约有 350 位律师,其中包括职业律师、普通出席律师和电影业务律师等[①]。

网上有个著名的段子是:如果你被困在无人荒岛上,最快的获救方法就是在沙滩上画个米老鼠,因为迪士尼法律团队会开着直升飞机过来接你去打官司。虽然现实中还没有"成功"的案例,但这个段子恰好说明迪士尼法务团队对知识产权的重视。

近年来,迪士尼在中国的维权行为也日益增多。在中国裁判文书网中交叉搜索关键词"迪士尼"和"侵权",共有 1 403 篇文书,其中 1 062 篇发生在 2020—2022 这三年。正是通过这种团队化的知识产权保护,迪士尼等公司才能拥有今天的"吸金"能力:据德国 Statista 数据库统计,截至 2021 年 1 月,在全球十大最赚钱的影视 IP 中,有一半都属于迪士尼。其中原创角色米老鼠、迪士尼公主等带来的累积收入超过了 1 200 亿美元。非原创 IP,截至 2019 年 7 月,光是美国漫威电影的票房就为迪士尼带来了 180 多亿美元的收入[②]。

(2)"游戏界最强法务部"任天堂。

公司的法务部多是处理公司日常经营过程中的合同条款和法律咨询等常规业务,并非是所有公司都非常重视法务部。但是,任天堂的法务部却以凶悍著称,他们的特点是主动出击维护本公司利益。在过去几十年里的数次大型维权,基本是任天堂方面获胜诉。任天堂凭借着坚定的态度和主动出击,加之高水平的维权,逐渐打出"游戏界最强法务部"的名头。

---

① https://cj.sina.com.cn/articles/view/2849964471/a9df01b701901bnit

② https://mp.weixin.qq.com/s/-hq6FjnKZ0YuKLhkP6aQ3Q

（3）"南山必胜客"腾讯法务团队。

值得庆幸的是，在中国，以腾讯公司为代表的部分企业早已意识到知识产权保护团队化的重要性，并建设起了强大的法务团队。

根据相关统计数据显示，仅在 2018—2020 年，深圳南山法院和深圳中院共有 564 起涉及腾讯的案件，其中腾讯胜诉了 536 起，胜诉率高达 95.04%[①]。

腾讯法务部一直以来的傲人战绩，不仅继续着"南山必胜客"的神话，在其他地区的关键诉讼上，腾讯法务部也屡屡帮助公司立下奇功。2022 年，《云南虫谷》被侵权一案宣判，西安市中级人民法院认定抖音构成帮助侵权，判赔腾讯视频超 3 200 万元。在此案之前，电视剧类的最高获赔金额为优酷诉北京某公司侵权《春风十里不如你》，总额 200 万元。腾讯将原记录提高了 16 倍[②]。

（二）科幻知识产权保护的团队化需求

科幻产业不仅是文化产业中最具综合性之一的产业，也是文化与科技这两大知识产权源头的交叉点。可以说，科幻产业就是一种以知识产权为核心构筑的复合型产业。因此，每位科幻从业者都应将知识产权保护工作视为立身之本。

然而现实情况是，科幻产业仍处于繁荣发展的初始阶段，大量作品的权利人无法像巨头企业那样，在知识产权保护中实现团队化。

在这一问题上，以中国文字著作权协会为代表的一些非营利性社会团体，被一部分科幻从业者视为助力：

文字作品著作权集体管理机构——中国文字著作权协会于 2008 年 10 月 24 日在北京成立。协会是以维护著作权人合法权益为宗旨，从事著作权服务、保护和管理的非营利性社会团体，已获得国家版权局正式颁发的《著作权集体管理许可证》，是我国唯一的文字作品著作权集体管理机构。

其协会公告为：文字著作权协会是我国唯一的文字著作权集体管理组织，是负责全国报刊和教材"法定许可"使用费收转工作的唯一法定机构。

可以看出，此类团体的管理属性较强、维权属性较弱，绝大多数时候难以像商业公司那样对侵权行为重拳打击。

因此，更符合当下中国科幻产业知识产权保护需求的，或许是一大批专攻

---

① https://baijiahao.baidu.com/s?id=1748376744254932054&wfr=spider&for=pc

② https://baijiahao.baidu.com/s?id=1748189535947979944&wfr=spider&for=pc

科幻知识产权领域的"法律顾问团队"。

科幻人拥有一支强大法务团队的神圣价值表现在：

（1）虽然"凶悍"的维权态度容易导致维权行为本身的成本过高，且不一定能在每个案件中得到足额赔偿，然而长远来讲，这种态度一来可以起到很好的威慑作用，二来保护了旗下品牌的整体形象，企业的长期利益因此能得到更好的保障。

（2）凶悍的维权态度，也必定需要一支专耕知识产权领域的专业团队，原因有三：

第一，专业度更高，更能够寻找到案件的突破口；

第二，持续性更强，更能够提早发现并留存证据；

第三，成本更低，无需再进行"马后炮"式的调查研究。

实践中，打造这样一支专业的法务团队是十分必要的。同时也意味着这样团队的专业水平和维权能力也应该很高。因为他们既要充分认识到科幻领域的独特性，熟悉科幻产业的各个板块的内容、流程和知识产权保护的重点，也要对科幻产业知识产权保护工作有丰富的实战经验和谈判、诉讼等的维权能力。这样不仅能保证维权的专业性和持续性，也会真正助力科幻企业和权利人的人身权和财产权保值、增值，提高在国内乃至国际市场上的综合竞争力。

三、产出并拥有更多的优质 IP

（一）优秀的 IP 内容及知识产权保护是科幻商业帝国的核心和基础

以美国、日本为首的国家成功打造了众多世界级的超级科幻大 IP，以及在全球电影产业中占据了主流票房的优质产权，如：始于 20 世纪 60 年代的《星际迷航》、20 世纪 80 年代播出的《变形金刚》，1995 年面世的《新世纪福音战士》。在如今的娱乐产业中，电影早已不是单独的存在，票房也不再是最终的目的，电影只是 IP 产业链中的一个环节。

【以迪士尼为例】

IP 为王，对迪士尼来讲绝不是说说而已。作为好莱坞综合实力最强的娱乐集团，其娱乐帝国版图已遍布数个领域：广播电视传媒、主题公园及度假村、电影电视娱乐、消费品和互动媒体……基本涵盖了 IP 产业的全产业链。从内容创造、内容分发到内容变现，迪士尼在 IP 产业链的每一环节都有不俗的表现。

问题是，这样一家横跨了一个世纪的企业，其制胜关键点是什么？标准答案是：除了优秀的商业运营团队和前瞻性的商业眼光外，迪士尼帝国屹立不倒的核心始终是优秀的 IP 内容及知识产权保护，而 IP 产业运营的权利基础永远是知识产权的先行布局——这是迪士尼的"生命线"。[1]

迪士尼公司被冠以"版权狂魔"之名，这要追溯到"米老鼠"形象诞生之前。1927 年，华特·迪士尼和搭档共同创作出经典形象"幸运兔奥斯华"，但因华特·迪士尼与发行公司签署的合同，导致华特失去了奥斯华的版权和流失了大量画师。直到 2006 年，迪士尼才从 NBC 环球手中买回了奥斯华的全部所有权。虽然之后华特·迪士尼重新创作了经典"米老鼠"形象，但经此重创，也让失去过版权的迪士尼意识到作品的绝对控制权是多么重要。

巨大经济效益背后是强大的知识产权保护，知识产权的商业价值从下列表述中可见一斑：

1928 年 11 月 18 日，在纽约七十九街殖民大戏院上映了全世界第一部有声动画片《威利号汽船》，这标志着初代米老鼠形象的正式诞生[2]。

2003 年，米老鼠和它的朋友们被美国财经杂志《福布斯》列为"虚拟形象富豪榜"第 1 位，身价高达 58 亿美元；

2008 年，米老鼠被《时代杂志》称为"世界最具辨识度"的角色之一，米老鼠 IP 给迪士尼带来了巨大的经济效益。

在迪士尼法务部的推动下，美国版权法曾两次修改：第一次是 1976 年，迪士尼联合各大企业说服政府调整相关法案，最终，在 1976 年的版权修正案上，公司版权的保护期修改为作品面世后 75 年。第二次是 1998 年 10 月，迪士尼法务部再次成功推动了法案的更改，将公司版权的保护期延长到了 95 年。此前，根据美国 1790 年版权法案规定，版权保护期仅有 28 年，其后不断延长，到了 1909 年的法案，增加到了 56 年。那么，最早版本的米老鼠形象应在 1984 年就不再属于迪士尼公司而进入到公共领域。这份《著作权年限延长法案》又被称为"米老鼠保护法案"。据此，迪士尼再次成功地将拥有的 1928 年的黑白动画电影《威利号汽船》里的初代米老鼠保护时限延长至 2023 年。

---

① 迪士尼官网：https://thewaltdisneycompany.com/

② Mickey's Copyright Adventure: Early Disney Creation Will Soon Be Public Property, https://www.nytimes.com/2022/12/27/business/mickey-mouse-disney-public-domain.html

因此，在 IP 为王的今天，随着中国科幻作品的日益增多，科幻人要紧紧依靠专业的法务团队，实现科幻 IP 知识产权保护先行布局，进而实现科幻 IP 的价值最大化。

笔者提示科幻人，一定要努力创作出更多的优秀科幻作品，从创作伊始就牢牢树立知识产权保护意识，用知识产权覆盖作品创作的全部内容以及作品形象等。

（二）多版本，角色形象须不断推陈出新

以《三体》广受关注为契机，"科幻"这一文学类型再次进入公众视野。随着市场对于科幻认可程度的持续提升，各类科幻文学、动漫、影视、游戏作品不断涌现，科幻市场呈现出欣欣向荣、百家争鸣的景象。但是，中国科幻人特别是科幻作家群体的知识产权保护意识比较薄弱，实施方案更是没有很好的谋划。

"如果我们站在未来的高度，看待我们个体的机遇，或许我们会发现自己平时纠结、彷徨、忧虑的那些事都不值得一提。"这是刘慈欣老师作品中的精辟语言。从国家的层面，知识产权已属于强国战略，是国家发展的战略性资源和国际竞争力的核心要素。因此，对于科幻产业的发展来讲，无须纠结要不要借用知识产权来保护科幻作品与科幻产业的问题。我们要做的就是立即行动，要去完成它和实现它。因为知识产权决定着科幻的未来和科幻产业的未来。

科幻作家和艺术家们，请一定高度重视多版本的角色形象的创作和塑造，这足以让科幻作家的作品形象更加深入人心。米老鼠、蜘蛛侠等角色的形象不断推陈出新，充分说明拥有更多的优质科幻 IP，派生出更多版本和更多角色形象等，才是科幻产业发展的核心基础。

（三）及时办理科幻作品的版权登记

中国版权保护中心是国家著作权主管部门认定的登记机构，承担作品和计算机软件著作权登记，与著作权有关权利事项登记、专有权登记等工作；承担国家著作权主管部门委托的著作权质权登记、出版境外音像制品著作权合同登记与认证、重印国外期刊著作权合同登记、出版或复制境外电子出版物和计算机软件著作权授权合同认证等工作等[①]。

---

① https://www.ccopyright.com.cn/

版权登记常被版权权利人忽略，原因是对其意义了解不够。

版权登记（证书）的意义至少表现在：

通过国家版权局登记的定期公告，可以向社会宣传自己的品牌及产品；发生纠纷时，成为维权的有力武器；版权贸易时，著作权登记证书作为权利的证明无形中增强了可信度和专业水平，权威部门的认证使版权作品的价值倍增，著作权的溢价许可或转让成为现实；申请人更有机会享受国家有关鼓励政策及税收优惠等的扶持。

笔者特别提示网络科幻作家务必要注重其作品，如小说、剧本等的登记，及时或提前办理科幻 IP 的商标注册等，第一时间拥有相关的权属证明。否则，易被不法人员恶意抢注和侵犯，陷入著作权等权属之争。

（四）加强科幻作品衍生品开发的多元化和有价值的尝试

笔者欣喜地发现，对于中国科幻全产业链的研究和探索，以中国科普研究所、南方科技大学等为代表的中国科研院所、著名大学以及相关的专家学者们已经取得了丰硕的成果，一些科幻作家们如刘慈欣、王晋康、韩松和科幻联盟团体等，也在依靠政府、团体和个人的力量努力前行，一方面创作出更多更好的科幻作品，另一方面在科幻作品的衍生品开发方面进行着多元化和有价值的尝试。

比如 2023 中国科幻大会期间，中国科普研究所党委书记、所长、研究员，中国科幻研究中心主任王挺发布《2023 中国科幻产业报告》，中国科普研究所创作室主任、中国科普作家协会秘书长陈玲发布《谁在为科幻买单——科幻产业消费市场报告》。中国科普研究所研究员李红林作了《暗流涌动：中国科幻阅读产业观察》的报告。比如南方科技大学吴岩教授长期致力于中国科幻的理论研究和科幻研究人才建设，其专著《中国科幻小说沉思录》《科幻文学论纲》和《中国科幻文论精选》成为中国科幻产业夯实"基建"意义的代表作。比如《科幻世界》杂志社副总编辑、2023 世界科幻大会申办主体成都市科幻协会会长姚海军策划出版了《天意》《逃出母宇宙》《天年》《三体》等一系列里程碑式的原创科幻作品（姚海军是"三体"背后的"伯乐"，被刘慈欣赞誉为"中国的坎贝尔"）；比如 2022 年 10 月 9 日北京元宇科幻未来技术研究院成立，主管单位为北京市科学技术协会。研究院内设王晋康、刘慈欣两位作家的名家工作室，并设立科普科幻传播研究所、科幻影视产业研究所、未来科学技术研究所，以及科普科幻教育中心。著名科幻作家王晋康担任名誉院长，著名科幻作家刘慈欣担任院长，中国科学技术出版社科幻分社负责人王卫英担任常务副院长，陈柳岐、尹超任副院长。研究院旨在通过科幻与未来技术研究，提升科幻创作实践水平，扩大科技文化影响力，推动我国科幻与未来技术的繁荣发展；再比如，《中国科幻发展年鉴》是中国科幻研究中心推出的科幻研究系列成果之一。自2020 年启动编写工作以来，已连续出版 3 册，呈现了中国科幻发展的历程，具有史料价值与学术价值，为我国科幻事业与产业发展提供了基础参考，形成了一定的行业影响力。该系列由南方科技大学人文科学中心教授吴岩，中国科普研究所创作室主任、中国科普作家协会秘书长陈玲，中国深圳科学与幻想成长基金会首席研究员三丰，中国科普研究所副研究员姚利芬四位担任主编、副主编，不一而足。

　　科幻产业的强势发展态势在成都、北京石景山的首钢园等地如火如荼地展开。

　　刘慈欣曾在多个公开场合表达对成都的热爱。一个广为人知的故事是，早在 21 年前，刘慈欣的《流浪地球》就首次刊登在《科幻世界》（出版地：成都）月刊上。他说："成都是一座科幻之城，中国科幻曾在这里发展并走向世界。在成都，传统的氛围与现代化的活力相融合，使这座城市的现在和未来都充满了魅力。成都是一座名副其实的科幻之都。"[1]

　　随着《流浪地球 2》等优秀国产科幻影片热映，新一轮科幻热潮兴起。中国科协科普部副部长庞晓东介绍，今年，中国科幻大会首次纳入中关村论坛，成为国家级科技论坛的平行论坛，为促进科幻产业发展创造更广阔的空间。本届大会会期 7 天，将紧扣"科学梦想、创造未来"主题，举行开幕式、专题论坛、科幻展、科幻活动等 4 方面共 40 场活动[2]。在 5 月 29 日晚的大会开幕式上，首钢园 1 号高炉南广场将变身为"平行世界入口"，以人屏互动情景光影秀开场。开幕式将采用数字人主持，大会期间，1 号高炉将持续上演"科幻之夜"灯光秀。

　　有关科幻产业的研究与发展等更多的利好消息本书不再赘述。本书想要表达的是围绕科幻作品的影视制作、衍生品开发（包括但不限于与科幻作品有关

---

[1] https://www.sohu.com/a/509812198_120995165?scm

[2] https://baijiahao.baidu.com/s?id=1766111755719839544&wfr=spider&for=pc

的上下游产业，如各类玩具、音像制品、服装、图书、声音、电子游戏、纪念品、邮票、服饰、海报等，涉及电影电视剧等版权的玩具、文旅产业等）均包含在版权保护的范围内。产权人需减少版权保护期限的不利影响，发挥版权的最大价值。在动漫作品及衍生品保护方面，值得借鉴迪士尼对全产业链进行版权保护的经验和做法。以影片《复仇者联盟》为例，在该片上映前，迪士尼就已经与多家企业完成了有关衍生品的合作，将电影的版权保护延伸到了版权的玩具、文旅地产（乐园）文旅产业等。为避免权利保护到期后重要的人物形象落入公有领域，可以通过不断改良重要影视、动漫、动画等人物的形象，来达到延长版权保护期限的目的。今天的"米老鼠"早已不是当年的"米老鼠"，迪士尼及其授权公司每几年都会推出新的"米老鼠"动漫作品[①]。

（五）巧用商标，全面覆盖保护IP

最好的方法是在利用版权保护手段的前提下，再利用商标保护手段予以补充，更好地延长科幻IP的知识产权保护期限。

众所周知，版权保护期届满后，作品进入到公共领域。但商标到期后可再作续展，从而延长保护期。故除版权外，应为更多或所有的角色卡通、影视等的人物图案及名称申请商标，甚至可以考虑将核心形象全类注册。

迪士尼及其关联公司为了最大程度地保护重要人物形象的权利，常不惜重金进行商标注册。据初步统计，迪士尼在中国的注册商标（含申请中的商标）就有2000多个，对"米老鼠"申请了全类商标注册保护，有效地保护了迪士尼的合法权益[②]。

四、制定完备的版权运作机制，优化知识产权运营

充满活力的市场化运营机制，离不开好的设计和布局。知识产权运营体系建设与综合性知识产权运营服务枢纽平台也是《知识产权强国建设纲要（2021—2035年）》提出的目标。

笔者认为，科幻知识产权保护应从知识产权保护战略、保护制度及具体的

[①] https://www.ncac.gov.cn/chinacopyright/contents/12222/341511.shtml

[②] Jagorda, Gerald S, The Mouse That Roars: Character Protection Strategies of Disney and Others, THOMAS JEFFERSON LAW REVIEW, Vol.21, 235, 235-251(1999)

管理方案三个层面策划和实施好。完备的版权运作机制和优化的知识产权运营应从以下五个方面开展。

（一）设计完备的知识产权保护战略

科幻人应首先了解科幻作品受法律保护的价值变现方式。从我国《著作权法》《民法典》《公司法》的相关规定上看，科幻版权的变现方式主要有：著作权许可、著作权转让、著作权质押、著作权或其他知识产权融资、投资、并购、维权诉讼等。使用频率最高的当属著作权许可。由于中国法律意义上，著作权和版权含义相同，实践中，使用版权和著作权的表述均可。

知识产权保护战略是科幻人应做的宏观发展思路或布局，也就是人们常常挂在嘴边的顶层设计。科幻知识产权战略涵盖了在科幻知识产权的创造、管理、实施和保护能力上的发展思路和布局。科幻人和企业等应从科幻作品诞生伊始就要法务专家和专业工作者的协助下，对符合自身需求的科幻知识产权战略进行周密的策划和研定。

战略布局之后便是建设和不断完善的具体的知识产权保护制度，和培养和选拔高素质知识产权人才队伍。具体的知识产权保护制度的核心是对内容的知识产权保护，如版权登记、商标注册；衍生品开发过程中的商务谈判、合同签订及签署后的合同管理；对违约者侵权者的维权制度等。

作为从业28年的法律工作者，笔者看到很多企业制定了多项规章制度包括知识产权保护制度。但是，制度的文件要么是简单地复制网上或其他企业的版本，与自身企业的具体情况不完全相符；要么是将制度束之高阁，无人问津，管理和制度并未真正挂钩。还有的企业制定了良好的制度，忽略了一定的法定程序。因此，该制度对管理的相对人等可能未能发生法律效力。比如企业的商业秘密保护制度，要履行告知保密义务人的法定程序。否则，一旦产生诉讼，法院有可能认定企业没有采取保密措施而使得企业的商业秘密得不到法律保护。

不仅熟悉更要精通版权许可、版权转让等变现手段，要研究科幻作品等的商业估计方法，制定好具体的版权许可的条件及商务谈判技巧，更易于实现知识产权商业价值的最大化。

还要重视知识产权服务机构的作用和与之强有力和密切的合作。这些服务机构包括知识产权代理、律师事务所、信息、咨询、知识产权资产评估、交易、转化、托管、投融资等增值服务机构等。

（二）制定条款完备的版权许可和转让等相关合同

《中华人民共和国民法典》共 1 260 条，洋洋洒洒 10 余万字。但是很多人并不知晓合同编在民法典中具有的举足轻重的地位。民法典合同编共计 526 条，占民法典条文总数的 40%以上，几乎占据民法典的半壁江山。因为合同法是市场经济的基本法，在现代市场经济法治保障中发挥着最为基础性的作用。公司最大的风险是法律风险，法律风险中最大的风险是合同风险。我们从合同编占据民法典的条文总数的比例上可见一斑。

司法实践中，很多版权的权利人不十分清楚版权许可的概念、范围、区域、期限等，也不太了解版权的商业价值，更不清楚版权开发及后续的全产业链如何依靠知识产权战略和具体解决方案实现其巨大的经济利益。因此，轻易地将版权许可或转让给他人，如将版权许可的期限写为永久许可，将影视剧的设置和发行等的全部权利轻易或廉价授予他人等，导致彻底丧失了相应的话语权和后续巨大的商业价值利益分配权。这些都是目前需要引起科幻人高度重视的问题。

因此，笔者建议权利人：

（1）要拥有许可合同的起草权。

司法实践的经验说明，谁拥有合同的起草权谁就掌握了主动权，所以要牢牢把握住合同的起草权，不能轻易让予他人，事先起草好符合自身利益保护也兼顾合作方利益保护的合同版本。

（2）须将版权（特别是角色版权）牢牢握在自己手中。

在相关许可合同中即使许可，也非全部。要明确界定许可权限、期限、地域、合同解除、提前收回方案等。

要对权利进行完备的优化安排，设定好保护自身版权的人身权和财产权条款，慎用多个权利的许可，慎用长期，慎用单个权利的无限期许可，慎用著作权转让等。

（3）合同签订后的合同管理尤为重要，切不可存有签了合同就万事大吉的念头。

笔者处理过的案件中，有的当事人对合同不以为然，极个别的都不知道合同放在哪里了，当真的出现了纠纷时才想起找合同仔细研究，才知道合同的重要性。才发现谈判时谈好的条件由于没有写进合同条款而无法得到法院的支持。

更有甚者因为合同签署后都放在对方手里，忘记收回自己的那份合同，被对方擅自添加了不利的条款。幸亏律师进行了大量的调查研究、寻找相关证据，形成了证据链条，又使用了严密的推理和论证，才得以证实了事实的真相，最终获得法院的公证判决，否则企业将产生无法弥补的巨大经济损失。

（三）注重宣传，特别是对最新形象的宣传

随着互联网技术的迅猛发展，"好酒不怕巷子深"的时代早已一去不复返了。对于科幻领域，务必要借鉴国外大 IP 公司的成熟经验，注重宣传。因为宣传就是最好的市场营销手段。需要提示科幻人，宣传的重点是将诸多角色、形象等 IP 的散播、扩展到各种平台，力争全面或更广泛的覆盖。其核心目的，是对最新形象或作品的宣传，要让全社会了解企业、作家等科幻权利人的持续创新能力。不断推出新形象就意味着自身的生存发展状态良好，并稳步提升。新形象意味着企业的创新能力强，也就诠释着企业的发展有后劲可持续。

（四）版权运营主宰一切

要树立这样的宗旨：版权运营主宰一切。版权运营中，只要品牌号，通过品牌授权等方式创造营收，操作起来相对简单容易，也持久。因此，持续不断地创造新的科幻优质 IP，挖掘更多的优质 IP 形象的延伸价值，就等于增加了知识产权承载的价值，意味着有源源不断的价值期待。好的科幻作家甚至只需要创造好的科幻 IP，好的科幻企业只需要收购好的科幻 IP 就几乎胜券在握了。当然，创设好的科幻 IP，不论是科幻作家亲自创造还是投资人通过收购等方式拥有优质的科幻 IP，随后的版权运营才能使得版权迅速变现，变换成更好的商业机会进而转换成商业价值。迪士尼公司就是如此，其版权运营创造的巨大利益是难以想象。

良好的运营不仅取决于良好的运营方案，更要依赖于高水平的知识产权保护举措和团队的执行力。先谋而后动显然是必要的，谋划好再行动，才能取得预期的效果。笔者看到有些企业没有进行更多的市场调研，没有拥有丰富实战经验的专业运营和法务团队的指导和帮助，自身更没有实践经验，因此很容易走弯路甚至损兵折将。差异化和模仿都是好的企业战略，笔者的建议就是在版权运营上务必多借鉴外国大公司的成熟经验，学他人之长补己之短。才能不盲目消耗时间，节省时间成本和机会成本，稳操胜券。

（五）打造完整产业链

前面已经论述了完整产业链过程中的版权登记，在此要阐述的是科幻产业的发展需要有完整的产业链支撑，完整的产业链将巨大产业做大做强的必选题，打造完整产业链是科幻产业发展的核心。只有这样才能形成规模效应，才能实现叠加的经济效益。

目前的中国，虽然出现了知识产权保护的良好局面，但体现在科幻领域尚不明显。一方面法律的规定还是过于保守，给科幻产业保驾护航的强势保护氛围并没有完全形成，另一方面尚未形成一批科幻领域强有力的市场竞争主体。因此，科幻人今后的努力方向是，既要努力地汇集有实力开发科幻产业的市场主体，吸引这些投资人愿意投资开发科幻影视文旅、相关衍生品等科幻全产业链项目或产品，还要切实组建强有力的知识产权保护的法务团队，切实保证科幻产业能够沿着合法合规还能符合市场发展规律的方向实现科幻产业的发展壮大。这就更需要国家在法律和政策层面的强有力的保护。如此说来，科幻人与科幻产业发展前途光明，道路曲折，科幻人仍需加倍努力。

五、并购，企业腾飞的必经之路

笔者认为："并购是企业腾飞的必经之路"。国外如此，国内也如此；其他行业的大发展如此，科幻产业发展也将如此。

并购之所以是企业腾飞的必经之路，就在于整合优势兵力，并善用巧用资本运作方式，搭上资本的快车。收购或被收购知名科幻IP工作室、科幻高科技公司、著名影视品牌公司等，减少研发等漫长的过程，借助资本的力量汇集更多的优质IP，寻求全面、多维度进军并占领市场。因此，对于有意关注并投资科幻领域的投资人，应研究并购的方式方法，加快并购步伐，通过并购实现快速和跨越式增长，放手一搏，在科幻产业的版图上大展宏图。

六、对侵权者零容忍并予以坚决打击

前文已述，世界大IP公司对待侵权者采取的强硬态度和强有力的维权举措，值得学习和借鉴。这样的做法清晰地表明了他们对侵权者零容忍的坚定态度。

笔者再次重申，公司最大的风险是法律风险，法律风险中最大的风险是合同风险，合同风险中最大的风险是诉讼风险，诉讼风险中最大的风险是证据风险。对侵权的零容忍和坚决打击的首选方式就是依法维权，发现侵权行为一露头就要消灭在萌芽里。举措包括媒体上发表声明、发送律师函、谈判交涉，乃至提起诉讼。因为与侵权者几乎不可能通过仲裁达成约定，所以，基本上此类纠纷案件都由人民法院受理。由于科幻知识产权纠纷案件的诉讼标的额过小、侵权者的侵权行为遍及多地等，使得维权方因维权调查和聘请律师等费用超过或远远超过侵权者的赔偿金额。但是，从企业的长远利益上看，虽然成本高，但是能确保企业旗下的品牌和形象等知识产权的价值得到维护，免受侵害，利于企业的长期利益和长远发展。

当前，我国已进入新的发展阶段，知识产权作为国家发展战略性资源和国际竞争力核心要素的作用更加凸显。实施知识产权强国战略，对于提升国家核心竞争力，扩大高水平对外开放，实现更高质量、更有效率、更加公平、更可持续、更为安全的发展，满足人民日益增长的美好生活需要，具有重要意义。

《知识产权强国建设纲要（2021—2035年）》明确我国要健全公正高效、管辖科学、权界清晰、系统完备的司法保护体制。具体到知识产权审判制度上，纲要明确：健全知识产权审判组织，优化审判机构布局，完善上诉审理机制，深入推进知识产权民事、刑事、行政案件"三合一"审判机制改革，构建案件审理专门化、管辖集中化和程序集约化的审判体系。统一知识产权司法裁判标准和法律适用，完善裁判规则。加大刑事打击力度，完善知识产权犯罪侦查工作制度等。

《最高人民法院关于加强著作权和与著作权有关的权利保护的意见》（法发〔2020〕42号）（以下简称《意见》）指出：大力提高案件审理质效，推进案件繁简分流试点工作，着力缩短涉及著作权和与著作权有关的权利的类型化案件审理周期。

《意见》强调，要依法加强创作者权益保护，统筹兼顾传播者和社会公众利益，坚持创新在我国现代化建设全局中的核心地位。依法保护著作权和与著作权有关的权利，促进智力成果的创作和传播，发展繁荣社会主义文化和科学事业。

《意见》指出，要推进案件繁简分流试点工作，着力缩短涉及著作权领域类型化案件审理周期。完善知识产权诉讼证据规则，允许当事人通过区块链等方式保存、固定和提交证据，有效解决知识产权权利人举证难问题。依法支持当事人的行为保全、证据保全、财产保全请求，综合运用多种民事责任方式，使权利人在民事案件中得到更加全面充分的救济。

此外，《意见》还对全面适用署名推定规则、妥善审理新类型案件、销毁侵权复制品及材料和工具、充分填补权利人损失、准确认定侵权故意以及引导当事人诚信诉讼等问题作出了具体规定。笔者认为，无论是原告的权属认定，还是被告的侵权行为认定以及原告的实际损失认定，一切都靠有效的证据。因为，维权最重要的就是证据①。

第二节　国外科幻知识产权保护举措借鉴

版权是内容产品的灵魂。随着我国进入新的发展阶段和对全球影响力的增加，我国的内容产品市场正逐步由单一的知识产权进入，变为进入与出口共存。

国外多数国家对版权的界定与我国法律意义的著作权类似，是指作者对其文学、艺术或者科学等著作所拥有的独占使用权。版权通常由作者或版权持有人拥有，他们可以通过注册版权来保护自己的作品。

无论是美国还是欧洲，版权法律非常严格，侵犯版权的行为将受到严厉的惩罚。

对于国外版权保护实务值得借鉴的地方很多，笔者认为最值得关注的是版权保护的案例中法律对侵权者的惩罚方式。

一、美国《星际迷航》科幻纠纷案例启示

（一）美国科幻 IP：星际迷航（Star Trek）3 起值得关注的案例

作家、制片人尤金·卫斯理·罗登伯里（Eugene Wesley Roddenberry）创制的科幻电视连续剧《星际迷航》于 1966 年首播，随后该剧催生了其他电视连续剧、动画作品和系列电影，发展至今已经成为极具活力和代表性的科幻 IP。

20 世纪 60 年代末，《星际迷航》电视剧由于与主流价值相悖而搁浅。债务

---

① https://baijiahao.baidu.com/s?id=1683534550442693349&wfr=spider&for=pc

压身的尤金随后将《星际迷航》系列的版权转让给派拉蒙影业。

在派拉蒙运营下，《星际迷航》系列得以重播，获得了大量好评，同时大量的诉讼也伴随而来。

使用 Westlaw International 法律数据库，查找关键词 Star Trek，筛选 1990年后围绕星际迷航系列作品的版权侵权纠纷案例，共计搜索到 6 起案件。表 7-1 是关于其中 3 起法院判定构成侵权的案例。

表 7-1　案例详情

案例序号	案情概述	法院认定侵权
【案例 1】 Disney v.Delane① 马里兰州地方法院	电影制片厂起诉运营点对点网络和网站的个人侵犯版权，并要求赔偿损失和永久禁令	被告缺席审判 法院审查了原告的权利和原告提供的证明：被告使用他的跟踪器和网站来促进这些受版权保护的作品的复制和分发的证据，认定了侵权事实
【案例 2】 Columbia Pictures Industries，Inc.v.Fung 初审，加利福尼亚州地方法院 Columbia Pictures Industries，Inc.v.Fung② 上诉，第九巡回法院 Columbia Pictures Industries，Inc.v.Fung 部分改判，加利福尼亚州地方法院	多家电影制片厂提起诉讼，指控发行人提供的服务和维护的网站诱使第三方通过使用混合点对点文件共享协议下载制片厂版权作品的侵权副本	（1）被告具有侵权行为：位于美国的个人曾使用该网站下载受版权保护作品的副本；（2）被告构成诱导（如生成前 20 个最受欢迎的电影列表、通过广告向个人发布网站）；（3）被告直接侵权（被告回应个人提出的请求，为其提供如何提取和播放视频文件的技术援助）（4）被告的网站技术体现出侵权的技术特征；（5）被告商业模式运作取决于大量的侵权使用；（6）被告存在推定故意，不受《千禧年数字版权法》提供的安全港规则保护
		（一）上诉法院审查了四个要素：（1）设备或产品的分发；（2）侵权行为；（3）促进其使用侵权版权的目的；（4）因果关系，之后维持了被告对诱使他人侵犯原告的版权负有责任的观点。 （二）上诉法院认为被告不被安全港所保护的理由在于服务提供商不符合"实际不知道系统或网络上使用该材料的或活动侵权"，或"不知道明显侵权活动的事实或情况"的要求
		未涉及
【案例 3】 Paramount Pictures Corp.v Axanar Productions Inc.③ 初审，加利福尼亚州地方法院	派拉蒙公司以侵犯版权为由起诉粉丝们拟自筹资金制作的，借用了星际迷航世界观的同人电影某制片人	（1）即使电影尚未制作完成，原告也有权提起诉讼（即使没有成片，剧本和示意图也可以作为相似性比对的依据）；（2）作品间存在客观的相似性（故事设定在星际迷航的宇宙中；如外星种族、武器样式等元素在涉案作品中被大量采用；涉案作品中甚至聘请了一位曾出演星际迷航系列作品的演员饰演其在原剧中的角色）；（3）主观相似性应交由陪审团进行比对；（4）被告不构成合理使用（即使被告的活动非营利，该同人作品也会从虹吸原作粉丝已筹得资金过程中间接获益；同人作品的创造性存疑，且拟发表；同人作品为"致敬原作"使用了原作大量的细节和元素；同人作品有替代原作，挤占原作市场的可能）

① Disney Enterprises, Inc. v. Delane, 446 F. Supp. 2d 402 (D.Md.2006).

② Columbia Pictures Industries, Inc. v. Fung, 710 F. 3d 1020 (9th Cir.2013).

③ Paramount Pictures Corporation v. Axanar Productions, Inc., 2: 15-cv-09938, (C.D.Cal.)

（二）案件启示

1. 诉讼主体

关注上述 3 起美国科幻 IP 版权侵权案件，我们发现原告可能是科幻 IP 的版权拥有者，也可能是其他作品的版权拥有者。而被告分别为："出版受版权保护内容书籍的书籍出版商""利用点对点下载技术传播盗版视频的网站运营者""自制该科幻 IP 粉丝同人电影的制作团队"三类。

2. 侵权的认定

上述 3 起案例，上诉法院都完全维持初审法院认定被告侵权的判决结论。即使 Columbia Pictures Industries，Inc.v.Fung 案经历了部分改判，其仅仅涉及法院对于永久性禁令的审查，属于对具体责任承担的明晰，而侵权认定部分则完整维持了初审判决。

此外，根据被告的不同，侵权认定的方式也不相同。直接侵权者是案例中的"出版受版权保护内容书籍的书籍出版商""自制该科幻 IP 粉丝同人电影的制作团队"以及"被其他作品的版权拥有者认为抄袭了其作品的科幻 IP 权利拥有者"。帮助侵权者是"利用点对点下载技术传播盗版视频的网站运营者"。但这样的认定需要特殊的审查标准。

直接侵犯著作权的，美国法律的论证层次是：第一，原告需要首先证明自身拥有有效的版权，并且同时需要证明自己至少有一项为版权法保护的专有权为被告所侵害；第二，要有被告侵权的直接性证据，当无直接证据时，则采用经典的"实质性相似＋接触"标准来判断。但二者必须同时满足，任意一个条件被否认或无法证明皆会导致原告的主张不被法院支持。当然，这样的证明难度实际上相对较高，许多认为自己作品被抄袭而提起诉讼，最终未得到法院认可，也都是因为"版权法保护的不是思想而是表达"，法院的相似性比对标准严格所致。

二、美国法院科幻案件惩罚条款适用的借鉴意义

对于【Disney v.Delane】案件，借鉴意义如下。

（1）赔偿金额＝原告的实际损失＋被告的任何侵权获利（或法定损害赔偿）。

以原告的损失及被告的获利或法定赔偿来确定赔偿金额，是《美国法典》[①]关于侵犯版权责任的规定，并与我国《著作权法》比较类似。

美国法律的独特且有力度的规定是：除侵权造成的原告的实际损害外，版权拥有者还有权获得被告因侵权而产生的任何利润，除非该利润已经考虑过。这使得受侵权者利益得到最大程度的实现。

（2）根据侵权程度，确定法定赔偿的金额。

版权侵权者对任何一件作品的侵权都负有法定损害赔偿责任。

美国法定赔偿根据侵权者的过错程度（一般侵权、无过错侵权和故意侵权）有更细致的赔偿数额的浮动，故意侵权的，法定赔偿最高。

确定法定损害赔偿，可考虑被告因侵权而节省的费用和获得的利润等因素、原告因被告人的行为而损失的收入。

如果侵权是故意实施的，法院可以将法定损害赔偿的赔偿额提高。

故意的标准是被告是否知道他或她的行为构成侵权，或者被告是否鲁莽地忽视了这种可能性。此外，当侵权是故意的时，法定损害赔偿可能旨在惩罚侵权者并阻止未来的违规行为。[②]

法院认定了 Delane 的故意侵权行为。

（3）举证责任倒置。

当原告损失或被告的获利难以确认时，美国法律的做法是巧用举证责任倒置的方式，最大限度地判由被告赔偿。原告只需要初步证明被告侵权期间的获利，而由被告证明其中哪些部分并非侵犯版权所得，否则法院将会推定（或酌定）相应的法定赔偿数额为原告版权所得的利益。该做法使被告的获利成为美国法律上真正具有实际意义的确定侵权赔偿数额的方式。

（4）永久禁令，打击侵权者。

赔偿原告可能难以证明的损失不是最终目的，最终目的是要惩罚侵权者并阻止未来侵权行为的再发生或再继续。因此，美国法院会根据具体案件的情况作出对被告永久禁令的判决，判决被告法人等相关经营者永久的从业禁止。这样的惩罚比起我国判决书中单纯的禁止特定侵权行为的判决内容对违法者的打击力度更大。

---

① 17 U.S.C.A.§ 504.

②参见美国第九巡回法院：《示范民事陪审团说明手册》，17.35 civil rev 3 2021，https://www.ce9.uscourts.gov/jury-instructions/node/706

对于以上美国法院的做法，非常值得中国司法审判机构通过如最高法院制定的实施意见或实施细则中予以借鉴。有利于阻止知识产权的侵权行为蔓延和打击侵权人的嚣张气势。

第三节　科幻著作权许可和转让合同样本与重点条款解读

前文已谈到文化产业链的基石是优质IP的存储量及知识产权的战略和战术的布局，这对科幻产业尤其重要。科幻产业较其他文化产业相比，其包含了丰富的科技创新元素，科幻IP在电影、游戏、主题公园、衍生产品等众多领域中，一直是最受欢迎的元素之一，而且科幻也是世界的通行语言。虽然中国科幻产业刚刚起步，但近几年的几部大科幻IP，如《三体》《流浪地球》等科幻作品，已点燃了中国科幻产业的希望，证明了中国科幻的巨大潜力和市场。寻求高速发展的中国科幻产业，如何在整个文化产业中良性成长、脱颖而出，迅速站在世界的前列，包括著作权、商标、商业秘密、专利等的知识产权保护是根本的保障。

本节以著作权许可和转让为例，重点论述在著作权许可、转让过程中如何控制和保障权利、合同审查要点，并向读者展示著作权许可合同、著作权转让合同的一般样本（合同样本仅为本章节解读使用，不建议直接作为正式的法律文书使用）。

科幻人，请在签署著作权许可使用合同之前，务必掌握以下几个概念。

概念一：著作权人

根据我国《著作权法》第九条规定，著作权人包括：作者、其他依照著作权法享有著作权的自然人、法人或者非法人组织。

著作权人，是指对作品享有著作权的人。成为著作权人的途径有：（1）创作作品；（2）通过法律规定或合同约定成为著作权人；（3）转让、继承、遗赠。值得提示的是，作者并不当然等于作品的著作权人，作者之外的主体根据法律规定或合同约定亦可成为著作权人（见图7-1）。

是否为著作权人，或审查作品的完整版权链，在实务中是最为基础和重要的环节之一。

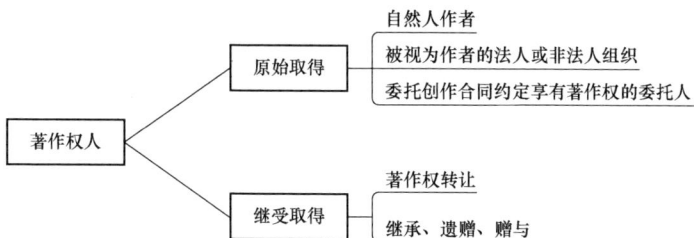

图 7-1　著作权取得的方式图

下面这个案子就非常有代表性：某影视公司老板在向某网络平台申报其拥有著作权的电视剧项目时才发现，他的电视剧项目已被其他网络平台播放。经了解才知道，其他网络平台在未审查该电视剧作品是否有著作权人授权书的情况下，便与 A 公司签署了《投资制作协议书》，将该电视剧作品拍摄制作完毕并在平台播出，现已获得上千万的收益。而著作权人（该影视公司）并不知情（即使知情也不会同意），更未向 A 公司出具书面授权书。事实上，A 公司使用了不当手段获得了该电视剧剧本后，以著作权人的名义对外进行了融资和拍摄，最终和网络平台签订了协议书。A 公司的侵权行为以及网络平台未尽审查义务的行为，导致著作权人无法再使用该电视剧作品进行融资、拍摄和获利。

实践中，为让 IP 快速变现，著作权人通常通过转让其著作权或许可他人以特定方式利用作品的方式获得收益。因此，在签订著作权转让合同、著作权许可合同，或进行司法维权时，各方当事人或人民法院、仲裁机构首先要审查和确定的就是著作权人是否具备相应的主体资格。现实中，许多大 IP 或从国外引进的 IP，许可方并不一定就是原始著作权人。很多被许可方或受让方忽略了应全面审查版权链的完整性和合同相对方是否真实存在，签署合同时是否具备行为能力，导致在使用作品的过程中隐患不断。

因此，笔者总结了审查著作权人的主体资格的两大要点，供读者参考：

（1）审查合同当事人的姓名（名称）是否准确、唯一。

合同双方的姓名（名称）应当准确、唯一。

自然人的姓名应以其身份证所载姓名为准，合同中的姓名与身份证姓名一致，并列明其身份证号、联系方式、住址等，不能仅使用笔名、艺名、小名、别名、网站昵称等签署合同。但对作者的其他名称、网络账号有特殊要求的，应在合同相应条款中注明（如：注明网络账号 ID 和昵称）。无民事行为能力人或限制行为能力人（如少年、儿童等）签署合同的，应依照法律规定的情形征得法定代理人的同意等。

法人或其他非法人组织，应审查合同签署名称是否与营业执照或企业公示官方网站上的名称一致、不能以公司的某部门等作为合同主体等。

（2）审查作品的权利来源。

首先，应详细审查著作权版权链的完整性、真实性，并将证明材料作为合同附件。

许可人的权利来源于原始著作权人的，应审查著作权人的著作权登记证书。但因著作权登记采取自愿原则，因此，著作权登记证书并非是取得著作权或行使著作权权利的前提。因此，可要求著作权人提交原始作品载体、创作底稿、底片、原件、合法出版物、已生效的确定权利人的裁判文书等证明资料，以综合判断是否有权利能力，进而确定是不是拥有著作权。

许可人的权利来源于受让、继承、赠与、代理等的，除应审查原始著作权人的权利证明外，还应审查继受主体的著作权专有许可使用合同、著作权转让合同、著作权行政管理部门备案登记证明材料、代理合同、原始权利人出具的授权书、继承的证明材料或赠与合同等证明资料。

其次，除审查与版权有关的全部文件外，一般还要审查是否存在合作作者（拟转让作品为合作作品且不可分割，则需要经过合作作者的一致授权）、权利负担（是否存在许可限制、权利质押）等。除进行充分的尽职调查外，当事人可以通过在合同中设置权利声明、违约责任、保证责任条款等方式以保障自己的权利。

概念二：作品及作品类型

著作权的客体为作品，只有"作品"才能得到著作权法的保护，是行权的前提条件。根据《著作权法》第三条对作品的定义可知，作品是指文学、艺术和科学领域内具有独创性并能以一定形式表现的智力成果。由此可知，作品是具有独创性的、可被客观感知的外在表达，是在文学、艺术或科学领域的人类智力成果。事实上，的确有一部分当事人，无法准确判断什么是法律保护的"作品"概念，因此，当他们来到律所，向律师陈述自己的权利遭到侵害时，通过律师释明才发现，自己的主张不能得到法律支持，是因为其自认为的"作品"并不是著作权法所保护的"作品"。例如，故事的名称是否受到著作权法保护？人工智能生成的内容是作品吗？节目模式是否能受到著作权法的保护？在诉讼过程中，人民法院不仅针对双方当事人有争议的事实和法律问题进行审判，还会依职权审查原告主张的客体是否构成著作权法意义上的"作品"（见图7-2）。

根据2020年《著作权法》的规定，作品的种类主要包括以下类别，如：文字作品、口述作品、音乐、戏剧、曲艺、舞蹈、杂技艺术作品等。实践中，作品的形式不同，意味着著作权人享有的具体权利可能有所不同，著作权的归属主体、行使规则、许可授权内容也有所差异，认定侵权的具体标准也不同。例如：对于文字作品，审查其是否为著作权人一般以著作权登记证书或合法出版物等确权，但对于权属较为复杂的视听作品（如电影、电视剧），实务中常见的权属证明不仅包括片头片尾明确标明的权属信息，还要根据相关合同、制作许可证、拍摄许可证、发行许可证。

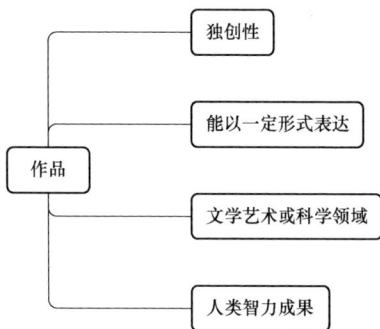

图 7-2　作品特征图

在侵害影视作品著作权纠纷案件中，原告权属证据类型可能不仅仅包括影视作品中片头或片尾署名或者权利声明（主要以出品单位、摄制单位的署名为依据），甚至还包括了影视作品制作许可证、拍摄许可证、发行许可证或供应许可证（主要依据上述许可证上载明的制作单位、出品单位等）、我国著作权登记部门颁发的著作权登记证书、我国认可的国外认证机构出具的版权认证文件、拍摄协议、制作协议以及相关署名单位出具的权利说明或者权利声明等（见图7-3）。原告在诉讼中多采用上述证据的组合来证明影视作品的著作权归属[①]。

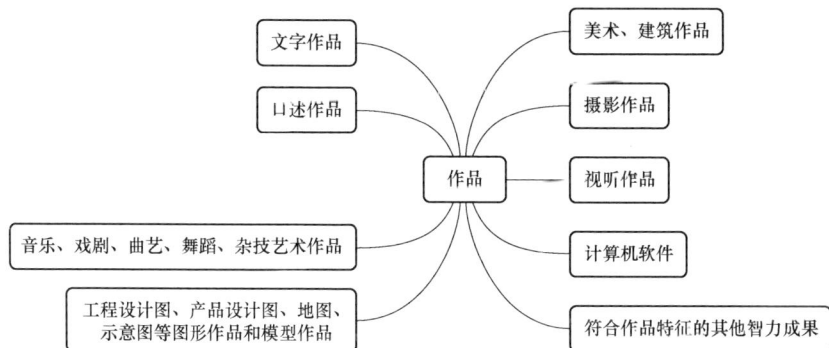

图 7-3　作品类型图

---

① 参见杨伯勇主编、北京市高级人民法院知识产权庭编著：《著作权法原理解读与审判实务》2021年版，法律出版社，第364页。

概念三：著作权包含的内容

著作权的内容指著作权人享有的各项权利的总和，只有清楚了解著作权人享有哪些权利，才能帮助著作权人有效行使权利，正确判断侵权行为，发挥著作权效益最大化，对侵权行为进行精准打击。

根据著作权法第十条对著作权内容的分类，著作权包括人身权和财产权。其中，发表权、署名权、修改权、保护作品完整权属于人身权，复制权、发行权、出租权、展览权、表演权、放映权、广播权、信息网络传播权、摄制权、改编权、翻译权、汇编权等属于财产权。我国著作权法也明确了著作权人可以许可和转让的权利为著作权中的财产权。

如上所述，著作权人的财产权种类有十几项，但通常一份著作权许可合同不会许可全部的权利种类，因此，准确理解著作权权利种类与合同交易目的就格外重要——在著作权人许可或转让著作权权利时，著作权人期望上述权利中哪些权利许可或转让他人，被许可方和受让方期待获得哪些权利种类来实现其商业预期。实践中，为避免权利种类约定不明产生纠纷，合同各方应尽量详尽地列明著作财产权的许可或转让范围，必要时应予以进一步解释（见图 7-4）。

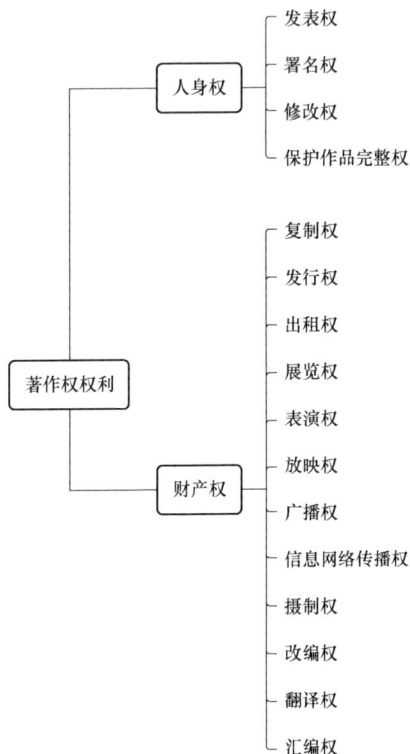

图 7-4　著作权权利类型图

一、著作权许可使用合同样本与解读

著作权许可使用合同是指许可人与被许可人之间就作品的全部或部分著作权使用的期间、地域、方式等达成的协议。其中，有权许可他人使用作品的一方系许可人，根据合同授权获得作品使用权的另一方系被许可人。

根据著作权法相关规定，著作权许可使用合同主要包含下列内容：（1）许可使用的权利种类；（2）许可使用的权利是专有使用权或者非专有使用权；（3）许可使用的地域范围、期间；（4）付酬标准和办法；（5）违约责任；（6）双方认为需要约定的其他内容。

上文提到，不同类型的作品，其授权许可的具体内容和所需的权属材料是不同的，然而，实践中的商务交易是一个复杂的过程，当事人的商业诉求及合作模式不相同，虽都有著作权授权许可的内容，但达成的合同名称和内容却不相同。

（1）有些被许可方仅需要引进或取得作品的授权，再根据具体的授权内容进行商业操作，因此他们之间签署的协议可能包含许可使用合同、授权书、保密协议、权利声明、交付清单、质押合同、担保合同等法律文件。

（2）还有很多当事人之间就作品达成了一系列的投资、开发、制作、发行等合作，则他们之间签署的协议可能包含独立的许可使用合同，也可能是其他商务合同的条款中包含许可使用的内容。譬如，常见的网络平台定制剧，平台负责投入作品前期孵化或全部阶段所需的资金，由持有著作权的一方进行作品的开发、拍摄和制作，最终在平台播出并获利，这种情况下，双方达成的合作协议名称可能是联合投资制作协议书等。

下文笔者仅就著作权许可使用合同一般性需求提供样本，并进行实务解读。

（一）合同样本

著作权许可使用合同

甲方（许可方）：
统一社会信用代码/身份证号码：
法定代表人/负责人：
地址：
联系人：
邮箱：
电话：

乙方（被许可方）：
统一社会信用代码/身份证号码：

法定代表人/负责人：

地址：

联系人：

邮箱：

电话：

甲、乙双方经友好协商，根据《中华人民共和国民法典》《中华人民共和国著作权法》及其他相关法律、法规的规定，在平等、自愿的基础上，就甲方许可乙方使用其作品相关权利的有关事宜，签订本合同，双方共同遵循。

第一条　作品信息

1.1　作品信息

作品名称（以下简称"作品"）：

著作权人：_____（笔名/艺名/昵称：_____）

完成时间：_____

是否发表：_____

发表时间：_____

是否进行著作权登记：_____　登记时间：_____

作品其他信息：_____

1.2　权利来源

甲方权利来源方式为第___项（根据下列序号选择一项填写）。

（1）原始取得；（2）继承取得；（3）受让取得；（4）其他方式取得：

版权链文件详见附件（1、著作权登记证书；2、授权书；3、……）

第二条　许可使用的权利种类

甲方许可乙方行使下述第_____项权利（选择一项或多项填写）。

（1）复制权；（2）发行权；（3）出租权；（4）展览权

（5）表演权；（6）放映权；（7）广播权；（8）信息网络传播权

（9）摄制权；（10）改编权；（11）翻译权；（12）汇编权

（13）其他权利：

第三条　许可使用的性质

甲方授权许可乙方使用其作品的性质为：＿＿＿＿＿＿（根据下述序号选择一项填写）。

（1）专有使用权许可；

（2）非专有使用权许可。

上述权利□包含/□不包含转授权权利、□包含/□不包含维权权利。

第四条　许可使用的地域范围

甲方授权许可乙方使用其作品的地域范围为：＿＿＿＿＿（根据下述序号选择一项填写）。

（1）中国（含中国大陆及港澳台地区）

（2）全世界范围

（3）其他国家或地区：＿＿＿＿＿＿＿＿＿

（4）其他约定：＿＿＿＿＿＿

第五条　许可使用的期限

甲方许可乙方使用作品的期限为：自＿＿＿＿年＿＿月＿＿日起至＿＿＿＿年＿＿月＿＿日止；甲方同意在授权期限到期后给予乙方或乙方转授权的权利人＿＿＿＿个工作日的许可使用缓冲期（在缓冲期内，乙方或乙方转授权的权利人的使用行为不视为违约，且无需再向甲方支付任何费用）。

本合同授权内容到期前 10 日，甲方应向乙方书面征求是否续约，乙方明确表示放弃的，甲方可在授权期限到期后向乙方以外其他主体许可本授权内容，但不影响授权平台享有的缓冲期。乙方享有授权内容在同等金额条件下的优先续约权。

第六条　许可费及支付

6.1　许可费用：含税人民币＿＿＿＿＿元（大写：＿＿＿＿＿＿）。

6.2　乙方应将全部授权费支付到甲方指定的以下收款账号中，甲方账号如有变更，应立即书面通知乙方，否则造成的付款时间的延误或错误等，由甲方自行承担责任。

甲方户名：＿＿＿＿＿＿＿＿＿＿＿＿＿＿＿＿＿＿＿＿＿

开户银行：_____

账　　号：_____

乙方收到款项后，应向甲方开具发票。甲方开票信息如下：_____

_____。

6.3　乙方采取下述第_____种（根据下述序号选择一项填写）方式向甲方支付本合同项下著作权许可使用费。

（1）一次性支付。

乙方应于本合同签订之日起日内，一次性向甲方全额支付许可费人民币_____元（大写：_____）。

（2）分期支付。

乙方应于本合同签订之日起_____日内，向甲方支付授权费_____元；

乙方应于_____年___月___日（或××条件成就后）前向甲方支付授权费_____元。

第七条　交付材料

7.1　交付时间。

甲方应于本合同签订之日起_____日内向乙方交付以下材料：

（1）甲方企业法人营业执照复印件（复印件应加盖公章）；

（2）版权文件：版权文件应为证明甲方有完整之权利授权乙方享有本合同约定权利的、从原始权利人开始到授权甲方享有相关权利的完整版权证明材料，包括但不限于_____（根据具体情况填写）。对于前述全部完整版全证明材料，甲方应交付原件或复印件，交付复印件的，甲方应提前至合法的公证处进行复印件与原件一致的公证，并将至少两套公证书原件提交乙方，若材料涉外的，甲方应交付相关公证、认证、转递材料等。

（3）甲方应按照乙方的要求，向乙方出具授权书。

（4）许可内容介质交付：甲方应在_____前向乙方交付许可内容介质。介质的具体要求为：_____。

（5）其他物料：_____。

7.2　交付方式。甲方采取下述第_____种（根据下述序号选择一项填写）方式向乙方交付许可使用的作品介质及其他材料。

（1）直接交付。甲方直接向乙方指定的收件人、双方约定的收件地址交付作品，乙方收到作品后应同时向甲方提供签收凭证，乙方签收日为交付日。

乙方指定的收件人为：_____，联系方式：_____，收件地址：_____。

（2）邮寄交付。甲方通过邮局或快递公司向乙方指定地址邮寄作品，乙方在邮寄回执上签收的日期为交付日。

乙方指定收件人为：_____，联系方式：_____，收件地址：_____。

（3）简易交付。甲方通过传真、电子邮件、QQ 等能够确认乙方收悉的方式交付作品，以传真、电子邮件、QQ 等到达乙方特定系统的日期为交付日。

乙方指定的接收传真号码：_____

乙方指定的电子邮箱地址：_____

乙方指定的 QQ 号码：_____

乙方指定的其他接收地址：_____

（4）其他交付方式：_____

7.3　交付异议。乙方未收到作品及其他相关资料，或收到的材料不符合要求的，应自合同约定的交付日期起 7 日内向甲方提出书面异议。

7.4　作品原件的所有权。甲、乙双方均认可，甲方授权乙方使用作品的著作权，并不转移该作品原件的所有权。甲方将作品原件交付乙方之目的，仅为方便乙方行使本合同项下所授权的相应著作权，乙方行使著作权时不得侵犯权利人对作品原件的所有权。

7.5　作品原件的妥善保管和返还义务。甲方将作品原件交付乙方的，乙方应妥善保管，不得超出合同约定和目的使用原件。合同解除、终止或被撤销后的 3 月内，乙方应及时向甲方返还原件，如有损坏或遗失，乙方应向甲方进行赔偿。

第八条　权利与义务

8.1　甲方保证其有权签署本合同，乙方取得专有使用权的，甲方保证未将乙方依本合同所取得之权利授予第三方。

8.2　甲方应按约及时、完整地交付授权作品及相关资料。

8.3　乙方应尊重甲方对本合同项下作品依法享有（保护或行使）的署名权、发表权、修改权、保护作品完整权。

8.4 乙方不得自行或授权任何第三方对作品进行合同约定内容之外的其他权利内容开发利用。经甲方另行许可的，应保证甲方享有对衍生产品的合法权利，并向甲方支付合理报酬。具体事宜由双方另行约定，作为本合同的附件。

8.5 双方关于转授权的约定为：＿＿＿＿＿＿（根据下述序号选择一项填写）

（1）在本合同有效期内，乙方不得许可任何第三方使用甲方依据本合同许可乙方使用的著作权。

（2）在本合同有效期内，乙方取得甲方的书面同意后，可以许可第三方使用甲方依据本合同许可乙方使用的著作权。甲方许可转授权的，乙方应在转授权后 7 日内，向甲方提供与第三方的转授权合同等相关法律文件。

（3）在本合同有效期内，乙方有权不经甲方同意，自行许可第三方使用甲方依据本合同许可乙方使用的著作权，但授权许可使用期限不得超过甲方授权乙方的使用期限。乙方应在转授权后 7 日内，向甲方提供与第三方的转授权合同等相关法律文件。

8.6 其他约定

乙方需要甲方参加本作品的相关宣传活动时，需事先征得甲方同意。甲方同意参加的，相关交通、食宿费用均由乙方承担。甲方参加上述活动应获得的劳务费，由双方届时协商确定。

第九条 甲方权利保证

9.1 甲方保证，甲方享有授权内容及相关素材的相关合法权利且授权内容不违反国家相关法律法规政策、通知文件、社会善良风俗等。

9.2 如上述权利系第三人所有，甲方保证其已经获得相关授权许可，并可转授权乙方享有合同约定的全部权利。

9.3 甲方保证乙方使用该授权内容不构成对任何第三方合法权益的侵犯，乙方按照约定行使授权内容的相关权利不会侵犯任何第三方的合法权益，也无须另行取得任何第三方的同意，并无须对任何第三方承担责任，否则甲方应当承担全部法律责任。如乙方在收到第三方权利主张或任何政府部门的通知、调查、处罚后，应当立即通知甲方并由甲方介入解决纠纷。纠纷解决过程中，甲方有义务配合乙方提供相关资料和证据。

第十条　违约责任

10.1　甲方无权将本合同约定的权利许可乙方使用的，应在合同签订之日起 10 日内取得相应之权利，否则甲方应当返还乙方已支付的使用费，并赔偿乙方因履行本合同所产生的合理经济损失。

10.2　甲方应按合同约定向乙方交付作品或物料的，逾期交付的，每逾期一日，甲方应向乙方支付合同价款的_____％作为滞纳金，且许可使用期限相应顺延。

甲方逾期交付作品超过_____日的，乙方有权解除本合同，合同自乙方的书面解除通知到达甲方时解除，甲方应自收到解除通知之日起_____日内，无条件返还乙方已支付的所有款项，并赔偿乙方因此所产生的合理经济损失。

10.3　乙方应按合同约定向甲方支付著作权使用费，逾期支付的，每逾期一日，乙方应按日计算每日向甲方支付逾期部分款项的_____％作为滞纳金。

乙方逾期付款超过_____日，甲方有权解除合同，合同自甲方的书面解除通知到达乙方时解除，乙方应赔偿甲方因此产生的合理经济损失。

本条所称的逾期部分款项，是指按第六条约定的到期应付而未付款或未足额付款部分的款项。

10.4　乙方未按照本合同约定使用甲方作品的，甲方有权要求乙方承担相应的法律责任。

10.5　若由于任何一方严重违约，导致另一方合同目的无法实现的，一方有权解除合同并要求另一方赔偿合理经济损失，合同自书面解除通知到达对方时解除。

10.6　本合同签订后，除合同约定的解除情形外，任何一方不得单方解除或终止本合同，否则，应赔偿另一方的各种损失，具体包括但不限于直接损失、间接损失（包括但不限于守约方向被授权方支付的违约金、赔偿金、诉讼费、律师费、公证费、鉴定费、调查费、差旅交通费等维权费用损失，以及由于违约方原因导致守约方违反与其他方签署的转授权合同导致的所有损失等）。

第十一条　保密条款

11.1　合同各方保证：对因签署本合同所获悉属于对方的，且无法自公开渠道获得的文件资料及信息（包括但不限于作品信息、个人隐私、商业秘密、财务信息、技术信息等），以及本合同内容等（以下简称保密信息），予以保密。

除法律、法规另有规定或各方另有约定外，未经对方书面同意，任何一方均不得以任何方式利用或向任何第三方泄露属于对方的保密信息的全部或部分内容。

11.2 以上保密条款并不因本合同的解除、终止、撤销而失效。

11.3 以上保密条款有效期为：□永久；□在本合同终止后_____年内有效。

第十二条 通知条款

12.1 本合同的任何一方在本合同项下希望或被要求发出的所有通知、要求、同意、批准等（合称"通知"），均应以书面形式，用中文书写，并通过亲自送达、经电子传递确认的传真、电子邮件及已预付费用的国内普遍认可的快递服务的方式送达至本合同首部所列明的或各方日常往来使用的通信地址、传真号码、电子邮箱，甲乙双方均应保证上述联系方式的畅通、有效。

12.2 任何符合本条第1款发出的通知，应按下列方式视为送达：

（1）亲自送达的通知，以收件人签收日为送达日。

（2）经电子传送确认的传真、电子邮件发出的通知，以发出传真、电子邮件日为送达日。

（3）通知以付费的国内普遍认可的快递服务发出的，以件人签收日为送达日。

12.3 如果甲乙任何一方在本合同首部所列的通讯地址或者其他联系方式发生变更时，应当立即书面通知对方，因未履行通知义务而造成的一切后果均由该方自行承担。

第十三条 不可抗力

13.1 因法定不可抗力致使本合同中任何一方或双方部分或全部不能履行本合同的，遭受不可抗力的一方无需向对方承担违约责任，但应及时通知对方不可抗力发生的情况，并提交不可抗力的合法证明材料。

13.2 如不可抗力情况消失后，本合同仍有必要履行且具备继续履行的条件，双方应继续履行本合同。

如因不可抗力导致本合同无法继续履行或没有继续履行的必要的，则本合同任何一方均有权提出解除本合同，且双方互不承担违约责任。

13.3　本条所述不可抗力是指人力不能预见、不能避免并且不能克服的客观情况，包括但不限于地震、台风、水灾、火灾、战争、重大传染性疾病、政府指令或政策变更等因素。

第十四条　反商业贿赂条款

在本合同签订以及履行过程中，甲方：

14.1　不得向与其有实际或潜在业务关系的乙方或乙方的员工和/或家属提供任何酬金、礼物或其他有形或无形的利益。

14.2　不得为乙方或乙方的员工和/或家属安排可能影响公正签订和/或履行合同的任何活动。

14.3　给予乙方的折扣均应在合同或补充合同中明示，不得以任何形式在合同或补充合同之外，向乙方或乙方的员工和/或家属返回折扣、劳务费或信息费等。

14.4　上述行为或类似行为应被视为商业贿赂，一经发现，即可被视为已经对乙方造成实质性损害，乙方可解除合同，停止所有向甲方的付款，并要求甲方返还其根据合同已经获得的授权费用。如因此给乙方造成损失（乙方损失包括但不限于乙方直接损失、应得收益损失、律师费损失、维权费用损失，以及由于甲方前述原因导致乙方违反与其他方签署的转授权合同导致的所有损失，如乙方向被授权方支付的违约金、赔偿金、律师费、维权费用等），甲方还应继续负责赔偿。

14.5　甲方在合同签订和履行过程中，如乙方或乙方的员工和/或家属向其索要商业贿赂，应及时向乙方举报，不得隐瞒。

第十五条　法律适用及争议解决

15.1　本合同文本以中华人民共和国官方语言文字为准。本合同的订立、解释、履行和争议解决等均适用中华人民共和国大陆地区的法律、法规。

15.2　本合同履行过程中发生的争议，由双方当事人协商解决；协商不成的，采用下列第种方式解决（根据下述序号选择一项填写）

（1）提交_____仲裁委员会仲裁。

（2）向_____人民法院起诉。

第十六条 其他

16.1 本合同自双方签名、盖章之日起生效，并代替合同各方在本合同签订前针对本合同约定事项所作出的任何书面、口头方式的承诺。

16.2 本合同未尽事宜，合同各方可另行协商签订书面补充合同，该补充合同与本合同具有同等法律效力。

16.3 本合同中空白处打"×"则表示双方认可此处没有需要填写的内容，就该条款不做约定。

16.4 本合同一式四份，甲乙双方各执两份，每份合同具有相同法律效力。

（以下无正文）

甲方（签名/盖章）：　　　　　　　　乙方（签名/盖章）：

法定代表人（签名）：　　　　　　　　法定代表人（签名）：

授权代表（签名）：　　　　　　　　　授权代表（签名）：

签订时间：

签订地点：＿＿＿＿＿＿市＿＿＿＿＿＿区

（二）实务解读

1. 合同主体审查

除了上文提到的合同双方的姓名（名称）应当准确、唯一外，还应格外重视以下几点。

（1）合同签订主体应与期待合作的主体一致。

实践中许多当事人遇到谈判与签署主体不一致的情况。尤其是签署主体系企业的情况下，须特别注意。在近期的几个案件中，我们的当事人都遇到了相同的问题。在商务谈判时，洽谈双方往往都是同样的一批负责人，处于信任和急于达成合作的目的，会导致一些当事人忽略了去审查谈判负责人、拟签约主体与最终实际签署主体之间的关系（如：负责人是否为公司法定代表人或已取得公司的相应授权？该负责人与公司是否是投资或劳动关系？拟签约主体与实际签约主体是否是关联公司？），更有一些当事人竟然在发生纠纷之后才发现，与其签署合同的主体不是当初洽谈时他们想要合作的主体。这种问题屡屡发生，当发生纠纷时，往往实际签署合同的主体无任何偿债能力，也与当初拟合作的公司、自然人无任何关联性，即便获得胜诉，最终的权利也无法得到有效保障。

（2）做一个基本的尽职调查。

譬如，应对合作公司的实际住所地、法定代表人、公司股东及占比、公司注册资本金额、股东对其注册资本金是否已实缴、公司是否涉诉、合同主体是否已被列入黑名单、限制高消费，以及和洽谈时的负责人与签约主体之间的关系等进行尽职调查，做到知己知彼。

（3）合同首部信息要齐全，授权代表应出具书面授权书。

很多当事人签署合同时，仅填写了自然人姓名、公司名称，忽略了应完整填写合同首部的主体详细信息及合同签署的日期，这将会引发很多严重的法律风险。

第一，仅填写自然人姓名或公司名称的，发生诉讼时，因无法确认自然人身份证号、无联系方式和送达方式，在立案阶段都变得格外困难。

第二，合同相对方是公司的，由公司盖章、法定代表人或授权代表签名写日期，授权代表应附公司出具的书面委托书。未填写负责人详细信息、无授权委托书的，合同相对方以该负责人无权代表公司签署合同、履行合同、作出同意或承认意见而抗辩的，无疑会增加另一方的举证责任。被授权的人要填写身份证号码，还要留存身份证复印件（须与原件核对无误）。

第三，项目负责人的邮箱、联系电话、公司联系地址未填写，出现纠纷时，合同履行情况的举证责任更高。我的一位编剧客户与一家公司签署了《委托创作合同》，约定了委托创作作品应按照合同首部载明的邮箱进行交付，但双方在合同首部未填写邮箱，导致在诉讼过程中，编剧须充分举证其向委托方交付作品的证据（交付时间、地点、提交人、收件人以及收件人与签约主体之间的关系），大大增加了诉讼成本和维权的难度。

2. **作品信息的审查**

（1）作品名称往往不是最终确定的名称，因此，如有特殊需要，可备注"暂定名，以×××为准"等字样。

（2）作为被许可方，应重点审查作品的版权链是否清晰、真实、完整（如著作权人权利证书、转授权权利许可协议、授权书、公司营业执照原件与复印件核对等）；作品本身是否有权利瑕疵（如：是否有在先许可人、是否设置质押等）。必要时，应要求许可方提供担保或保证。在诉讼中，人民法院首先审查的也是权利归属。

3. 许可权利种类的审查

如前文所述，著作权法规定著作权人可以许可的财产权种类有十二项（见图7-4），根据当事人的不同需求，一份著作权许可使用合同可能将全部著作权权利对外许可，也可能将部分权利许可出去。著作权法亦规定，许可使用合同中著作权人未明确许可的权利，未经著作权人同意，另一方当事人不得行使。因此，许可权利的种类应明确、具体，才能不出现或少出现纠纷。

一份好的合同除了要合法有效外，还要具体和明确。如果不具体不明确，一方看合同一种解释，另一方看合同是另一种解释，就一定不是一个好的合同，很容易起纠纷。应该不管谁阅读这份合同，都是一个解释一种理解。做到这点往往是非常困难的。建议权利人或被许可人均需对合同条款高度认真和负责任，一旦起了纠纷，合同的每一个条款都很重要，甚至一个标点符号都有意义，都可能决定成败。许可合同往往许可的时间长，地域广。所以，更要明确具体。特别是著作权人，要重视的条款是被许可方违约后如何收回著作权并要求对方承担违约责任和赔偿责任。

对于许可方，许可的权利种类越多，可能因此收获的利益越高，法律风险越高，被许可方常常会出现滥用著作权的情况。对此，笔者强烈建议许可方，为了让著作权权利可控，避免权利种类约定不明产生纠纷，著作财产权的范围需合同双方明确列明且予以解释，明确约定使用方式、使用权限等，许可的权利种类应与合同交易目的尽量一致。特别是尽可能不要将所有的权利种类都许可给一个被许可方，在遭遇被许可方违约的情况下或是遇到更值得合作的合作伙伴时，无法华丽转身。另外，明确具体地列明权利种类，亦防止了被许可方超出许可权利种类范围使用作品，实施侵犯著作权的行为。

而对于被许可方，不同类型的权利意味着不同的商业安排和交易模式，因此，尽可能多取得许可权利的种类当然最好，但这往往需要一个好的投资眼光，毕竟越多种类的权利许可，其支付的对价越高。另外，对于被许可方来说，若许可方并非原始权利人，则还应重点审查原始权利人对授权方的授权内容，是否包含本次交易中的授权权利种类。

实践中，很多IP系从国外引进，版权链资料为外文，阅读难度大，当事人仅仅审查了许可方是否获得原始权利人的授权书，未详细审查原始权利人授权权利种类是否覆盖本次交易的权利种类，导致产生纠纷的案件也屡屡发生。

另外，随着科技及文化产业链的发展和多元化趋势，一些集团公司的各类业务往往布局在其关联公司名下。因此，会出现被许可方运营授权 IP 的主体与签约主体不一致的情况。因此，根据合作伙伴等的实际经营情况，一些被许可方会在合同额外进行约定和解释，如：许可方应许可授权权利在被许可方及其关联公司拥有、运营、正在使用以及将来可能开发或上线使用的各类客户端、平台、软硬件产品、渠道、视频平台、报刊、杂志等纸质媒体上使用等条款。这样的约定对于著作权权利人是非常不利的，无形之中等于其著作权的权利许可给了更多的甚至无法知悉的隐藏着的被许可方，而许可费却只收到了一个被许可人的费用，显然是不公平的。因此，笔者建议是要么不接受这样的条款，明确该著作权人的许可合同只对签署合同的相对人产生约束力，要么要求被许可人在签署合同时明确关联公司的名称、增加许可费用并写进合同条款或是作为合同的附件。

4. 许可类型（专有使用权、非专有使用权）的审查

（1）明确权利性质。

根据著作权法的规定，著作权许可使用的性质包括专有使用权和非专有使用权。单司法实践中，很多当事人的约定参照了商标权的三种许可类型：独占许可使用、排他许可使用、普通许可使用。

专有使用权相当于独占许可使用，是指在许可使用期限内，被许可人有权排除包括许可人（著作权人）在内的任何人以同样的方式使用作品；非专有使用权相当于普通许可使用，是指在许可使用期限内，被许可人无法排除其他人获得同样的许可；排他许可使用则介于上述两种方式之间，在许可使用期限内，被许可人和许可人可以同样的方式使用作品，但其他人不可以同样的方式使用作品（见图 7-5）。

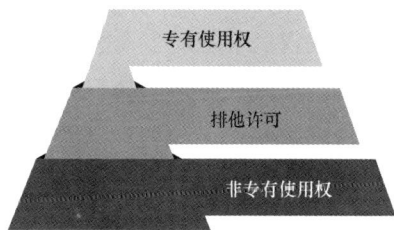

图 7-5　许可类型图

因此，大多数许可方愿意选择非专有使用权的授权类型，这意味着许可后自己仍可以使用或授权他人使用作品。相反，绝大多数被许可方希望花更少的钱取得作品的专有使用权，这意味着除了作品的相关权利只能由专有使用权人单独使用，专有使用权人有权排除包括著作权人在内的任何人在许可期限内以同样的方式使用作品，著作权人不得对专有使用权进行重复许可或使用。但需要提示被许可人注意的是，若最终达成的授权权利类型为专有使用权的，应采取书

面形式（报社、期刊社刊登作品除外），若著作权许可使用合同中未明确约定授予专有使用权的，使用者仅仅取得非专有使用权。

实践中，许可合同直接约定授予专有使用权的，出现纠纷时，人民法院一般情况下可能直接认定被许可使用人在合同约定的范围内有权禁止著作权人使用作品。但很多时候，当事人在许可使用合同中使用了"独家使用权""独家许可"等表述，人民法院须根据合同有关条款、合同目的、交易习惯等，结合在案证据认定是否属于著作权法意义上的专有使用权。因此，无论作为许可方还是被许可方，尤其是对于被许可方来说，若取得的是专有使用权，须在合同中准确表达。

（2）明确许可人是否有转授权的权利及维权权利。

作为被许可方，应尽量争取转授权的权利。

对于维权权利，不同权利类型，著作权人与被许可人的维权权利也有所差异。根据《北京市高级人民法院侵害著作权案件审理指南》规定，对于发生在专有使用权范围内的侵权行为，专有使用权人、著作权人均可以单独起诉，也可以共同起诉；被许可使用人根据合同有权在约定范围内禁止他人（不包括著作权人）使用作品的，可以针对侵权行为单独起诉；著作权人已经起诉的，被许可使用人可以申请参加诉讼。著作权人未将著作权转让或者许可他人，仅授权他人起诉的，不予支持；但对于转让或者许可之前发生的侵权行为，合同有明确约定的，受让人或者被许可使用人单独起诉，可以予以支持。因此，常见到被许可人拥有专有使用权的，同样在合同中再次明确要求著作权人授权其专有的维权权利。但对于著作权人来说，著作权人授予他人专有使用权后，在该项权利遭遇侵权时，著作权人主张损害赔偿存在一定的限制，著作权人一般不能获得损害赔偿，因为推定著作权人已通过专有许可行为收取了较高的许可费而实际上已经让渡了自己在该项著作权的权利，因此法院一般不会支持著作权人的赔偿请求。除非著作权人确能举证证明其因侵权行为造成了实际损失。可见，著作权人一定要想清楚是否在许可合同中约定维权的权利让渡，如果自身也有权利提起诉讼维权的话，应明确约定著作权人是否有权获得诉讼中的赔偿损失。

（3）结合不同合作模式，制定个性化附属权利条款。

实践中，合同双方并不仅仅是权利许可和被许可的关系，或者刚刚合作的时候只是许可和被许可的关系，但随着合作时间的延长，有可能合同各方都希望围绕着 IP 展开多项深入合作，因此，在双方有其他合作需求的情况下，可以约定一些个性化附属权利的条款，例如：被许可方可以在同等条件下优先对 IP 衍生品进行开发、有权对授权作品进行适当修改（如允许对视听作品进行不同版本的剪辑，制作成宣传片、短视频、番外篇、预告片等）。

5. 许可使用的地域范围及期间的审查

（1）许可地域和范围。

许可使用的地域范围是指被许可使用的著作权在地域上的效力，通常表现在作品的复制或发行、播放等范围，也是作品的使用和传播范围。[①]作品使用的地域范围与权利人的权益有着密切的联系，取决于当事人的约定。值得提示的是，地域范围如今已不仅限于地理层面的划分，地域范围现已变得更加灵活和复杂化。在实践中，一般情况下约定的地域范围以国家、行政区域为分类（如：全世界范围、某省范围内等）；还有一些特殊的地域划分，需根据合同双方具体的运营主体、运营方式、合作模式进行特殊化约定，如：××旗舰店内、××网站域名范围内、××客户端、××电视台等。

另外，被许可方还应审查许可使用的地域不能超过许可方享有权利的地域范围。

（2）许可期限。

著作权许可应当在著作权的保护期限内，关于著作权的保护期限规定在著作权法第二十三条，此处不再赘述。许可人非原始权利人的，还要审查著作权人向许可人出具授权许可的期限是否涵盖了本次交易的授权期限。

（3）授权期届满后的缓冲期。

对于许可方，授权期满后，一般应立即收回著作权；对于被许可方，可根据具体合作情况约定授权期满之后下架作品的缓冲期间、被许可人仍保留对授权期间侵权行为的维权权利等。

6. 许可费用的审查

根据著作权法的规定，使用作品的付酬标准可以由当事人约定，也可以按照国家著作权主管部门会同有关部门制定的付酬标准支付报酬。当事人约定不明确的，按照国家著作权主管部门会同有关部门制定的付酬标准支付报酬。实

---

① 参见杨伯勇主编、北京市高级人民法院知识产权庭编著：《著作权法原理解读与审判实务》2021 年版，法律出版社，第 431 页。

践中，合同双方约定支付许可费用的标准主要以约定为准，当事人多采取的支付方式为：（1）年度固定许可费；（2）保底＋分成模式；（3）仅分成模式等。

笔者的建议是，作为权利人一定要明确约定好许可费用的给付金额、给付时间和给付方式。最高明的做法是不要把付款的时间附加任何条件，只约定什么时间付款最理想。因为时间永远都会到来，而其他的附加条件很有可能无法满足或实现。

7. 物料交付条款的审查

授权物料的交付是授权方的主要义务，其中不仅包括授权作品，还包括了和作品有关的完整版权链资料（如：版权登记证书、授权书、公证书等）、合作方需要的其他物料（如：作品介绍、宣传资料、包装图等）以及上述物料交付的介质要求、交付方式。必要时，可以将上述资料清单和具体要求列明，并作为合同附件。物料的交付一定要以交接单等的书面形式进行。作为著作权人，在交接单上明确经被许可方认可，不再有异议等字样。

8. 权利保障条款的审查

著作权许可使用合同中，著作权人和许可人是否对授权作品享有完整、真实、合法、无瑕疵的权利，对于本次交易被许可方的权益保障是最为重要的。因此，实践中，通常会设置许可方的权利保证条款，例如：许可方保证为被许可方提供的作品拥有完整之权利，且不违反宪法和法律，不损害公共利益，不涉及色情、暴力、反动、政治等内容，不侵犯任何第三方的合法权益（包括但不限于著作权、商标权、专利权、肖像权、名誉权等）。如许可方违反此保证导致乙方遭受损失（损失的范围包括但不限于赔偿金、和解金、行政罚金、律师费、诉讼费以及处理该争议必要差旅费等），则上述全部损失由许可方承担。也可以设置保证责任条款，要求另一方必要时可以引入第三方对瑕疵承担担保责任等。

9. 违约责任的审查

许可合同中，居中的违约条款是：当事人一方不履行合同义务或者履行合同义务不符合约定的，应当承担继续履行、采取补救措施、修理、重作、更换、退货、减少价款或者赔偿损失等违约责任。

对于许可人，应当如何约定违约责任对于著作权人是最重要的条款之一。在著作权许可使用合同中，许可费用的支付、是否按照约定使用授权作品、如何确保被许可方守约而不从事侵犯著作权人知识产权等，以及违约后的违约金和解除合同、赔偿损失的约定等都是许可方应当绝对引起重视的。司法实践中，很多的许可人往往在违约条款里只是明确约定了违约后的被许可方要赔偿守约方经济损失的条款，进而还约定了损失的计算方法，但恰恰忽略了使用违约金条款的约定。殊不知，损失赔偿是我国法律的基本原则，即便当事人不约定违约后赔偿损失，法律也会支持违约方赔偿守约方实际经济损失的诉求。但是，违约金则不同，只有明确约定了违约金，法律才会支持这样的诉求。而违约金最有力度的地方在于它是一种对违约方的惩罚。只要违约方出现违约行为且有证据证明，违约金条款就可以启动，而无需证明给守约方造成了实际的经济损失。从司法审判实践看，只要违约金的约定不超过合同总价款的 30%，法院基本都会判决支持。一些聪明的法律顾问会在合同条款中将违约金约定的高于30%，这也是一种技巧。因为，如果违约金约定的过高，另一方当事人需在开庭审理时向法院申请适当降低或减少，否则法院也有可能按照约定或法院的自由裁量权予以确定违约金的多少。约定大于法定，是法律的一项基本原则。

保证作品版权链完整性与合法性、作品及物料的交付等条款是被许可方应当重视的。除上述各方应当重视的条款外，根据不同合作需求，双方应对重点关注的违约行为单独列明并个性化设置违约责任。

譬如，当签署合同之后，许可作品无法按约交付给被许可方的，被许可方可以要求继续履行，并要求按日支付延迟交付作品的一定数额的违约金。被许可方也可以选择解除合同，要求许可方支付违约金或赔偿损失。但需要提示各方注意的是，实践中很多当事人在发生纠纷后，向律师提出几百万的损失金额，然而这些损失需要票据类的证据支持，如果仅是当事人内心的猜测或分析，最终无法得到法院的支持。另外，如果当事人确有损失发生，只是无法计算，可以约定损失的计算方法。当然，这样计算损失的公式，也需要有实际已经发生损失的基础证据。但是损失无法量化是科幻知识产权纠纷案件的常态，因此，最好的做法仍是笔者建议的，将违约行为的约定具体和明确，将具体的违约金或违约金的计算方式约定清楚。若违约金最终约定过高或不足以弥补损失的，可以要求人民法院或仲裁机构予以调整。

10. 管辖条款的审查

管辖条款的约定对合同双方十分重要，这意味着发生纠纷时到底去哪里打官司，而很多当事人在签署合同时忽略了管辖问题。合同管辖直接关系着当事人的维权成本，律师与法官、仲裁员是否能有效沟通，审理机构是否更加专业等，而这些因素对案件能否胜诉起着至关重要的作用。因此，不要轻易将管辖权让渡给对方。

合同双方可以约定由仲裁机构管辖或人民法院管辖。约定仲裁管辖的，必须在许可合同中设立书面的仲裁条款、准确的仲裁机构。实践中，经常遇到合同起草方约定争议既可以向仲裁机构申请仲裁也可以向人民法院起诉，这种表述属仲裁条款无效的情形，双方发生纠纷时，仍应到人民法院起诉。

（三）法律规定

1.《中华人民共和国著作权法》

第九条　著作权人包括：

（一）作者；

（二）其他依照本法享有著作权的自然人、法人或者非法人组织。

第十条　著作权包括下列人身权和财产权：

（一）发表权，即决定作品是否公之于众的权利；

（二）署名权，即表明作者身份，在作品上署名的权利；

（三）修改权，即修改或者授权他人修改作品的权利；

（四）保护作品完整权，即保护作品不受歪曲、篡改的权利；

（五）复制权，即以印刷、复印、拓印、录音、录像、翻录、翻拍、数字化等方式将作品制作一份或者多份的权利；

（六）发行权，即以出售或者赠与方式向公众提供作品的原件或者复制件的权利；

（七）出租权，即有偿许可他人临时使用视听作品、计算机软件的原件或者复制件的权利，计算机软件不是出租的主要标的的除外；

（八）展览权，即公开陈列美术作品、摄影作品的原件或者复制件的权利；

（九）表演权，即公开表演作品，以及用各种手段公开播送作品的表演的权利；

（十）放映权，即通过放映机、幻灯机等技术设备公开再现美术、摄影、视听作品等的权利；

（十一）广播权，即以有线或者无线方式公开传播或者转播作品，以及通过扩音器或者其他传送符号、声音、图像的类似工具向公众传播广播的作品的权利，但不包括本款第十二项规定的权利；

（十二）信息网络传播权，即以有线或者无线方式向公众提供，使公众可以在其选定的时间和地点获得作品的权利；

（十三）摄制权，即以摄制视听作品的方法将作品固定在载体上的权利；

（十四）改编权，即改变作品，创作出具有独创性的新作品的权利；

（十五）翻译权，即将作品从一种语言文字转换成另一种语言文字的权利；

（十六）汇编权，即将作品或者作品的片段通过选择或者编排，汇集成新作品的权利；

（十七）应当由著作权人享有的其他权利。

著作权人可以许可他人行使前款第（五）项至第（十七）项规定的权利，并依照约定或者本法有关规定获得报酬。

第二十六条　使用他人作品应当同著作权人订立许可使用合同，本法规定可以不经许可的除外。

许可使用合同包括下列主要内容：

（一）许可使用的权利种类；

（二）许可使用的权利是专有使用权或者非专有使用权；

（三）许可使用的地域范围、期间；

（四）付酬标准和办法；

（五）违约责任；

（六）双方认为需要约定的其他内容。

第二十九条　许可使用合同和转让合同中著作权人未明确许可、转让的权利，未经著作权人同意，另一方当事人不得行使。

第六十条　著作权纠纷可以调解，也可以根据当事人达成的书面仲裁协议或者著作权合同中的仲裁条款，向仲裁机构申请仲裁。

当事人没有书面仲裁协议，也没有在著作权合同中订立仲裁条款的，可以直接向人民法院起诉。

2.《中华人民共和国著作权法实施条例》

第二十三条　使用他人作品应当同著作权人订立许可使用合同，许可使用的权利是专有使用权的，应当采取书面形式，但是报社、期刊社刊登作品除外。

第二十四条　著作权法第二十四条规定的专有使用权的内容由合同约定，合同没有约定或者约定不明的，视为被许可人有权排除包括著作权人在内的任何人以同样的方式使用作品；除合同另有约定外，被许可人许可第三人行使同一权利，必须取得著作权人的许可。

第二十五条　与著作权人订立专有许可使用合同、转让合同的，可以向著作权行政管理部门备案。

3.《北京市高级人民法院侵害著作权案件审理指南》

1.7　【专有使用权的认定】

合同约定授予专有使用权的，可以直接认定被许可使用人在合同约定的范围内有权禁止著作权人使用作品，但有相反证据的除外。

合同中使用"独家使用权"等类似表述的，可以根据合同有关条款、合同目的、交易习惯等，结合在案证据认定是否属于专有使用权。

1.8　【专有使用权范围与起诉】

著作权人将专有使用权授予他人，对于发生在专有使用权范围内的侵权行为，专有使用权人、著作权人均可以单独起诉，也可以共同起诉；著作权人能够证明存在实际损失，主张损害赔偿的，予以支持。

1.9　【被许可使用人的起诉】

被许可使用人根据合同有权在约定范围内禁止他人（不包括著作权人）使用作品的，可以针对侵权行为单独起诉；著作权人已经起诉的，被许可使用人可以申请参加诉讼。

1.10　【"授予起诉权利"的审查】

著作权人未将著作权转让或者许可他人，仅授权他人起诉的，不予支持；但对于转让或者许可之前发生的侵权行为，合同有明确约定的，受让人或者被许可使用人单独起诉，可以予以支持。

1.16　【授权内容的法定性审查】

著作权人授予被许可使用人的权利内容超出著作权法规定的范围，被许可使用人不能以此为依据对外提起侵权之诉。

1.17　【违约责任与侵权责任竞合时的起诉】

著作权人授予被许可使用人的权利内容属于著作权法规定的范围，被许可使用人违反合同中关于权利行使方式等约定的，著作权人可以提起侵权之诉。

3.1　【权属的证明】

在无相反证据的情况下，根据作品的署名推定权利归属。

当事人提供的涉及著作权的底稿、原件、合法出版物、著作权登记证书、认证机构的证明、取得权利的合同、符合行业惯例的权利人声明等可以作为证明权利归属的初步证据。

3.3　【非真名署名与作者身份的对应】

作者署非真名时，主张权利的当事人对该署名与作者身份之间存在真实对应关系负有举证证明责任。

通过互联网发表的作品，作者署非真名的，主张权利的当事人通过登录账号等方式能够证明该署名与作者之间存在真实对应关系的，可以推定其为作者。

3.10　【多重许可、转让的权属判断】

受让人或者被许可使用人通过合同取得约定的著作权或者专有使用权，著作权人在合同约定范围内就相同的权利再次处分的，不予支持。

著作权人对相同权利重复进行转让或者许可的，在能够查清先后顺序的真实情况下，认定在先受让人或者被许可使用人取得著作权或者专有使用权，但有相反证据的除外。

8.5　【权利人的实际损失】

计算"权利人的实际损失"可以依据如下方法：

（1）侵权行为使权利人实际减少的正常情况下可以获得的利润，但权利人能够举证证明其获得更高利润的除外；

（2）侵权行为直接导致权利人的许可使用合同不能履行或者难以正常履行，从而产生的预期利润损失；

（3）参照国家有关稿酬规定计算实际损失；

（4）合理的许可使用费；

（5）权利人因侵权行为导致复制品销售减少的数量乘以单位利润之积；

（6）侵权复制品销售数量乘以权利人销售复制品单位利润之积；

（7）其他方法。

8.11　【合理开支】

合理开支包括：

（1）律师费；

（2）公证费及其他调查取证费；

（3）审计费；

（4）差旅费；

（5）诉讼材料印制费；

（6）原告为制止侵权支付的其他合理费用。

二、著作权转让合同样本及解读

如上文所述，著作权法规定的著作权人拥有的十七项权利中，权利人可就属于著作权中的财产权进行转让。转让著作权的应当订立书面合同。

转让合同中应包括下列主要内容：（1）转让作品的名称；（2）转让的权利种类、地域范围；（3）转让价金；（4）交付转让价金的日期和方式；（5）违约责任；（6）双方认为需要约定的其他内容。

权利人可以将著作权中的财产权全部转让，亦可部分转让，但转让合同中著作权人未明确转让的权利，未经著作权人同意，另一方当事人不得行使。

下面就著作权转让合同一般性需求提供样本，并进行实务解读。

（一）合同样本

著作权转让合同

甲方（转让方）：

统一社会信用代码/身份证号码：

法定代表人/负责人：

地址：

联系人：

邮箱：

电话：

乙方（受让方）：

统一社会信用代码/身份证号码：

法定代表人/负责人：

地址：

联系人：

邮箱：

电话：

甲、乙双方经友好协商，根据《中华人民共和国民法典》《中华人民共和国著作权法》及其他相关法律、法规的规定，在平等、自愿的基础上，就甲方转让其著作权相关权利的有关事宜，签订本合同，双方共同遵循。

第一条　作品信息

1.1　作品信息

作品名称（以下简称"作品"）：

著作权人：＿＿＿＿＿＿＿＿

完成时间：＿＿＿＿＿＿＿＿

是否发表：＿＿＿＿＿＿＿＿

发表时间：＿＿＿＿＿＿＿＿

是否进行著作权登记：＿＿＿＿＿＿＿＿　　登记时间：＿＿＿＿＿＿＿＿

作品其他信息：＿＿＿＿＿＿＿＿

1.2　权利来源

甲方权利来源方式为第＿＿＿项（根据下列序号选择一项填写）。

（1）原始取得；（2）继承取得；（3）受让取得；（4）其他方式取得：

版权链文件详见附件（1、著作权登记证书；2、授权书；3、……）

第二条　转让内容

甲方按照以下第＿＿＿＿＿＿＿种方式将本合同约定之作品著作权转让予乙方。

1. 全部转让：人身权利之外的其他著作权利。

2. 部分转让：甲方向乙方转让作品的＿＿＿＿＿＿＿＿＿＿＿＿＿＿＿＿权利。

此外，甲方同意许可乙方行使作品的下述第＿＿＿＿＿＿项权利（选择一项或多项填写），许可期限为：＿＿＿＿＿＿＿＿＿＿＿，许可使用地域为：＿＿＿＿＿＿＿＿＿＿。

（1）复制权；（2）发行权；（3）出租权；（4）展览权

（5）表演权；（6）放映权；（7）广播权；（8）信息网络传播权

（9）摄制权；（10）改编权；（11）翻译权；（12）汇编权

（13）其他权利：

第三条　转让费及支付

3.1　转让费用：含税人民币＿＿＿＿＿＿＿元（大写：＿＿＿＿＿＿＿）。

3.2　乙方应将全部转让费支付到甲方指定的以下收款账号中，甲方账号如有变更，应立即书面通知乙方，否则造成的付款时间的延误或错误等，由甲方自行承担责任。

甲方户名：＿＿＿＿＿＿＿＿＿＿＿＿＿＿＿＿

开户银行：＿＿＿＿＿＿＿＿＿＿＿＿＿＿＿＿

账　　号：＿＿＿＿＿＿＿＿＿＿＿＿＿＿＿＿

乙方收到款项后，应向甲方开具发票。甲方开票信息如下：＿＿＿＿＿＿＿＿

＿＿＿＿＿＿＿＿＿＿＿＿＿＿＿＿＿＿＿＿＿＿＿＿＿。

3.3　乙方采取下述第＿＿＿＿种（根据下述序号选择一项填写）方式向甲方支付本合同项下著作权转让费用。

（1）一次性支付。

乙方应于本合同签订之日起　日内，一次性向甲方全额支付转让费人民币＿＿＿＿＿＿＿元（大写：＿＿＿＿＿＿）。

（2）分期支付。

乙方应于本合同签订之日起＿＿＿＿＿＿日内，向甲方支付转让费＿＿＿＿＿＿元；

乙方应于＿＿＿年＿＿＿月＿＿＿日（或××条件成就后）前向甲方支付转让费＿＿＿＿＿＿元。

第四条　交付材料

4.1　交付时间。

甲方应于本合同签订之日起＿＿＿＿＿＿日内向乙方交付以下材料：

（1）甲方企业法人营业执照复印件（复印件应加盖公章）/身份证复印件；

（2）版权文件：版权文件应为证明甲方有完整之权利向乙方转让本合同约定权利的、从原始权利人开始到转让甲方享有相关权利的完整版权证明材料，包括但不限于＿＿＿＿＿＿（根据具体情况填写）。对于前述全部完整版全证明材料，甲方应交付原件或复印件，交付复印件的，甲方应提前至合法的公证处进行复印件与原件一致的公证，并将至少两套公证书原件提交乙方，若材料涉外的，甲方应交付相关公证、认证、转递材料等。

（3）甲方应按照乙方的要求，向乙方出具授权书，授权书模板见附件。

（4）转让内容介质交付：甲方应在＿＿＿＿＿＿＿前向乙方交付转让内容介质。介质的具体要求为：＿＿＿＿＿＿＿＿＿＿＿＿＿＿＿＿＿＿＿＿。

（5）其他物料：＿＿＿＿＿＿＿＿＿＿＿。

4.2　交付方式。甲方采取下述第＿＿＿＿＿种（根据下述序号选择一项填写）方式向乙方交付转让的作品介质及其他材料。

（1）直接交付。甲方直接向乙方指定的收件人、双方约定的收件地址交付作品，乙方收到作品后应同时向甲方提供签收凭证，乙方签收日为交付日。

乙方指定的收件人为：＿＿＿＿＿＿＿，联系方式：＿＿＿＿＿＿＿＿＿＿，收件地址：＿＿＿＿＿＿＿。

（2）邮寄交付。甲方通过邮局或快递公司向乙方指定地址邮寄作品，乙方在邮寄回执上签收的日期为交付日。

乙方指定收件人为：＿＿＿＿＿＿，联系方式：＿＿＿＿＿＿＿＿＿＿，收件地址：＿＿＿＿＿＿。

（3）简易交付。甲方通过传真、电子邮件、QQ等能够确认乙方收悉的方式交付作品，以传真、电子邮件、QQ等到达乙方特定系统的日期为交付日。

乙方指定的接收传真号码：＿＿＿＿＿＿

乙方指定的电子邮箱地址：＿＿＿＿＿＿

乙方指定的QQ号码：＿＿＿＿＿＿

乙方指定的其他接收地址：＿＿＿＿＿＿

（4）其他交付方式：＿＿＿＿＿＿

4.3　交付异议。乙方未收到作品及其他相关资料，或收到的材料不符合要求的，应自合同约定的交付日期起7日内向甲方提出书面异议。

第五条　权利与义务

5.1　甲方应按约及时、完整地交付作品及相关物料。

5.2　甲方保证本转让内容不含有侵犯第三方合法权益或违反国家法律法规的情形。

5.3　乙方应按约支付转让费用。

5.4　不得自行或授权任何第三方对作品进行合同转让内容之外的其他权利内容开发利用。

第六条　甲方权利保证

6.1　甲方保证，甲方享有转让作品及相关素材的合法权利，转让权利无任何权利瑕疵或权利负担，且转让内容不违反国家相关法律法规政策、通知文件、社会善良风俗等。

6.2　甲方保证乙方使用该受让内容时不构成对任何第三方合法权益的侵犯，也无须另行取得任何第三方的同意，并无须对任何第三方承担责任。如乙方在收到第三方权利主张或任何政府部门的通知、调查、处罚后，全部法律责任由甲方承担，甲方应负责解决纠纷。纠纷解决过程中，甲方有义务配合乙方提供相关资料和证据。

6.3　作品所涉的其他邻接权等知识产权均归属于乙方所有。甲方应配合乙方或乙方指定的第三方办理该作品的著作权登记手续。

第七条　违约责任

7.1　甲方无权将本合同约定的权利转让给乙方的，甲方应当返还乙方已支付全部费用，并赔偿乙方因履行本合同所产生的合理经济损失。

7.2　甲方应按合同约定向乙方交付作品及物料，逾期交付的，每逾期一日，甲方应向乙方支付合同价款的_____%作为滞纳金。

甲方逾期交付作品超过_____日的，乙方有权解除本合同，合同自乙方的书面解除通知到达甲方时解除，甲方应自收到解除通知之日起____日内，无条件返还乙方已支付的所有款项，并赔偿乙方因此所产生的合理经济损失。

7.3　乙方应按合同约定向甲方支付著作权转让费，逾期支付的，每逾期一日，乙方应按日计算每日向甲方支付逾期部分款项的_____%作为滞纳金。

乙方逾期付款超过_____日，甲方有权解除合同，合同自甲方的书面解除通知到达乙方时解除，乙方应赔偿甲方因此产生的合理经济损失。

本条所称的逾期部分款项，是指按第三条约定的到期应付而未付款或未足额付款部分的款项。

7.4　若由于任何一方严重违约，导致另一方合同目的无法实现的，一方有权解除合同并要求另一方赔偿合理经济损失，合同自书面解除通知到达对方时解除。

7.5　本合同签订后，除合同约定的解除情形外，任何一方不得单方解除或终止本合同，否则，应赔偿另一方的各种损失，具体包括但不限于直接损失、间接损失（包括但不限于守约方向被授权方支付的违约金、赔偿金、诉讼费、律师费、公证费、鉴定费、调查费、差旅交通费等维权费用损失，以及由于违约方原因导致守约方违反与其他方签署的转授权合同导致的所有损失等）。

第八条 保密条款

8.1 合同各方保证：对因签署本合同所获悉属于对方的，且无法自公开渠道获得的文件资料及信息（包括但不限于作品信息、个人隐私、商业秘密、财务信息、技术信息等），以及本合同内容等（以下称保密信息），予以保密。

除法律、法规另有规定或各方另有约定外，未经对方书面同意，任何一方均不得以任何方式利用或向任何第三方泄露属于对方的保密信息的全部或部分内容。

8.2 以上保密条款并不因本合同的解除、终止、撤销而失效。

8.3 以上保密条款有效期为：□永久；□在本合同终止后_____年内有效。

第九条 通知条款

9.1 本合同的任何一方在本合同项下希望或被要求发出的所有通知、要求、同意、批准等（合称"通知"），均应以书面形式，用中文书写，并通过亲自送达、经电子传递确认的传真、电子邮件及已预付费用的国内普遍认可的快递服务的方式送达至本合同首部所列明的或各方日常往来使用的通讯地址、传真号码、电子邮箱，甲乙双方均应保证上述联系方式的畅通、有效。

9.2 任何符合本条第1款发出的通知，应按下列方式视为送达：

（1）亲自送达的通知，以收件人签收日为送达日。

（2）经电子传送确认的传真、电子邮件发出的通知，以发出传真、电子邮件日为送达日。

（3）通知以付费的国内普遍认可的快递服务发出的，以收件人签收日为送达日。

9.3 如果甲乙任何一方在本合同首部所列的通讯地址或者其他联系方式发生变更时，应当立即书面通知对方，因未履行通知义务而造成的一切后果均由该方自行承担。

第十条　不可抗力

10.1　因法定不可抗力致使本合同中任何一方或双方部分或全部不能履行本合同的，遭受不可抗力的一方无需向对方承担违约责任，但应及时通知对方不可抗力发生的情况，并提交不可抗力的合法证明材料。

10.2　如不可抗力情况消失后，本合同仍有必要履行且具备继续履行的条件，双方应继续履行本合同。

如因不可抗力导致本合同无法继续履行或没有继续履行的必要的，则本合同任何一方均有权提出解除本合同，且双方互不承担违约责任。

10.3　本条所述不可抗力是指人力不能预见、不能避免并且不能克服的客观情况，包括但不限于地震、台风、水灾、火灾、战争、重大传染性疾病、政府指令或政策变更等因素。

第十一条　反商业贿赂条款

在本合同签订以及履行过程中，甲方：

11.1　不得向与其有实际或潜在业务关系的乙方或乙方的员工和/或家属提供任何酬金、礼物或其他有形或无形的利益。

11.2　不得为乙方或乙方的员工和/或家属安排可能影响公正签订和/或履行合同的任何活动。

11.3　给予乙方的折扣均应在合同或补充合同中明示，不得以任何形式在合同或补充合同之外，向乙方或乙方的员工和/或家属返回折扣、劳务费或信息费等。

11.4　上述行为或类似行为应被视为商业贿赂，一经发现，即可被视为已经对乙方造成实质性损害，乙方可解除合同，停止所有向甲方的付款，并要求甲方返还其根据合同已经获得的授权费用。如因此给乙方造成损失（乙方损失包括但不限于乙方直接损失、应得收益损失、律师费损失、维权费用损失，以及由于甲方前述原因导致乙方违反与其他方签署的转授权合同导致的所有损失，如乙方向被授权方支付的违约金、赔偿金、律师费、维权费用等），甲方还应继续负责赔偿。

11.5　甲方在合同签订和履行过程中，如乙方或乙方的员工和/或家属向其索要商业贿赂，应及时向乙方举报，不得隐瞒。

第十二条　法律适用及争议解决

12.1　本合同文本以中华人民共和国官方语言文字为准。本合同的订立、解释、履行和争议解决等均适用中华人民共和国大陆地区的法律、法规。

12.2　本合同履行过程中发生的争议，由双方当事人协商解决；协商不成的，采用下列第种方式解决（根据下述序号选择一项填写）

（1）提交_____仲裁委员会仲裁。

（2）向_____人民法院起诉。

第十三条　其他

13.1　本合同自双方签名、盖章之日起生效，并代替合同各方在本合同签订前针对本合同约定事项所作出的任何书面、口头方式的承诺。

13.2　本合同未尽事宜，合同各方可另行协商签订书面补充合同，该补充合同与本合同具有同等法律效力。

13.3　本合同中空白处打"×"则表示双方认可此处没有需要填写的内容，就该条款不做约定。

13.4　本合同一式四份，甲乙双方各执两份，每份合同具有相同法律效力。

（以下无正文）

甲方（签名/盖章）：　　　　　　　乙方（签名/盖章）：

法定代表人（签名）：　　　　　　　法定代表人（签名）：

授权代表（签名）：　　　　　　　　授权代表（签名）：

签订时间：

签订地点：_____市_____区

（二）实务解读

在著作权许可使用合同样本解读内容中，已对签署主体、管辖等内容作出了审查要点解读，有些提示如一些合同的通用类条款等对著作权转让合同同样适用或值得借鉴。因此，在以下内容中不再赘述。笔者单独就著作权转让应注意的问题强调以下几点。

1. 著作权保护期的审查

著作权保护期剩余长短在著作权转让交易中应重点审查，因为在著作权保护期内，著作权人可以充分行使自己的著作权权利。

2. 权利种类的审查

和著作权许可使用相同，著作权的转让也分为全部转让和部分转让，因此，在签署转让合同时，许可方须重点审查转让的著作权权利种类。

3. 著作权转让合同备案、变更登记约定与审查

若双方约定对该著作权转让合同进行备案，则应约定申请主体及费用承担主体。

4. 应审查拟转让著作权的权利是否有其他限制

（1）审查著作权是否被质押。

受让方可以前往中国版权保护中心进行相关调查。若拟转让作品的著作权已被质押，则当事人签署的著作权转让合同应取得质权人同意，或将撤销质押登记作为合同履行或生效的前提。

（2）审查著作权是否有在先权利许可。

若有在先权利许可情形，应根据许可情形起草相应的著作权转让条款，并约定著作权人变更的通知义务及许可使用费收取事宜；也可以将著作权人终止在先权利许可合同，作为本合同履约的前提。

5. 应明确双方签约时间、合同生效时间及著作权移转时间

签约时间是确定合同成立、合同生效、著作权转移的重要因素。实践中，很多著作权转让费用的付款方式约定为分期付款、附条件付款或分成等。为防止产生纠纷，应明确著作权移转的时间，常见的约定是合同签订之日，或最后一笔转让费缴清之日或著作权登记备案完成之日。

（三）法律规定

1.《中华人民共和国著作权法》

第十条　著作权包括下列人身权和财产权：

（一）发表权，即决定作品是否公之于众的权利；

（二）署名权，即表明作者身份，在作品上署名的权利；

（三）修改权，即修改或者授权他人修改作品的权利；

（四）保护作品完整权，即保护作品不受歪曲、篡改的权利；

（五）复制权，即以印刷、复印、拓印、录音、录像、翻录、翻拍、数字化等方式将作品制作一份或者多份的权利；

（六）发行权，即以出售或者赠与方式向公众提供作品的原件或者复制件的权利；

（七）出租权，即有偿许可他人临时使用视听作品、计算机软件的原件或者复制件的权利，计算机软件不是出租的主要标的的除外；

（八）展览权，即公开陈列美术作品、摄影作品的原件或者复制件的权利；

（九）表演权，即公开表演作品，以及用各种手段公开播送作品的表演的权利；

（十）放映权，即通过放映机、幻灯机等技术设备公开再现美术、摄影、视听作品等的权利；

（十一）广播权，即以有线或者无线方式公开传播或者转播作品，以及通过扩音器或者其他传送符号、声音、图像的类似工具向公众传播广播的作品的权利，但不包括本款第十二项规定的权利；

（十二）信息网络传播权，即以有线或者无线方式向公众提供，使公众可以在其选定的时间和地点获得作品的权利；

（十三）摄制权，即以摄制视听作品的方法将作品固定在载体上的权利；

（十四）改编权，即改变作品，创作出具有独创性的新作品的权利；

（十五）翻译权，即将作品从一种语言文字转换成另一种语言文字的权利；

（十六）汇编权，即将作品或者作品的片段通过选择或者编排，汇集成新作品的权利；

（十七）应当由著作权人享有的其他权利。

……著作权人可以全部或者部分转让本条第一款第（五）项至第（十七）项规定的权利，并依照约定或者本法有关规定获得报酬。

第二十七条 转让本法第十条第一款第（五）项至第（十七）项规定的权利，应当订立书面合同。

权利转让合同包括下列主要内容：

（一）作品的名称；

（二）转让的权利种类、地域范围；

（三）转让价金；

（四）交付转让价金的日期和方式；

（五）违约责任；

（六）双方认为需要约定的其他内容。

第二十九条　许可使用合同和转让合同中著作权人未明确许可、转让的权利，未经著作权人同意，另一方当事人不得行使。

2.《中华人民共和国著作权法实施条例》

第二十五条　与著作权人订立专有许可使用合同、转让合同的，可以向著作权行政管理部门备案。

3.《最高人民法院关于审理著作权民事纠纷案件适用法律若干问题的解释》

第二十二条　著作权转让合同未采取书面形式的，人民法院依据民法典第四百九十条的规定审查合同是否成立。

寄　语

如前所述，科幻产业是一种以知识产权为核心构筑的复合型产业。因此，科幻产业既是知识产权强国建设的排头兵，也是 AI 技术与经济社会融合的试金石。如今，科幻人正站在产业腾飞与科技变革的十字路口，迫切需要提高知识产权的保护意识，关注知识产权保护的团队化建设，紧跟知识产权强国战略的步伐，在人工智能新时代里实现弯道超车。

值得庆幸的是，科幻人一向拥有敏锐的超前目光。以刘慈欣、王晋康、韩松、吴岩、王挺、陈玲、姚利芬、三丰、姚海军、何明瀚等科幻学术带头人、著名科幻媒体人、著名科幻作家为先驱，以越来越多的科幻作者、科幻爱好者为基石，中国科幻产业早已方向明确，目光坚定，勠力同心。相信在这样的努力下，"中国科幻"必将走向光明，走向世界，走向星辰大海。

作者介绍

　　主编　崔莉　曾任教于大连理工大学，现任北京市京师律师事务所高级合伙人，知识产权领域资深律师。获奖律政剧《麻辣律师团》编剧、制片人，《环球市场信息导报》封面人物，专著《赢在新三板》主编。多次接受中央电视台等主流媒体采访、点评等。在具有里程碑意义的影视经典案例《人在囧途之泰囧》不正当竞争侵权案中担任原告代理律师，获一审北京高院二审最高院胜诉。

　　副主编　崔灵珺　北京市盈科律师事务所合伙人、北京广播电视台《民法典通解通读》 特邀专家、北京物资学院企业家课堂校外导师。

　　副主编　何明瀚　四川省作家协会会员，四川省青少年作家协会理事、智库专家，鲲鹏全国青少年科幻文学奖评委。主要作品：中国少儿科幻系列小说《恒星异客》第一季、第二季（已出版）。

写给读者的话

收笔的那一刻，已是凌晨。我主编的这本书，不仅包含对 243 个中国科幻产业知识产权典型纠纷案例的审判思路的汇总、分析，还包含针对科幻产业知识产权保护实务的全方位指南。能够将此书奉献给那些抒写、造就人类想象力的科幻作家、艺术家、科学家和科幻投资人，是我的荣幸，更是我作为一名律师的使命。

从事专职律师工作 28 年，我代理过太多的案件。每一起案件，背后都是当事人的一段人生。悲欢离合、人间冷暖——人生的那些事儿，可谓尽收眼底。在尽职尽责地代理好每一起案件，力争实现当事人合法权益最大化的同时，我也总会对众多当事人的遭遇深表同情。但令我悲悯和感慨的是，很多的当事人仅仅因为对法律的无知、不重视或侥幸心理，使得本在掌握之中的商机或利益，转眼间成为违约者、违法者或犯罪分子的囊中之物。极个别的当事人甚至还因此走上了犯罪的道路。尽管通过律师的努力和法律的审判，公平和正义最终还是得以实现，经济损失得到了一定的弥补，但当事人所经历的精神折磨和心灵创伤却往往难以复原。所以我创作此书的一大初衷，就是希望科幻人能够认识相关法律风险，少走弯路。

科幻带给人类的不仅有科技的发展、文化的进步、商业的繁荣，还有对星辰大海的步步求索，和对美好未来的不懈追寻。这种全面又深远的影响力，是任何艺术形式都无法替代的。依托知识产权的强大力量，才能保护好这些科幻内容和产业，才能使科幻人更加自信，使科幻产业价值更大，使中国科幻成为世界科幻。帮助科幻人和科幻企业布局好科幻知识产权保护这盘重要棋局，善用知识产权之力，取得更大的成功，是我主编这本书的另一大初衷，以及最终极的目标。

著名科幻作家刘慈欣说"人类的未来总有一天是宇宙的星辰大海"。

著名科幻作家王晋康说"科幻是最具普世价值的文学题材,因为科幻是以人类为主角,关注的是全人类的未来命运与发展可能"。

另一位著名科幻作家韩松说"科幻实际上是一种现实主义文学"。

南方科技大学吴岩教授说,青少年读科幻小说,最重要的是保护想象力。

而我说,科幻这一文学形式,不仅是人类想象力的瑰宝,由其衍生出的庞大的科幻产业,乃至世界级的科幻商业帝国,更将是我们国家强盛的象征。

知识产权是科幻产业腾飞的蓄水池、孵化器、桥头堡、助力器。如果这本《中国科幻产业知识产权保护实务》能够得到充分的关注,唤起科幻人的知识产权保护意识,从而为中国科幻产业腾飞起到警示和指南的作用,将是我此生最大的荣幸。